Hirtentäschel

Vogelmiere

Große Sternmiere

Weiß-Klee

Busch-Wind-röschen

Wiesen-Schaumkraut

Wiesen-Storchschnabel

Vogel-Wicke

Vorwort

Ein Bestimmungs-buch für die Schule

An Bestimmungsliteratur — zumal zum Thema Pflanzen — herrscht kein Mangel. Oft fühlen sich aber gerade Einsteiger, zu denen sicherlich zunächst auch die meisten Schülerinnen und Schüler zählen, durch die unüberschaubare Vielzahl der dort vorgestellten Pflanzenarten überfordert, und nicht zuletzt schreckt auch die meist komplizierte Fachsprache der Bestimmungstexte so manchen gutwilligen Naturfreund ab. Das vorliegende Buch versucht, diesem Problem Rechnung zu tragen:

Pflanzen auf Schritt und Tritt

Mit diesem Buch lassen sich rund 400 Pflanzenarten bestimmen, die der aufmerksame Beobachter „vor der Haustür" finden kann. Seltene Arten oder Pflanzen spezieller Lebensräume wie etwa der Alpen oder von Moorgebieten wurden bewusst nicht berücksichtigt. Das schafft Übersichtlichkeit und ermöglicht erfolgreiche kleine „Exkursionen" auch innerhalb der begrenzten Zeit einer Schulstunde.

Die Bildtafeln

Schwerpunkt des Buches sind die Wildpflanzen des Siedlungsraums. Auf ansprechend gestalteten Bildtafeln werden darüber hinaus Feldfrüchte, Frühblüher in Parks und Gärten, Obstgehölze und mehr als 20 Ziersträucharten vorgestellt.

Pflanzen bestimmen mit Spaß und Erfolg

Ein übersichtliches grafisches Leitsystem führt zur gesuchten Pflanzenart. Dabei bietet die Einteilung in sechs verschiedene Lebensräume eine erste Orientierung. Nicht alle Pflanzenarten lassen sich jedoch eindeutig einem bestimmten Lebensraum zuordnen, und so findet sich ein Foto des Gewöhnlichen Löwenzahns nicht nur bei den Wiesenpflanzen, sondern zum Beispiel auch bei den Pflanzen der Pflasterritzen. Dies ist eine der vielen Besonderheiten des Buches, die das Bestimmen zum Erfolgserlebnis werden lassen. Innerhalb der Lebensraumkapitel stehen Arten nebeneinander, die Ungeübte bei flüchtigem Hinsehen leicht verwechseln könnten. Die Gewöhnliche Schafgarbe beispielsweise wird man bei Wilder Möhre und Wiesen-Kerbel finden. Sind infrage kommende Arten im Buch entdeckt, heißt es natürlich genau hinschauen, vergleichen und unterscheiden. Die Beschreibungen der Pflanzenarten beschränken sich konsequent auf das zum sicheren Bestimmen Notwendige. Sie sind verständlich geschrieben, die Vielzahl der speziellen botanischen Fachausdrücke wurde sinnvoll reduziert. Auf den ersten und letzten Seiten des Buches zeigen farbige Grafiken 34 häufige Pflanzenarten. Sie lassen erste Bekanntschaft mit Löwenzahn und Wegerich schließen.

Pflanzen richtig kennenlernen

Die zahlreichen Informationen zur Ökologie der Arten — differenziert für Anfänger und Fortgeschrittene — machen das Buch zu einem vielseitigen Arbeitsmittel im Unterricht. Außerdem erfährt der Leser viel Interessantes beispielsweise zur Rolle der verschiedenen Pflanzen im Volksglauben, in Märchen und Sagen, über ihre Herkunft, über Inhaltsstoffe und Giftigkeit, über heutige und frühere Nutzung oder zum Ursprung von Pflanzennamen wie Wolfstrapp oder Geißfuß.

Zusätzliches

Über den Bestimmungsteil hinaus liefert das Buch eine Charakterisierung der verschiedenen Lebensräume des Siedlungsraums, Wissenswertes zu einigen wichtigen Pflanzenfamilien und zur Geschichte unserer heimischen Flora sowie praktische Hinweise zu ökologischen Untersuchungen und deren Auswertung. Moose, Pilze und Flechten werden als Typen vorgestellt.

Verlag und Autoren wünschen viel Erfolg und Vergnügen bei der Arbeit mit diesem besonderen Bestimmungsbuch!

Fachausdrücke

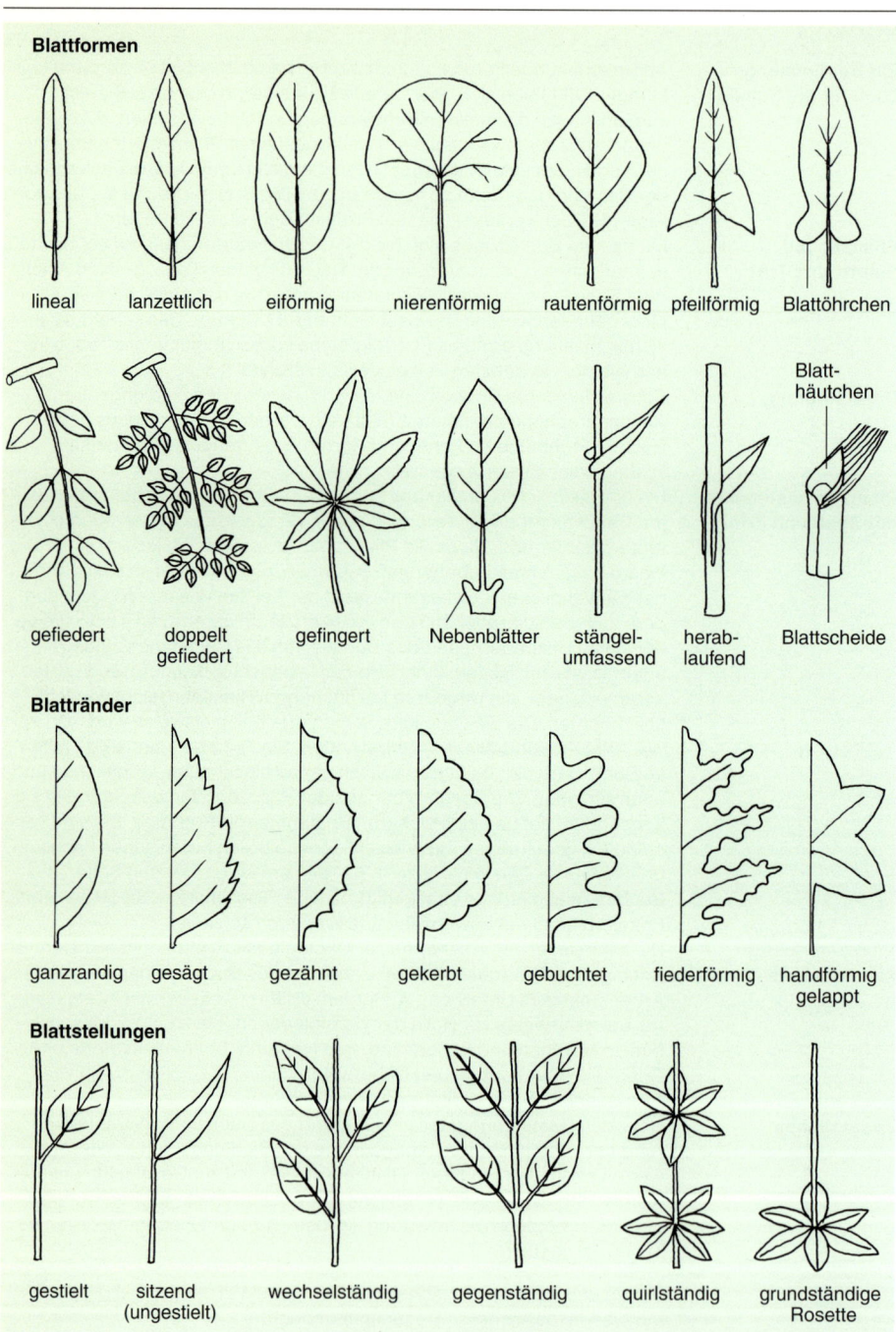

Blattformen

lineal | lanzettlich | eiförmig | nierenförmig | rautenförmig | pfeilförmig | Blattöhrchen

gefiedert | doppelt gefiedert | gefingert | Nebenblätter | stängel-umfassend | herab-laufend | Blattscheide

Blatt-häutchen

Blattränder

ganzrandig | gesägt | gezähnt | gekerbt | gebuchtet | fiederförmig | handförmig gelappt

Blattstellungen

gestielt | sitzend (ungestielt) | wechselständig | gegenständig | quirlständig | grundständige Rosette

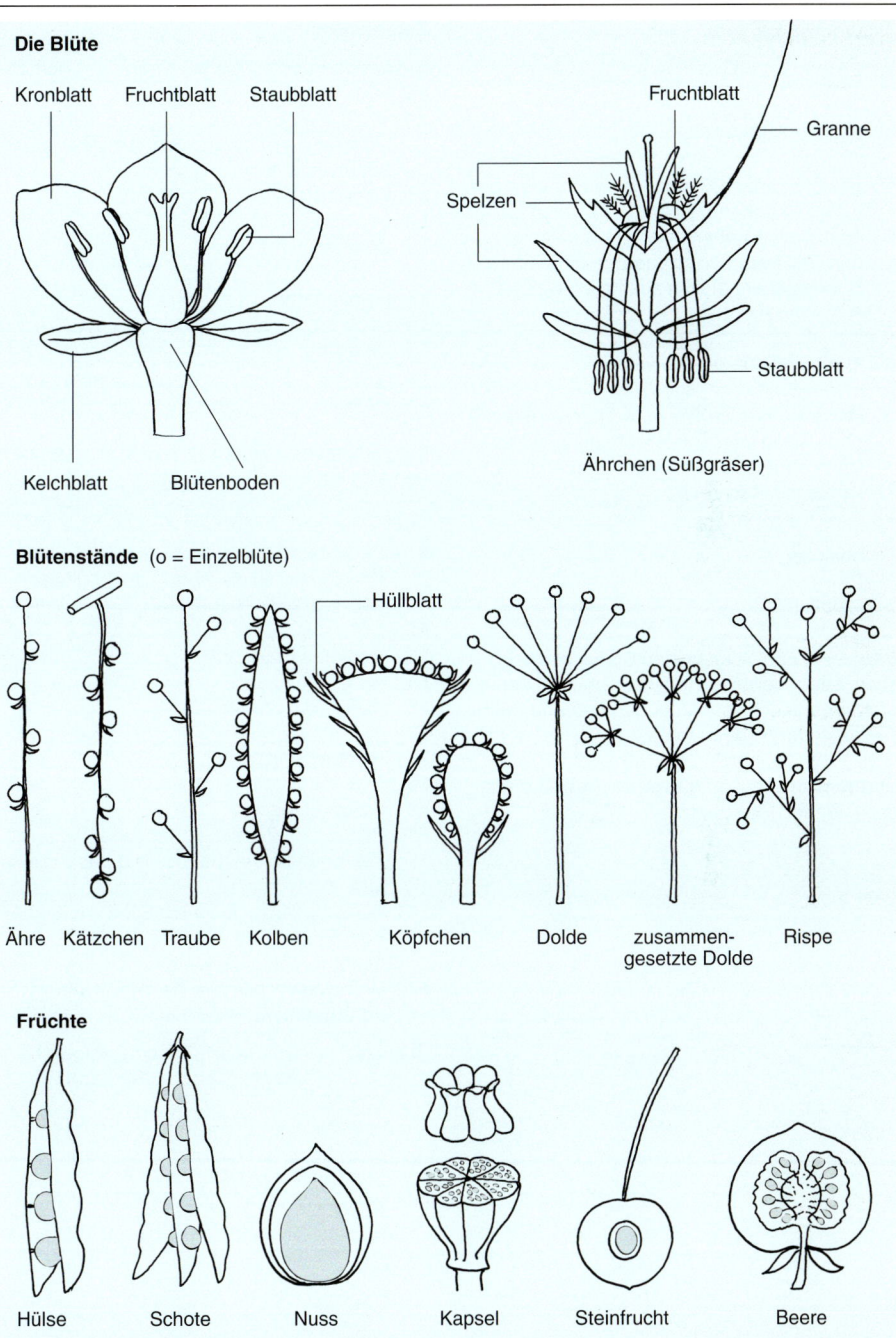

Die Blüte

Kronblatt Fruchtblatt Staubblatt

Kelchblatt Blütenboden

Fruchtblatt

Granne

Spelzen

Staubblatt

Ährchen (Süßgräser)

Blütenstände (o = Einzelblüte)

Hüllblatt

Ähre Kätzchen Traube Kolben Köpfchen Dolde zusammen- Rispe
gesetzte Dolde

Früchte

Hülse Schote Nuss Kapsel Steinfrucht Beere

5

Zeichen und Abkürzungen

↑ Wuchshöhe (bzw. Länge) bis

❀ Blütezeit

○ Zeit der Sporenreife

🦉 geschützt nach Bundesartenschutzverordnung; so gekennzeichnete Pflanzen dürfen nicht ausgegraben oder beschädigt werden. Die Naturschutzgesetze der einzelnen Bundesländer stellen zusätzlich weitere Arten unter Schutz.

☠ stark giftig für den Menschen

△ Die betreffende Pflanzenart kann mit ähnlichen Arten oder Bastarden, die nicht im Buch abgebildet oder beschrieben sind, verwechselt werden.

♂ männlich

♀ weiblich

Öko: Ökologie; Angaben zu Standortansprüchen, besonderen Fortpflanzungs- und Verbreitungsmechanismen, engen Beziehungen zu bestimmten Tierarten usw.

Übrigens: weitere interessante Hinweise zur betreffenden Pflanzenart

Zeigerwerte

Kleiner gedruckte Ziffern — z. B. L1 — deuten auf unsichere Einstufung hin.

L   Lichtzahl; gibt die Lichtbedürftigkeit einer Pflanzenart an
L1   Tiefschatten
L2
L3   Schatten
L4
L5   Halbschatten
L6
L7   Halblicht
L8
L9   Volllicht

Eingeklammerte Ziffern — z. B. L(1) — beziehen sich auf Baumjungwuchs.

F   Feuchtezahl; gibt die Ansprüche einer Pflanzenart an die Bodenfeuchtigkeit an
F1   sehr trockene Standorte
F2
F3   trockene Standorte
F4
F5   mäßig feuchte Standorte
F6
F7   feuchte Standorte
F8
F9   nasse Standorte
F10 Pflanze im Wasser; kommt aber längere Zeit ohne Wasserbedeckung des Bodens aus
F11 Wasserpflanze, die auch Schwimmblätter oder Blätter über der Wasseroberfläche bildet
F12 Unterwasserpflanze; (fast) vollständig untergetaucht

Zusätze: = Überschwemmungszeiger
∼ wechselfeuchte Standorte

R Reaktionszahl; gibt die Ansprüche einer Pflanzenart an pH-Wert und Kalkgehalt des Bodens an
R1 sehr saure Böden
R2
R3 saure Böden
R4
R5 mäßig saure Böden
R6
R7 schwach saure bis schwach basische (neutrale) Böden
R8
R9 basische bzw. sehr kalkreiche Böden

N Stickstoffzahl; gibt die Ansprüche einer Pflanzenart an den Gehalt an mineralischen Stickstoffverbindungen (v. a. Nitraten) im Boden an
N1 stickstoffärmste Standorte
N2
N3 stickstoffarme Standorte
N4
N5 mäßig stickstoffreiche Standorte
N6
N7 stickstoffreiche Standorte
N8
N9 übermäßig stickstoffreiche Standorte (Misthaufen, Kompostanlagen, Viehlagerplätze)

Lebensdauer

1 einjährig; blüht und fruchtet innerhalb einer Vegetationsperiode und stirbt dann ab
2 zweijährig; bildet im ersten Jahr eine meist grundständige Rosette, blüht und fruchtet im zweiten Jahr und stirbt dann ab
3 mehrjährig oder ausdauernd

Lebensform

Der Lebensformtyp beschreibt, wie eine Pflanzenart die ungünstige Jahreszeit — bei uns also den Winter — überdauert.

P Luftpflanze *(Phanerophyt)*; Baum, in der Regel bis über 5 m hoch
N kleine Luftpflanze *(Nanophanerophyt)*; Strauch oder Kleinbaum, in der Regel bis zwischen 0,5 m und 5 m hoch

Z Zwergstrauch *(Hemiphanerophyt)*; selten über 0,5 m hoch, verholzt
C Zwergpflanze *(Chamaephyt)*; krautig oder nur zum Teil verholzt, Überwinterungsknospen deutlich über dem Boden
H Erdschürfpflanze *(Hemikryptophyt)*; krautig, Überwinterungsknospen an der Erdoberfläche
G Erdpflanze, Bodenpflanze *(Geophyt)*; ohne oberirdisch überwinternde Teile, meist mit unterirdischen Speicherorganen
T Einjährige Pflanze *(Therophyt)*; überdauert die ungünstige Jahreszeit als Samen
A Wasserpflanze *(Hydrophyt)*; überwintert unter Wasser

Zusätze:

li Kletterpflanze *(Liane)*; wurzelt im Boden und stützt sich auf andere Pflanzen um emporzuwachsen
ep Aufsitzerpflanze *(Epiphyt)*; wächst — ohne Verbindung zum Boden — auf anderen Pflanzen
hp Halbschmarotzer *(Halbparasit)*; bezieht Wasser und Mineralsalze von anderen Pflanzen, besitzt aber Chlorophyll und betreibt selbst Fotosynthese

Eingewanderte Pflanzenarten

Die Angabe findet sich nur bei Pflanzenarten, die nicht ursprünglich in Mitteleuropa vorkommen.

Ar Altbürger *(Archaeophyt)*; im Zeitraum zwischen der jüngeren Steinzeit (etwa 6500 v. Chr.) und dem 15. Jahrhundert nach Mitteleuropa eingewandert
Neo Neubürger *(Neophyt)*; nach dem 15. Jahrhundert (nach der Entdeckung Amerikas) nach Mitteleuropa eingewandert

Inhaltsverzeichnis

Mit diesem Buch lassen sich rund 400 Pflanzenarten bestimmen, die man im Bereich von Dorf und Stadt häufig finden kann. Sie sind sechs verschiedenen Lebensräumen zugeordnet.

Ein Beispiel: Es ist Anfang April. Der Boden unter den noch blattlosen Bäumen im Stadtwald ist mit einem weißen Blütenteppich bedeckt.

Wie heißt die Pflanze?

Schritt für Schritt zum Ziel:

1. Um welchen Lebensraum handelt es sich?

→ S. 12/13 anschauen; dort sind die verschiedenen Lebensräume dargestellt.

→ Wald und Park S. 110 – 161

Auf den beiden ersten Seiten (S. 110/111) sind die verschiedenen Elemente des Lebensraumes Wald und Park zu sehen. Außerdem finden sich dort einige weitere Hinweise.

2. Ist die gesuchte Pflanze ein Baum, ein Strauch oder eine krautige Pflanze?

→ Waldkräuter s. S. 144 – 159

Auf den angegebenen Seiten sind die infrage kommenden Pflanzenarten abgebildet und beschrieben.

3. Jetzt genau hinschauen …

So sieht die unbekannte Pflanze aus:

… und mit den Fotos auf den angegebenen Seiten vergleichen.

→ **Ergebnis: 2 Busch-Windröschen** (S. 145)

4. Richtig bestimmt? Mithilfe der kurzen Beschreibung der Pflanze auf Seite 144 lässt sich das Ergebnis absichern:

2 Busch-Windröschen

(Anemone nemorosa)   Hahnenfußgewächse

wissenschaftlicher Name   Pflanzenfamilie
der Pflanzenart

In einigen Fällen werden im ersten Textabschnitt noch weitere Arten beschrieben, die mit der Hauptart leicht verwechselt werden können (vgl. 1 Große Sternmiere, S. 144). Im Abschnitt „Übrigens" ist die Beschreibung einer abgebildeten Pflanze immer dann zu finden, wenn es sich um eine zusätzlich genannte verwandte Art handelt, die sich aber deutlich von der Hauptart unterscheidet (vgl. 2 Zitterpappel, S. 118).

Nicht immer gelingt das Bestimmen so leicht wie beim Busch-Windröschen, denn nicht alle Pflanzenarten beschränken ihr Vorkommen so eindeutig auf einen bestimmten Lebensraum wie dieses. Ist eine gesuchte Pflanzenart einmal nicht unter dem entsprechenden Lebensraum im Buch zu finden, so helfen die Lebensraumbilder mit zusätzlichen Verweisen weiter. Steht also ein Baum zwar im Stadtwald, dort aber z. B. an einem Wassergraben: s. auch Gewässer und Ufer S. 188/189.

Einige Pflanzenfamilien

Lippenblütengewächse

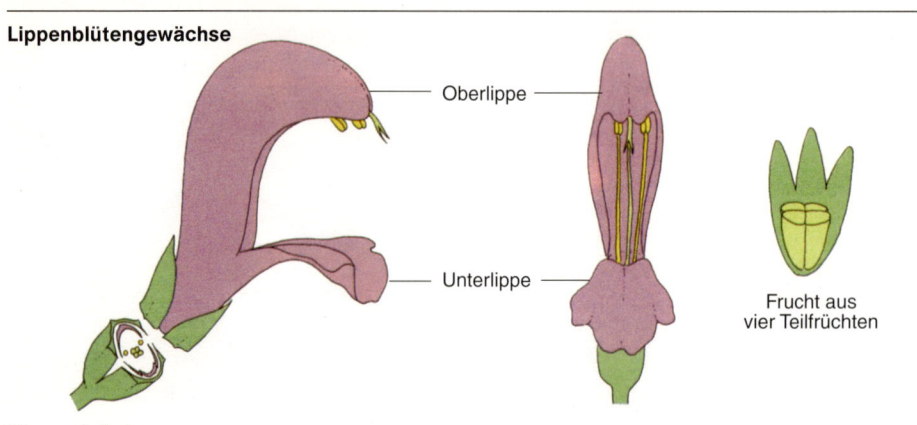

Oberlippe

Unterlippe

Frucht aus
vier Teilfrüchten

Wiesen-Salbei

Schmetterlingsblütengewächse

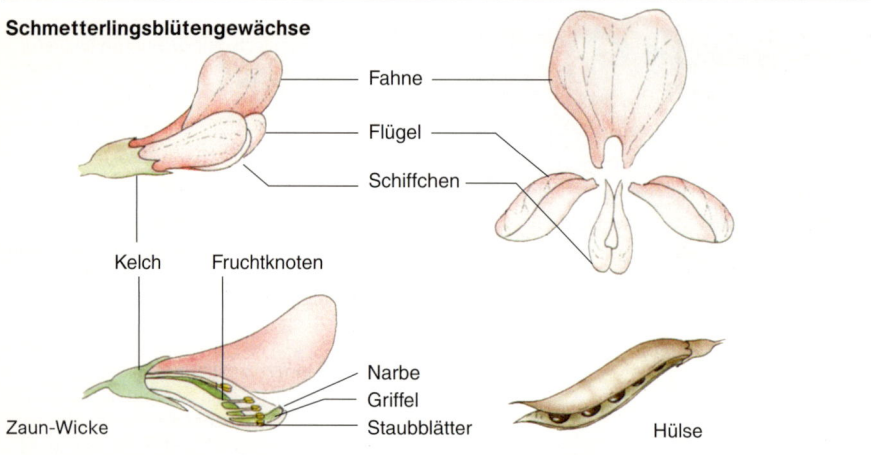

Fahne

Flügel

Schiffchen

Kelch   Fruchtknoten

Narbe
Griffel
Staubblätter

Zaun-Wicke

Hülse

Kreuzblütengewächse

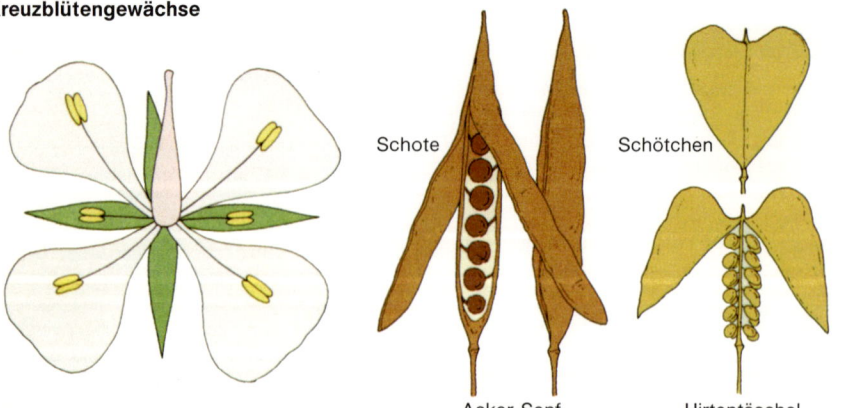

Schote

Schötchen

Acker-Senf

Hirtentäschel

Rosengewächse

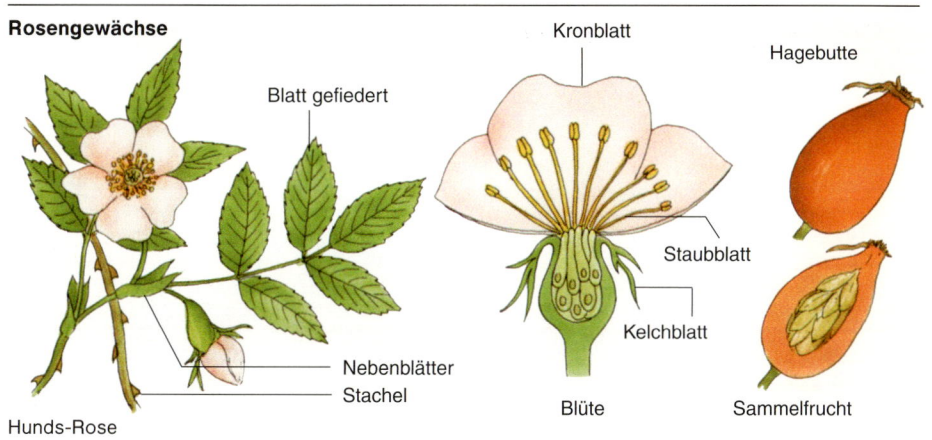

Blatt gefiedert

Kronblatt

Hagebutte

Staubblatt

Kelchblatt

Nebenblätter

Stachel

Blüte

Sammelfrucht

Hunds-Rose

Korbblütengewächse

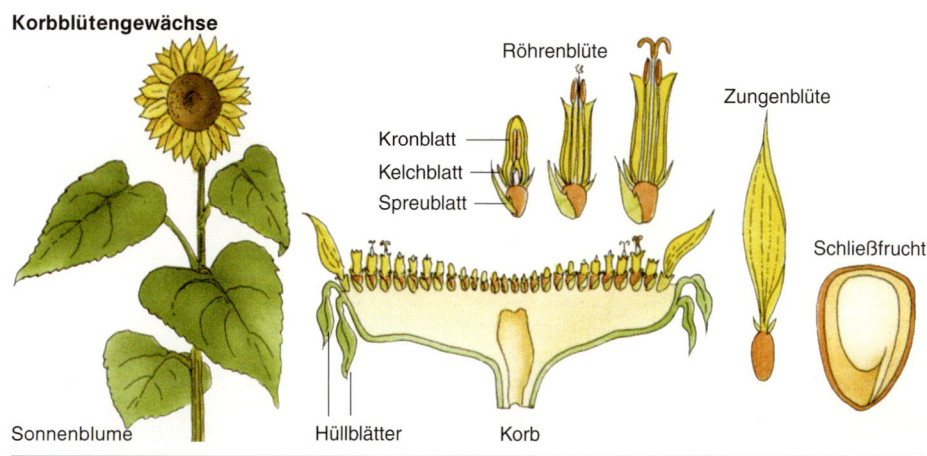

Röhrenblüte

Zungenblüte

Kronblatt

Kelchblatt

Spreublatt

Schließfrucht

Sonnenblume

Hüllblätter

Korb

Doldengewächse

Randblüte

Mohrenblüte

Mittelblüte

Spaltfrucht

Wilde Möhre

Die Lebensräume auf einen Blick

Mauern, Pflaster und Gebäude S. 14 – 27

Wiesen, Weiden, Rasenflächen

Ruderalflächen S. 78 – 109

Gewässer und Ufer

12

S. 28—55

Äcker und Gärten S. 56—77

S. 162—189

Wald und Park S. 110—161

Kletterpflanzen s. auch S. 143

s. auch Ruderalflächen, S. 82—109

15

Mauerpflanzen

Es lohnt sich, eine alte Mauer einmal genauer zu untersuchen. Neben den zum Teil selten gewordenen Mauerfarnen, wie z. B. der Mauerraute (S. 21), kann man auch verschiedene Blütenpflanzen entdecken.

Nur in den Mauerfugen können Pflanzen wachsen. Die dort herrschenden Wachstumsbedingungen sind also entscheidend für die Pflanzenbesiedlung einer Mauer. Bei Mörtelfugen ist der pH-Wert ausschlaggebend. Frischer Mörtel hat in der Regel einen sehr hohen Wert (um pH 11). Selbst kalkliebende Arten wie der Gelbe Lerchensporn (S. 23) können sich unter solch extremen Bedingungen nicht ansiedeln. Der Regen wäscht den Kalk nach und nach aus und saure Niederschläge sorgen außerdem für weitgehende Neutralisation. Bis schließlich Pflanzen die Mauer erobern, können allerdings Jahrzehnte vergehen.

Viel schneller geht die Besiedlung mit Pflanzen bei den so genannten Trockenmauern vor sich, die man noch heute häufig in Weinbergen findet. Sie sind ohne Mörtel geschichtet und zeigen oft einen besonders dichten und artenreichen Bewuchs. Ihre Fugen enthalten oft Lehm, der beim Aufschichten der Steine verwendet wird um Unebenheiten auszugleichen. Trockenmauern bieten übrigens auch wärmeliebenden Tieren — z. B. Mauereidechsen — Unterschlupf.

1 Stützmauer mit üppigem Schöllkrautbewuchs

Mauern mit angrenzendem Erdreich (Stützmauern) werden in der Regel aus dem Boden gut mit Wasser und Mineralsalzen versorgt. An solchen Standorten wachsen z. B. das Schöllkraut oder das wärmeliebende Glaskraut (S. 25), das man besonders im Rheintal findet. Frei stehende Mauern sind dagegen meist mineralsalzarm und trocken. Das Wasser läuft schnell an

2 Frei stehende Mauer mit Zimbelkraut und einer kleinen Birke

ihnen ab und versickert am Mauerfuß. Unter diesen Bedingungen wachsen in sonniger Lage z. B. das Zimbelkraut und — vor allem auf der Mauerkrone — der Mauerpfeffer (S. 23). Sogar Birken kann es gelingen, in den Mauerfugen Fuß zu fassen.

Natürlich spielt auch die Sonneneinstrahlung eine wichtige Rolle für die Pflanzenbesiedlung und man kann oft einen deutlichen Unterschied zwischen Nord- und Südseite einer Mauer beobachten. Mauerpfeffer beispielsweise ist auf intensive Sonneneinstrahlung angewiesen, Mauerfarne dagegen wachsen eher in schattigen Bereichen.

Viele Gartenbesitzer halten verkrautete oder vermooste Mauern für „unordentlich" oder „verwildert". Darüber hinaus hat die Befürchtung, Pflanzenwurzeln könnten die Mauerfugen sprengen dazu geführt, dass der Pflanzenbewuchs vielerorts immer wieder entfernt wird.

Pflanzen in Pflasterritzen

Pflasterflächen bieten ähnliche Wachstumsbedingungen wie Mauern; dies gilt insbesondere für wenig betretene Flächen. Hier siedelt z. B. häufig das Kanadische Berufkraut (S. 25). Auf stark begangenen Pflastern können nur Pflanzen wachsen, die ständige „Fußtritte" vertragen. Das sind naturgemäß nur wenige Arten.

3 Pflasterfläche mit Löwenzahn und Breitblättrigem Wegerich

4 Kahles Bruchkraut

Besonders „hart im Nehmen" sind der Breitblättrige Wegerich mit seinen festen, lederartigen Blättern und auch der Löwenzahn. Beides sind Rosettenpflanzen. Außerdem sind Kahles Bruchkraut und Niederliegendes Mastkraut (S. 27) regelmäßig im Trittbereich anzutreffen. Das häufigste Moos in Pflasterritzen ist das Silber-Birnmoos (S. 191).

Da Pflastersteine „im Sandbett" verlegt werden, sind die Standorte zunächst arm an Mineralsalzen. Innerhalb von Ortschaften können sie jedoch vor allem durch Hundekot stark eutrophiert sein.

Fassadenbegrünung

Ein Gebäude mit einem Kleid aus Kletterpflanzen sieht nicht nur schön aus, eine Fassadenbegrünung hat noch weitere Vorteile. Im Sommer erwärmt sich — abgeschirmt durch das Blattwerk — die Wand weniger stark und im Inneren des Hauses verbessert sich das Raumklima. Außerdem schützt das Pflanzenkleid die Fassade vor allzu starkem Schlagregen und bietet zudem vielen Vogelarten Unterschlupf und Nistplatz. Amsel, Zaunkönig und Dompfaff brüten gern im „Hausgrün". Probleme kann es eigentlich nur mit dem Efeu geben, denn dieser kann Putzfassaden mit seinen Haftwurzeln beschädigen.

5 Fassadenbegrünung mit Efeu

6 Dreispitz-Jungfernrebe

Einige Kletterpflanzen, z. B. der Efeu und verschiedene Jungfernreben-Arten (Wilder Wein; S. 19), sind so genannte Selbstklimmer. Sie wachsen ohne Kletterhilfe empor. Die meisten aber benötigen Drähte oder Holzlattungen, um die sie ihre Triebe herumschlingen können. Solche "Schlinger" sind z. B. der Blauregen (S. 21), der Windenknöterich und die Waldreben.

Die meisten Kletterpflanzen bevorzugen humusreichen Gartenboden. Blauregen und Amerikanisches Geißblatt wachsen am besten an sonnigen Standorten, Efeu und Jungfernreben dagegen bevorzugen schattige Stellen. Wer Weinreben oder Kiwi an der Hauswand emporranken lässt, kann außer dem schönen Anblick im Herbst auch die Früchte der Pflanzen genießen. Beide brauchen eine Kletterhilfe und viel Sonne.

1 Efeu
(Hedera helix)   Araliengewächse

↑ bis 30 m   ❀ September — November

Immergrüne, selbstklimmende Kletterpflanze
mit Haftwurzeln. Jugendblätter 3- bis 5-lappig,
Altersblätter ei- bis rautenförmig. Blüten un-
scheinbar, in Dolden; sie entwickeln sich im
Herbst an Sprossen mit Altersblättern. Die
Frucht ist eine schwarze Beere.

Öko: Der Efeu ist eine Schatten- bis Halbschattenpflanze. Er klettert an Bäumen hoch und
durchwuchert ihre Kronen. Dadurch nimmt er
ihnen das Licht zur Fotosynthese. Die Pflanze
gedeiht besonders gut auf mineralsalzreichen
Humus- oder Lehmböden. Aufgrund ihrer
dicken Wachsschicht verdunsten Efeublätter
pro Flächeneinheit nur etwa ein Zehntel so viel
wie z. B. ein Rotbuchenblatt.

Übrigens: Vermehrt man die Pflanze über
Sprosssstecklinge, werden die Blattmerkmale
des Stecklings (Jugend- bzw. Altersblätter)
beibehalten. Efeu kann über 400 Jahre alt werden. Der größte jemals gemessene Stammum-
fang beträgt 1,80 m! Efeu wird als Bodendecker
und zur Fassadenbegrünung genutzt. Für Mauern mit Putz ist er ungeeignet, da er diesen mit
seinen Kletterwurzeln sprengen kann. Seine
Beeren sind schwach giftig.

L(4) F5 Rx Nx   3   Z, Pli

2 Dreispitz-Jungfernrebe
(Parthenocissus tricuspidata)   Weinrebengew.

↑ bis 15 m   ❀ Juni — August

Laubabwerfende, selbstklimmende Kletterpflanze; Sprossranken am Ende mit Haftschei-
ben. Blätter 3-lappig eingeschnitten; mit schöner rötlicher Herbstfärbung.

Öko: Die Pflanze ist anspruchslos und auch zur
Begrünung von Nordwänden gut geeignet. Als
„Bienenweide" und als Nistplatz für Vögel ist
sie von ökologischer Bedeutung.

Übrigens: Die Art stammt aus Japan. Sie wird
auch „Wilder Wein" genannt. Die **Fünfblättrige
Jungfernrebe** *(P. quinquefolia)* hat 5- bis 7-tei-
lig gefingerte Blätter.

3   Pli

3 Auberts-Windenknöterich
(Fallopia aubertii)   Knöterichgewächse

↑ bis 10 m   ❀ Juli — Oktober

Sommergrüne Kletterpflanze; rechtswindend.
Blätter herzförmig. Blüten klein, in Rispen am
einjährigen Spross.

Öko: Der Windenknöterich ist relativ anspruchslos. Er bevorzugt sonnige Standorte
und humusreiche Böden. Vögeln bietet er gute
Nistmöglichkeiten.

Übrigens: Die Pflanze wurde aus China eingebürgert. Wegen der Vielzahl ihrer Blüten wird
sie auch „Silberregen" genannt. Aufgrund ihres
extremen Wachstums — ihre Jahrestriebe werden bis zu 8 m lang — eignet sie sich weniger
für den häuslichen Bereich. Häufig wird sie zur
Verkleidung von Lärmschutzwänden an Autobahnen eingesetzt.

3   Pli

4 Berg-Waldrebe
(Clematis montana)   Hahnenfußgewächse

↑ bis 10 m   ❀ Mai — Juni

Sommergrüne, windende Kletterpflanze. Blätter 3-teilig gefiedert. Blüten weiß bis rosa und
bis 6 cm breit.

Öko: Die Berg-Waldrebe wächst an sonnigen
bis halbschattigen Standorten mit mineralsalzreichen Böden. Auf staunassen Böden gedeiht
sie nicht. Sie ist eine gute „Bienenweide" und
dient Vögeln als Nistplatz.

Übrigens: Die auch „Anemonen-Waldrebe" genannte Pflanzenart stammt aus dem Himalaya.
Ihre Blätter und jungen Zweige sind schwach
giftig. Sie eignet sich vor allem zur Begrünung
von Unterständen und Pergolen. Wie alle Wald-
rebenarten benötigt sie als Kletterhilfe Spann-
drähte oder Lattengerüste. Weltweit kommen
etwa 250 Wildarten vor, von denen nur wenige
zur Begrünung verwendet werden. Daneben
gibt es zahlreiche Züchtungen mit großen Blüten in vielen Farben. Diese Kreuzungen (Hybri-
den) sind für die Begrünung größerer Bereiche
ungeeignet, da sie zu empfindlich und nicht
starkwüchsig genug sind.

3   Pli

1a Efeu: Jugendblätter

1b Efeu: Altersblätter, Blüten/ Früchte

2a Dreispitz-Jungfernrebe

2b Fünfblättrige Jungfernrebe

3 Auberts-Windenknöterich

4 Berg-Waldrebe

19

1 Blauregen

(Wisteria sinensis) Schmetterlingsblütengew.

↑ bis 20 m ❀ April – Juni ☠

Sommergrüne Kletterpflanze; linkswindend. Blätter gefiedert. Blüten in bis zu 30 cm langen Trauben; sie entwickeln sich nur an mehrjährigen Sprossen und erscheinen vor den Blättern.

Öko: Der Blauregen ist anspruchslos und winterhart. Besonders gut gedeiht er an sonnigen Standorten mit leichten, sandigen Böden. Er bietet Insekten Nektar und Vögeln Nistmöglichkeit.

Übrigens: Der Blauregen wurde Anfang des 19. Jahrhunderts aus China bei uns eingeführt. Er wird auch „Glyzine" genannt. Blüten und Samen des Blauregens sind giftig! Als besonders starkwüchsiger Winder benötigt er sehr feste Kletterhilfen. Man sollte ihn regelmäßig zurückschneiden. Für eine volle Drehbewegung (Kreis) benötigt der Blauregen beim Suchen nach einer Klettermöglichkeit etwa drei Stunden.

3 Pli

2 Amerikanisches Geißblatt

(Lonicera heckrottii) Geißblattgewächse

↑ bis 4 m ❀ Juni – August

Sommergrüne Kletterpflanze; rechtswindend. Blüten nur am einjährigen Spross; mit starkem, angenehmem Duft. Die Frucht ist eine rote Beere. △

Öko: Die anspruchslose, winterharte Pflanze bevorzugt sonnige bis halbschattige Standorte und feuchte, humusreiche Böden. Der intensive Duft der Blüten lockt vor allem Nachtschmetterlinge an, die mit ihrem langen Saugrüssel an den Nektar gelangen und dabei die Blüten bestäuben (Nachtfalterblume).

Übrigens: Die Pflanze stammt aus Nordamerika. Wegen ihrer Färbung und ihres Duftes wird sie bei uns häufig zur Begrünung im Hausbereich, z. B. für Pergolen und Carports, angepflanzt. Ihre Beeren sind schwach giftig. Weltweit kommen etwa 180 Geißblattarten vor. Eine häufige einheimische Wildform ist das Wald-Geißblatt (S. 143).

3 Pli

3 Mauerraute

(Asplenium ruta-muraria) Streifenfarngewächse

↑ bis 20 cm ○ Juni – September

Blätter 2- bis 3fach gefiedert, Fiederblättchen oval bis eiförmig-lanzettlich; immergrün.

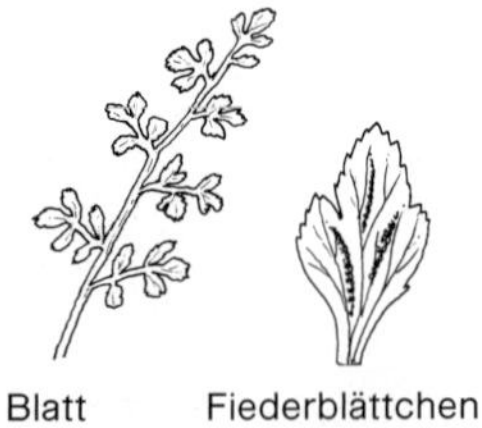

Öko: Die Mauerraute ist unser häufigster Mauerfarn. Sie bevorzugt besonnte Mauern mit kalkhaltigen Fugen. Hier wächst sie oft in Gesellschaft von Braunstieligem Streifenfarn, Zimbelkraut und Gelbem Lerchensporn (S. 23).

Übrigens: Mauerfarne werden oft entfernt, weil man befürchtet, dass sie die Fugen sprengen. Sie sind deshalb vielerorts selten geworden. Massenhaft findet man sie manchmal noch in frei stehenden alten Mauern (z. B. Stadtmauern, Burgmauern), die nicht restauriert wurden.

L8 F3 R8 N2 3 H

4 Braunstieliger Streifenfarn

(Asplenium trichomanes) Streifenfarngew.

↑ bis 30 cm ○ Juli – September

Blätter 1fach gefiedert, immergrün; Fiederblättchen gegenständig und grau- bis gelbgrün. Blattstiele braun bis schwarz.

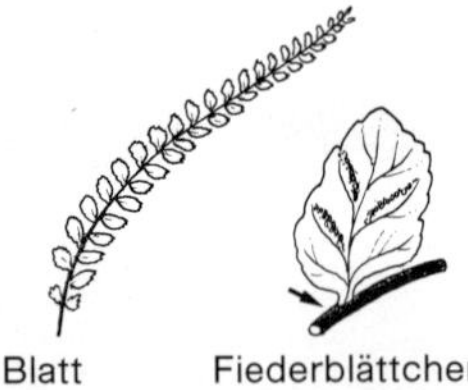

Öko: Der Braunstielige Streifenfarn wächst an schattigen bis besonnten Standorten. Er kommt sowohl in schwach sauren als auch in schwach basischen Mauerfugen vor. In den meisten Regionen ist er seltener als die Mauerraute, in deren Gesellschaft er oft wächst.

Übrigens: Die Mittelrippen der Blätter sind sehr zäh. Wenn die Fiederblättchen abgefallen sind, bleiben sie noch lange als drahtige „Haare" erhalten.

L5 F5 Rx N3 3 H

1 Blauregen

2 Amerikanisches Geißblatt

3 Mauerraute

4 Braunstieliger Streifenfarn

Gewöhnlicher Tüpfelfarn (s. S. 158)

Hänge-Birke (s. S. 118)

21

1 Zimbelkraut

(Cymbalaria muralis)   Rachenblütengewächse

↑ bis 40 cm   ❀ Mai — September

Pflanze hängend oder kriechend; hängend bis etwa 40 cm lang. Blüten einzeln, gespornt und lang gestielt. Blätter gelappt, lang gestielt.

Öko: Das Zimbelkraut ist in Mauern an warmen, kalkhaltigen Standorten mit mäßigem Stickstoffgehalt zu finden. Es ist ein „Spaltenkriecher". Oft tritt es zusammen mit den Mauerfarnen (S. 21), mit Schöllkraut und Gelbem Lerchensporn auf. Das Zimbelkraut hat einen raffinierten Verbreitungstrick: Die Blütenstiele wachsen zunächst zum Licht hin. Nach der Befruchtung wachsen die Fruchtstiele vom Licht weg. Dabei verlängern sie sich stark und senken sich mit den reifen Samen in die Mauerritzen (Dunkelkeimer).

Übrigens: Das Zimbelkraut wurde um 1600 aus dem Mittelmeerraum als Gartenpflanze bei uns eingebürgert. Von dort ist es verwildert.

L7   F6   R8   N5   3   C, H   Neo

2 Scharfer Mauerpfeffer

(Sedum acre)   Dickblattgewächse

↑ bis 15 cm   ❀ Juni — August

Blätter dickfleischig, eiförmig und meist scharf schmeckend. Die Blätter des **Weißen Mauerpfeffers** *(S. album)* sind walzig. Der ähnliche **Milde Mauerpfeffer** *(S. sexangulare)* hat gesporrte, nicht scharf schmeckende Blätter. △

Öko: Der Scharfe Mauerpfeffer ist eine Pionierpflanze stark besonnter, trockener und sehr stickstoffarmer Standorte. Er wächst in Mauern und Felsen. Auch auf trockenen Sandflächen und auf Ruderalflächen, z. B. auf Dünen und an Straßenrändern, kommt er häufig vor. Wasserspeichergewebe macht die Blätter der Pflanze dickfleischig (Blattsukkulenz). Dies ist eine typische Anpassung an trockenheiße Standorte.

Übrigens: Der Name „Mauerpfeffer" stammt vom scharfen Geschmack der Blätter. Mit Mauerpfefferarten und anderen Pflanzen, die an trockene Standorte angepasst und winterhart sind, lassen sich flache Dächer begrünen.

L8   F2   Rx   N1   3   C

3 Schöllkraut

(Chelidonium majus)   Mohngewächse

↑ bis 50 cm   ❀ April — Oktober   ☠

Blätter fiederförmig, unterseits blaugrün. Blüten bis 2 cm breit, mit 4 Kronblättern. Die Pflanze enthält einen gelben Milchsaft.

Öko: Das Schöllkraut besiedelt schattige bis sonnige Standorte mit stickstoffreichen Böden. Es ist sehr anpassungsfähig und wächst an Mauerfüßen und in Mauerfugen sowie auf Ruderalflächen, vor allem an eutrophierten Standorten im dörflichen Bereich. Die Pflanze ist also ein typischer Kulturbegleiter und „Siedlungsanzeiger". Man findet sie oft zusammen mit anderen Stickstoff liebenden Pflanzen wie der Gefleckten Taubnessel (S. 83) oder der Großer Brennnessel (S. 93). Die Verbreitung der Samen erfolgt durch Ameisen. Die Samen tragen als „Belohnung" Anhängsel, die Lock- und Nährstoffe enthalten.

Übrigens: Alle Teile der Pflanze sind giftig. Der gelbe Milchsaft wirkt zudem ätzend; er soll Warzen abtöten. Aus den Wirkstoffen des Schöllkrauts werden Heilmittel gegen Leber- und Gallenerkrankungen hergestellt.

L6   F5   Rx   N8   3   H

4 Gelber Lerchensporn

(Pseudofumaria lutea)   Erdrauchgewächse

↑ bis 30 cm   ❀ April — September

Blüten gespornt. Stängel reich verzweigt und dicht beblättert. Blätter 2- bis 3fach gefiedert.

Öko: Der Gelbe Lerchensporn wächst in Mauerfugen und Felsspalten an halbschattigen Standorten mit guter Wasserversorgung. Er bevorzugt kalkreichen Untergrund. Wie beim Schöllkraut erfolgt die Samenverbreitung durch Ameisen.

Übrigens: Der Gelbe Lerchensporn stammt aus den Südalpen. Bei uns kommt die ursprünglich als Zierpflanze eingebürgerte Pflanze verwildert vor allem im Einzugsbereich von Rhein und Weser vor. Im Gegensatz zu den eigentlichen Lerchensporn-Arten (S. 149) hat die Pflanze keine Sprossknolle als Nährstoffspeicher.

L6   F6   R9   N5   3   H   Neo

1 Zimbelkraut

3 Schöllkraut

2a Scharfer Mauerpfeffer

Stinkender Storchschnabel (s. S. 100)

2b Weißer Mauerpfeffer

4 Gelber Lerchensporn

23

1 Mauer-Glaskraut

(Parietaria judaica)   Brennnesselgewächse

↑ bis 40 cm   ❀ Juni — Oktober

Stängel niederliegend und verästelt. Blätter wechselständig, eiförmig-rundlich und ganzrandig; ohne Brennhaare. Blüten unscheinbar. Das **Aufrechte Glaskraut** *(P. officinalis)* hat aufrechte Stängel und eiförmig-lanzettliche Blätter.

Öko: Das Mauer-Glaskraut wächst an schattigen bis halbschattigen warmen Mauerstandorten. Man findet es sowohl am Mauerfuß als auch in den Fugen. Es bevorzugt stickstoff- und humusreichen Untergrund und kommt in erster Linie im Einzugsgebiet des Rheins und seiner Nebenflüsse vor. Dort siedelt es vor allem in alten Mauern von Burgen, Weinbergen und Uferbefestigungen. Ameisen sorgen für die Samenverbreitung.

Übrigens: Das Mauer-Glaskraut wurde aus dem Mittelmeerraum eingeschleppt. Es wird auch „Ästiges Glaskraut" genannt. Die Ästchen der Pflanze zerbrechen wie Glas. Daher hat die Pflanzengattung ihren Namen.

L6   F7   R8   N7   3   H   Ar

2 Silber-Fingerkraut

(Potentilla argentea)   Rosengewächse

↑ bis 30 cm   ❀ Juni — Oktober

Blätter 5- bis 7-teilig gefingert; unterseits stark weißfilzig und dadurch silbrig (Name!); Teilblättchen tief gesägt; am Rand meist umgerollt.

Öko: Das Silber-Fingerkraut besiedelt trockenwarme Standorte. Es kommt in Magerrasen, auf sandigen Ruderalflächen und in Fels- und Mauerfugen vor und bevorzugt kalkarme, saure, sehr stickstoffarme Sandböden (Sandzeiger). Hummeln und Bienen bestäuben die Pflanze.

Übrigens: Der silbrigweiße Filz auf der Blattunterseite wird durch tote Haare gebildet, die als Verdunstungsschutz dienen. Viele Pflanzen trockenheißer Standorte oder von Standorten mit intensiver Sonneneinstrahlung, z.B. manche Kakteen und das Edelweiß, zeigen als typische Anpassung eine dichte Behaarung.

L9   F2   R3   N1   3   H

3 Kanadisches Berufkraut

(Conyza canadensis)   Korbblütengewächse

↑ bis 100 cm   ❀ Juni — Oktober

Blätter lineal-lanzettlich und ganzrandig. Blütenköpfchen klein, unscheinbar; Zungenblüten kurz und weißlich, Röhrenblüten gelb (Lupe!).

Öko: Das Kanadische Berufkraut bevorzugt trockenwarme Standorte. Es wächst in Pflasterfugen und Mauerritzen, auf mäßig mineralsalzreichen, sandigen, steinigen und lehmigen Rohböden und ist eine der anpassungsfähigsten Pionierpflanzen. In Pflasterfugen und Mauerritzen bildet es Zwergformen aus.

Übrigens: Der Name der Pflanze hat nichts mit dem „Beruf" zu tun; er leitet sich von „Berufen" (= „Beschreien") ab. Mit Berufkräutern sollten in früherer Zeit Dämonen vertrieben werden. Die Pflanze wird auch „Kanadischer Katzenschweif" genannt. Sie wurde etwa um 1700 aus Nordamerika eingeschleppt und ist heute einer unserer häufigsten Neubürger.

L8   F4   Rx   N5   1 — 2   T, H   Neo

4 Vogel-Knöterich

(Polygonum aviculare)   Knöterichgewächse

↑ bis 50 cm   ❀ Mai — November

Stängel niederliegend bis aufsteigend und dunkel gestreift. Blätter bis 3 cm lang. Blüten klein und unscheinbar, grünlich rosa; zu 1 — 5 in den Blattachseln. Sehr vielgestaltig.

Öko: Der trittfeste Vogel-Knöterich kommt häufig auf stark begangenen Flächen, wie Rasen, Viehweiden, Pflasterflächen und Wegrändern, vor. Man findet ihn aber auch auf Äckern und in Gärten. Er bevorzugt mineralsalzreiche, sandige Böden — vor allem Rohböden — und ist eine sehr anpassungsfähige Pionierpflanze. Seine Samen haften an Tierpfoten oder Schuhsohlen und werden so verbreitet.

Übrigens: Der Vogel-Knöterich ist seit der Jungsteinzeit ein Kulturbegleiter. Er ist inzwischen — außer in den Tropen — weltweit verbreitet. Der Samen ist ein gutes Vogelfutter (Name!).

L7   F4   Rx   N6   1   T

1 Mauer-Glaskraut

2 Silber-Fingerkraut

Gewöhnliches Greiskraut
(s. S. 70)

3 Kanadisches Berufkraut

4 Vogel-Knöterich

Gewöhnlicher Löwenzahn (s. S. 48)

25

1 Kahles Bruchkraut

(Herniaria glabra)   Nelkengewächse

↑ bis 20 cm   ❀ Juni — Oktober

Pflanze gelbgrün und flach niederliegend. Blätter fast kahl. Blüten sehr klein und unscheinbar, zu 5 — 12 in Büscheln.

Öko: Das Kahle Bruchkraut wächst auf Dünen, auf trockenen, sandigen Ruderalflächen, an Wegrändern und in Pflasterfugen. Hier findet man es oft in Gesellschaft anderer „Trittpflanzen", z. B. des Niederliegenden Mastkrauts. Es besiedelt warme, trockene Standorte mit sauren, mineralsalzarmen Sandböden und gilt als Sandzeiger.

Übrigens: Die Pflanze wurde früher als Heilmittel bei Bruchleiden eingesetzt. Daher hat sie ihren Namen.

L8   F3   R4   N2   1 — 2   T, H   Ar

2 Niederliegendes Mastkraut

(Sagina procumbens)   Nelkengewächse

↑ bis 15 cm   ❀ Mai — September

Pflanze niederliegend; bildet oft einen dichten Rasen. Blätter kahl, bis 12 mm lang, schmallinealisch und vorn zugespitzt. Blüte 4-zählig; Kronblätter (sie können fehlen!) viel kürzer als die Kelchblätter. Beim **Pfriemen-Mastkraut** *(S. subulata)* sind die Kronblätter etwa so lang wie die Kelchblätter.

Öko: Das Niederliegende Mastkraut wächst in Pflasterritzen und in Trittrasen, auf Ackerflächen, an wenig bewachsenen Wegrändern und auf lückigen Ruderalstandorten. Es bevorzugt mineralsalzreichere Sand- und Lehmböden (Rohböden) mit guter Wasserversorgung. In Pflasterritzen findet man die Pflanze oft zusammen mit dem Einjährigen Rispengras. Das Pfriemen-Mastkraut wird häufig als Fugenpflanze und in Steingärten angepflanzt. Von dort ist es zum Teil verwildert. Es bildet moosartige Polster und wird auch „Sternmoos" genannt.

Übrigens: Wie der Vogel-Knöterich ist auch das Niederliegende Mastkraut heute fast weltweit verbreitet.

L7   F5 ∼   R7   N6   3   C, H

3 Quendelblättriges Sandkraut

(Arenaria serpyllifolia)   Nelkengewächse

↑ bis 20 cm   ❀ Mai — September

Stängel aufrecht und verästelt; meist behaart. Blätter gegenständig, graugrün, 2 — 5 mm lang, eiförmig und vorn zugespitzt; obere Blätter ungestielt. Blüten klein, mit 5 länglich-eiförmigen Kronblättern und 5 längeren Kelchblättern.

Öko: Das Quendelblättrige Sandkraut ist eine Pionierpflanze. Man findet es in lückigen Rasen und an Wegrändern, außerdem auf wenig bewachsenen Böschungen, auf Brachen mit Rohboden, auf sandigen Äckern, auf Mauerkronen, in Felsritzen und in Mauerfugen. Es gedeiht insbesondere an trockenwarmen Standorten (Wärmezeiger) und stellt keine besonderen Ansprüche an den Boden.

Übrigens: Die kleinen Nelkengewächse, wie Sandkräuter und Hornkräuter (s. S. 33), sind nicht einfach zu bestimmen.

L8   F4   R7   Nx   1 — 2   T, C

4 Einjähriges Rispengras

(Poa annua)   Süßgräser

↑ bis 25 cm   ❀ Januar — Dezember

Ährchen in 2 — 5 cm langer Rispe; Deckspelzen der Ährchen meist grün. Blätter mit kahnförmiger Spitze; Blatthäutchen weißlich und 2 — 4 mm lang. Die verschiedenen mittelhohen Rispengräser sind nicht leicht zu bestimmen. △

Öko: Das Einjährige Rispengras gilt als typischer Kulturbegleiter und kommt auf Rasen, auf Weideflächen, in Pflasterfugen und Mauerritzen sowie auf Äckern und in Gärten vor. Es bevorzugt mineralsalzreiche, sandige bis lehmig-tonige Rohböden mit guter Wasserversorgung.

Blatt mit Blatthäutchen

Übrigens: Die Pflanze ist nur in lückigen Beständen der Konkurrenz anderer Pflanzenarten gewachsen. Sie bringt in einem Jahr mehrere Generationen hervor.

L7   F6   Rx   N8   1 — 2   T, H

1 Kahles Bruchkraut

2 Niederliegendes Mastkraut

3 Quendelblättriges Sandkraut

Strahlenlose Kamille (s. S. 70)

4 Einjähriges Rispengras

Breitblättriger Wegerich (s. S. 40)

27

s. auch Mauern, Pflaster und Gebäude, S. 24 — 27

Frühblüher im Garten s. S. 160 / 161

Obstbäume s. S. 126 / 127

s. auch
Ruderalflächen, S. 82 — 109

s. auch
Gewässer und Ufer, S. 172 — 187

Mitteleuropa war einst von nahezu geschlossenen Waldgebieten bedeckt. Als der Mensch sesshaft wurde — das war gegen Ende der Jungsteinzeit vor etwa 6 500 Jahren — begann er, diese Wälder in großem Stil zu roden um Ackerflächen anzulegen. Das Vieh ließ man in den Wäldern weiden und auch diese Waldweide (Hude) veränderte die Landschaft. Die typischen Pflanzen des Waldbodens wurden zurückgedrängt und die Wälder wurden lichter. Als der Viehbestand größer geworden war, wurden in den Niederungen zusätzlich Waldflächen abgeholzt um dort Heu für die Winterfütterung zu gewinnen. Eine Kulturlandschaft mit Äckern, Wiesen und Weiden war entstanden.

Ohne Mähen oder Beweidung würden die vom Menschen geschaffenen Wiesen- und Rasenflächen innerhalb weniger Jahre wieder von Bäumen und Sträuchern zurückerobert. So genannte „Naturwiesen" gibt es nur dort, wo extreme Lebensbedingungen das Wachstum von Wäldern verhindern. Das gilt z. B. für die Salzwiesen der Küsten oder für die „Matten" im Hochgebirge oberhalb der Baumgrenze.

1 Bergwiese oberhalb der Baumgrenze

Auf Wiesen, Weiden und Rasenflächen sind Gräser besonders stark vertreten. Daneben sind aber auch andere krautige Pflanzen oft so zahlreich, dass sie das Bild dieser Lebensräume prägen. Insbesondere die Wiesen bieten — je nach Blütezeit dieser Arten — im Jahreslauf einen wechselnden Anblick. So bestimmen die hellen Blüten des Wiesen-Schaumkrautes im April, die leuchtend gelben des Löwenzahns im Mai und schließlich im Juni die braunroten des Großen Sauerampfers das Bild mancher Wiesenflächen.

Die Fettwiese

Im Tiefland ist die Fettwiese die häufigste Wiesenform. Fettwiesen sind relativ artenarm. Sie werden stark gedüngt, Gräser — z. B. Wiesen-Glatthafer, Weidelgras und Wiesen-Lieschgras (S. 51 u. S. 53) — entwickeln sich üppig. Außerdem sind der Gewöhnliche Löwenzahn, der

2 Fettwiese mit fruchtendem Löwenzahn

Scharfe Hahnenfuß (S. 33), der Große Sauerampfer und einige weitere Arten häufig anzutreffen. Fettwiesen werden zwei- bis dreimal im Jahr gemäht. Vor der ersten Mahd bilden Wiesen-Kerbel und Wiesen-Bärenklau (S. 39) hohe und dichte Bestände.

Die Weide

Auch Weiden sind im Allgemeinen gut gedüngt und man findet auf ihnen ähnliche Arten wie in den Fettwiesen. Weidelgras und Weiß-Klee sind besonders häufig. Auf einer „gut besuchten" Weide werden die Pflanzen in der Regel vom Weidevieh abgefressen, bevor sie aussamen können. Sie sind dann auf eine vegetative Vermehrung beispielsweise über Ausläufer angewiesen. Oft sieht man auf Weideflächen auffallende, inselartige Pflanzenbestände. Diese

3 Kühe auf der Weide

werden von Pflanzen gebildet, die das Vieh verschmäht, z. B. von Disteln, Scharfem Hahnenfuß und Brennnesseln. Der Huftritt der Tiere lässt verdichtete Flächen entstehen, auf denen Breitblättriger Wegerich (S. 41) und Vogel-Knöterich (S. 25) bevorzugt wachsen.

Die Feuchtwiese

Auf nassen oder wechselfeuchten Wiesen nehmen Seggen und Binsen oft größere Flächen ein. Außerdem kann man dort feuchtigkeitsliebende Pflanzen wie Kuckucks-Lichtnelke (S. 35) oder Sumpf-Dotterblume (S. 173) finden. Die genannten Arten wachsen auch an Ufern von Fließgewässern, Seen und Teichen. Feuchtwiesen wurden oft trockengelegt um sie als Weiden oder zur Heugewinnung nutzen zu können oder um sie in Ackerflächen umzuwandeln. Sie sind deshalb heute relativ selten. „Feuchtwiesenschutzprogramme" sollen dieser Entwicklung entgegenwirken.

4 Feuchtwiese mit blühender Kuckucks-Lichtnelke

Wiesen an trockenen Standorten

Auf ungedüngten, trockenen Sand-, Kalk- oder Felsböden entwickeln sich Trocken- oder Halbtrockenrasen. Der Wiesen-Salbei (S. 45) und das Echte Labkraut sind typische Pflanzenarten dieser Flächen. Manche Arten des Trockenrasens sind auch an Mauern und auf Ruderalflächen anzutreffen. Trocken- und Halbtrockenrasen bieten zahlreichen bedrohten Pflanzen- und Tierarten Lebensraum. Seltene Orchideen, die Smaragdeidechse und verschiedene Schmetterlingsarten kann man dort entdecken.

5 Trockenrasen auf felsigem Untergrund

Rasenflächen

Auf Sportplätzen und in Hausgärten wird oft ein tiefgrüner, einheitlicher Rasenteppich angestrebt, in dem möglichst nur Gräser wachsen. Solche Rasen erfordern intensive Pflege. Sie müssen sehr oft gedüngt, gewässert und gemäht werden. Um die unerwünschten Kräuter in Schach zu halten, behandelt man sie außerdem mit „Unkrautvernichtern" (Herbiziden). Auf diese Weise geht die Artenfülle stark zurück. Im dichten Filz der Gräser können sich vereinzelt Gänseblümchen, Faden-Ehrenpreis (S. 43) oder das Sparrige Kranzmoos (S. 190) halten. Dort, wo der Boden durch Tritt verdichtet ist, wachsen die Pflanzen des Trittrasens, z. B. der Weiß-Klee, der Breitblättrige Wegerich und der Vogel-Knöterich.

Öffentliche Grünanlagen werden meist nicht ganz so intensiv gepflegt. Parkrasen sind deshalb oft etwas artenreicher. Oft wurden Frühblüher wie Krokus oder Osterglocke gesetzt, deren Blüten die Rasenflächen im zeitigen Frühjahr in ein Farbenmeer verwandeln.

6 Rasenfläche im Park

1 Scharfer Hahnenfuß
(Ranunculus acris)   Hahnenfußgewächse

↑ bis 100 cm ❀ Mai — Oktober   ☠

Blüten bis zu 3 cm breit; Blütenstiel nicht gefurcht. Grundblätter groß und rundlich; durch tiefe Einschnitte in 5 — 7 Abschnitte geteilt. Stängelblätter 3-teilig. Stängel und Blätter anliegend behaart oder kahl. △

Öko: Der Scharfe Hahnenfuß steht auf Wiesen und Weiden, in Parkrasen und an Wegrändern. Er bevorzugt feuchte Lehmböden. Die Pflanze wächst auf manchen Wiesen in großen Mengen und bildet im Frühjahr gelbe Blütenteppiche. Unter den kleinen Honigschuppen am Grund der Kronblätter (Lupe!) befindet sich der Nektar.

Übrigens: Die dreiteiligen Stängelblätter, die an den Fuß eines Hahnes erinnern, gaben der gesamten Pflanzengattung den Namen. Wegen der wie Fett glänzenden gelben Blüten wird die Pflanze auch „Butterblume" genannt (ebenso wie der Löwenzahn). Der Scharfe Hahnenfuß ist in frischem Zustand giftig, verliert diese Eigenschaft aber, wenn er als Heu getrocknet ist.

L7 F6 Rx Nx   3   H

2 Gewöhnliches Hornkraut
(Cerastium holosteoides)   Nelkengewächse

↑ bis 50 cm ❀ März — September

Kronblätter bis zu 5 mm lang und 2-lappig; Kelchblätter etwa so lang wie die Kronblätter. Stängel oft dicht behaart. Pflanze mit nicht blühenden Trieben. △

Öko: Das Gewöhnliche Hornkraut kommt auf Wiesen und Weiden, in nicht stark gepflegten Park- und Hausrasen vor und findet sich außerdem auch an Wegrändern, auf Äckern und in Gärten. Es besiedelt in erster Linie mäßig feuchte, mäßig saure, sandige oder reine Lehmböden und gilt als Lehm-Zeigerpflanze.

Übrigens: Die Fruchtkapseln ragen wie ein gekrümmtes Horn aus dem Kelch hervor. Daher hat die Pflanze ihren Namen. Als Futterpflanze ist das Gewöhnliche Hornkraut kaum von Bedeutung.

L6 F5 R5 N5   3   C

3 Großer Sauerampfer
(Rumex acetosa)   Knöterichgewächse

↑ bis 60 cm ❀ Mai — Juli

Blütenstände blattlos, rötlich überlaufen. Blätter pfeilförmig und am Rand gewellt; mit abwärts gerichteten Spießecken. Die gesamte Pflanze schmeckt säuerlich. △

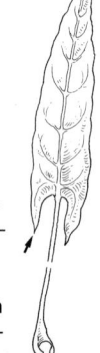

Öko: Der Große Sauerampfer ist eine typische Pflanze der Fettwiesen. Er kommt aber auch auf Weiden, an Wegen und Uferböschungen vor und gedeiht insbesondere auf relativ mineralsalzreichen, tiefgründigen Lehm- und Tonböden. Er gilt als Lichtpflanze. Im Frühjahr geben die Pflanzen manchen Wiesen eine einheitlich rotbraune Färbung.

Übrigens: Aus den Blättern des Sauerampfers lassen sich schmackhafte Suppen und Salate zubereiten. Die Pflanze ist durch einen hohen Gehalt an Oxalsäure gekennzeichnet. Der Genuss zu großer Mengen davon ist vor allem für Nieren- und Gichtkranke schädlich.

L8 Fx Rx N6   3   H

4 Gewöhnlicher Frauenmantel
(Alchemilla vulgaris)   Rosengewächse

↑ bis 30 cm ❀ Mai — September

Untere Blätter lang gestielt, rundlich bis nierenförmig und 5- bis 9-lappig; mit gezähntem Rand. Blüten unscheinbar.

Öko: Die Pflanze besiedelt Wiesen und Weiden, Parkrasen und Wegränder. Sie bevorzugt Lehm- oder Tonböden.

Übrigens: Bei hoher Luftfeuchte scheiden die Pflanzen aus Spalten in den Blattwinkeln Wassertropfen ab (Guttation). Die Tropfen bilden dann einen „Perlenkranz" rund um das Blatt. Der Name der Pflanze deutet auf die Form der Blätter hin und zeigt außerdem, dass es sich um eine „Marienpflanze" handelt, die in der Frauenheilkunde eingesetzt wurde. Frauenmantel-Tee wirkt bei Monatsbeschwerden krampflindernd und beruhigend.

Lx Fx Rx Nx   3   H

1 Scharfer Hahnenfuß

Kriechender Hahnenfuß (s. S. 62)

Pfennigkraut (s. S. 176)

2 Gewöhnliches Hornkraut

3 Großer Sauerampfer

4 Gewöhnlicher Frauenmantel

33

1 Kuckucks-Lichtnelke

(Lychnis flos-cuculi)   Nelkengewächse

↑ bis 70 cm   ✤ Mai — Juli

Blüten intensiv lilarosa, selten rein weiß; Kronblätter bis über die Mitte tief 4-lappig. Untere Stängelblätter breit-länglich, obere schmal-lanzettlich.

Öko: Die Pflanze ist auf Fett- und Moorwiesen zu finden, besonders auf feuchten Lehm- und Tonböden. Oft wächst sie gemeinsam mit Scharfem Hahnenfuß, Großem Sauerampfer (S. 33) und Sumpf-Dotterblume (S. 173). Die Kuckucks-Lichtnelke wird aufgrund intensiver Entwässerung immer seltener. Ihre Samen entwickeln sich in einer Kapsel, die mit fünf Zähnen aufspringt, wenn sie reif ist.

Übrigens: Auf der Pflanze findet man oft „Kuckucksspucke". Es handelt sich dabei um eine schaumige, speichelähnliche Flüssigkeit, in der die kleine, grünliche Larve einer Schaumzikade eingehüllt ist.

L7   F7∼   Rx   Nx   3   H

2 Wiesen-Schaumkraut

(Cardamine pratensis)   Kreuzblütengewächse

↑ bis 30 cm   ✤ April — Juni

Blüten blasslila bis weiß und dunkel geadert. Blätter gefiedert; Grundblätter in einer Rosette angeordnet, mit rundlichen Fiederblättern.

Öko: Das Wiesen-Schaumkraut kommt auf Wiesen, in Wäldern und an Ufern vor. Es bevorzugt feuchte, sandig-steinige oder reine Ton- und Lehmböden. Seine Schoten können sich explosionsartig öffnen und die Samen bis zu 2,5 m weit ausschleudern. Die Pflanze vermehrt sich auch vegetativ durch Brutpflänzchen, die an den Fiedern der Grundblätter entstehen. Ein Schmetterling, der Aurorafalter, legt seine Eier bevorzugt auf dem Wiesen-Schaumkraut ab.

Übrigens: Tritt die Pflanze auf einer Wiese in großer Zahl auf, so wirkt diese wie ein „Schaummeer". Vielleicht stammt ihr Name aber auch von der „Kuckucksspucke" der Schaumzikade (vgl. Kuckucks-Lichtnelke).

L4   F6   Rx   Nx   3   H

3 Rote Lichtnelke

(Silene dioica)   Nelkengewächse

↑ bis 90 cm   ✤ April — September

Blüten purpurn, rosa oder weißlich, ohne Duft; Kronblätter tief 2-lappig, Kelchblätter zu einer leicht bauchigen Röhre verwachsen. Die Pflanze ist zweihäusig.

Öko: Die Rote Lichtnelke ist auf Wiesen, in Laubwäldern und Gebüschen, an Bachufern und auf Ruderalflächen anzutreffen. Sie gedeiht auf relativ feuchten, mineralsalzreichen Böden mit hohem Stickstoffgehalt. Die Farbe der Blüten lockt Tagfalter an, die die Pflanze bestäuben. Im Gegensatz zu den duftenden Blüten der Weißen Lichtnelke (S. 99), die sich abends öffnen und Nachtfalter anlocken, sind die duftlosen Blüten der Roten Lichtnelke tagsüber geöffnet.

Übrigens: Manchmal findet man Pflanzen mit beschädigten Kelchen. Hier waren kurzrüsselige Hummeln am Werk, die den Kelch angebissen haben um an den Nektar zu gelangen.

Lx   F6   R7   N8   2 — 3   H

4 Wiesen-Storchschnabel

(Geranium pratense)   Storchschnabelgewächse

↑ bis 60 cm   ✤ Mai — August

Blüten fast 3 cm breit; meist zu 2 zusammen. Blätter 10 cm lang und 10 — 15 cm breit; handförmig in meist 7 Abschnitte geteilt.

Früchte

Öko: Der Wiesen-Storchschnabel wächst meist gesellig in Fettwiesen vor allem des Tieflands. Im Norden Deutschlands ist er selten. Er bevorzugt mäßig feuchte, mineralsalz- und basenreiche Ton- und Lehmböden. Zur Reifezeit reißt die Frucht auf und die Samen werden bis zu 2 m weit ausgeschleudert. Zurück bleibt dann ein seltsames „kronleuchterartiges" Gebilde. Der Wiesen-Storchschnabel wird auch in Gärten angepflanzt und verwildert von dort oft.

Übrigens: Die Früchte der Storchschnabelarten erinnern an den Schnabel eines Storches. Daher hat die Pflanzengattung ihren Namen.

L8   F5   R8   N7   3   H

1 Kuckucks-Lichtnelke

3 Rote Lichtnelke

2 Wiesen-Schaumkraut

4 Wiesen-Storchschnabel

Kleiner Storchschnabel
(s. S. 64)

35

1 Wiesen-Hornklee

(Lotus corniculatus) Schmetterlingsblütengew.

↑ bis 30 cm   ❀ Mai — September

Blüten goldgelb, oft rot überlaufen; zu 3 — 8 in einem Blütenstand. Blätter 5-teilig; 2 der Fiederblättchen stehen etwas tiefer (Nebenblätter). Stängel kantig und nicht hohl. An feuchten Orten findet man den ähnlichen **Sumpf-Hornklee** *(L. uliginosus)*. Seine rein gelben Blüten stehen zu 8 — 12 in einem Blütenstand; sein Stängel ist rund und hohl.

Öko: Der Wiesen-Hornklee steht auf Wiesen, an Wegrändern und Böschungen. Er kommt auf relativ trockenen, stickstoffarmen Lehmböden vor. Die Samen befinden sich in länglichen Hülsen, die bei Reife aufreißen und sich spiralig verdrehen.

Übrigens: Die dreiteilig wirkenden Blätter (s. Kleearten) und die geöffneten Fruchthülsen, die an gedrehte Ziegenhörner erinnen, gaben dem Hornklee seinen Namen.

L7 F4 R7 N3   3   H

2 Wiesen-Platterbse

(Lathyrus pratensis) Schmetterlingsblütengew.

↑ bis 100 cm   ❀ Juni — August

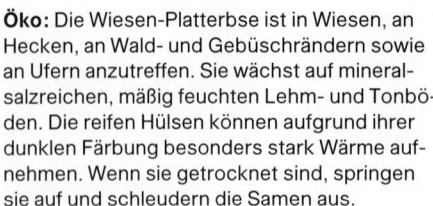

Blüten etwa 1 cm lang; zu 5 — 10 in einer Traube. Blätter mit 2 lanzettlichen Fiederblättchen, einer Endranke und zwei spießförmigen Nebenblättern. Samen rundlich; in flachen, reif schwarzen Hülsen.

Öko: Die Wiesen-Platterbse ist in Wiesen, an Hecken, an Wald- und Gebüschrändern sowie an Ufern anzutreffen. Sie wächst auf mineralsalzreichen, mäßig feuchten Lehm- und Tonböden. Die reifen Hülsen können aufgrund ihrer dunklen Färbung besonders stark Wärme aufnehmen. Wenn sie getrocknet sind, springen sie auf und schleudern die Samen aus.

Übrigens: Die relativ schweren Hummeln drücken das Schiffchen der Blüte herab, indem sie sich daraufsetzen, und gelangen so an den Nektar. Schmetterlinge, Fliegen und Wespen können das nicht.

L7 F6 R7 N6   3   Hli

3 Kleiner Klee

(Trifolium dubium) Schmetterlingsblütengew.

↑ bis 30 cm   ❀ Mai — September

Blütenköpfchen unter 1 cm breit; mit 5 — 10 kleinen, gelben Blüten. Kronblätter nach der Blüte braun; sie fallen nicht ab. Blätter klein und 3-teilig; Endfiederchen kurz gestielt und ohne Spitze. Der **Feld-Klee** *(T. campestre)* hat über 1 cm breite Blütenköpfchen mit über 20 Einzelblüten. Ähnlich ist auch der Hopfen-Schneckenklee (vgl. S. 105). △

Öko: Der Kleine Klee wächst auf Wiesen und Weiden, auf Rasenflächen und an Wegrändern. Er besiedelt vor allem relativ trockene, kalkarme, sandige oder reine Lehmböden.

Übrigens: Der Kleine Klee ist die häufigste der gelb blühenden Kleearten.

L6 F4 R6 N4   1 — 2   T

4 Rot-Klee

(Trifolium pratense) Schmetterlingsblütengew.

↑ bis 40 cm   ❀ Mai — September

Blütenköpfchen eiförmig und bis zu 2 cm breit; mit bis zu 90 Einzelblüten. Blätter 3-teilig, oft mit typischer weißer „Kleezeichnung". Die Blütenköpfchen des **Weiß-Klees** *(T. repens)* sind bis zu 1 cm breit, weiß (selten rosa), abgeblüht bräunlich. Seine Blätter tragen eine weißliche Dreieckszeichnung.

Rot-Klee   Weiß-Klee

Öko: Den Rot-Klee findet man auf Wiesen und Weiden, auf Halbtrockenrasen und an Wegrändern insbesondere auf mäßig feuchten Ton- und Lehmböden. Der Weiß-Klee verträgt regelmäßiges Mähen und ist auch auf Rasenflächen anzutreffen. Die Blüten der Kleearten sind eine bevorzugte Bienenweide.

Übrigens: Wegen der Dreizahl der Blätter war der Klee bei den Kelten heilig. Noch heute ist das Kleeblatt Symbolpflanze Irlands. Ein vierblättriges Kleeblatt soll Glück bringen.

L7 F5 Rx Nx   3   H

1 Wiesen-Hornklee

2 Wiesen-Platterbse

3 Kleiner Klee

4a Rot-Klee

4b Weiß-Klee

37

1 Wiesen-Kerbel

(Anthriscus sylvestris)   Doldenblütengew.

↑ bis 150 cm   ❀ April — August

Blüten in zusammengesetzten Dolden; unter den kleinen Dolden 1 — 5 schmale Blättchen. Blätter glänzend grün und 2- bis 3fach gefiedert. Stängel scharfkantig gefurcht, innen hohl. Die gesamte Pflanze duftet aromatisch.

Öko: Der Wiesen-Kerbel bildet auf Wiesen und an Wegrändern ausgedehnte Bestände. Er bevorzugt mineralsalzreiche, mäßig feuchte Ton- und Lehmböden und gilt als Stickstoff-Zeigerpflanze. Man findet ihn daher oft auf überdüngten Flächen. Rinder scheiden die Samen der Pflanze unverdaut wieder aus. Mit der Gülle werden sie ausgebracht und so verbreitet.

Übrigens: Als Gewürz der feinen Küche ist der Wiesen-Kerbel — im Gegensatz zum Garten-Kerbel *(A. cerefolium)* — nicht geeignet.

L7   F5   Rx   N8   2   H

2 Wiesen-Kümmel

(Carum carvi)   Doldenblütengewächse

↑ bis 80 cm   ❀ Mai — Juli

Blüten weiß oder rötlich, in zusammengesetzten Dolden; unter den kleinen Dolden meistens keine Hüllblättchen. Blätter 2fach gefiedert und noch einmal fiederförmig geteilt; sie wirken dadurch sehr fein; unterste Fiederpaare kreuzweise gestellt. Die Pflanzen, vor allem die Früchte, schmecken nach Kümmel.

Öko: Der Wiesen-Kümmel wächst auf Wiesen und Weiden, an Weg- und Ackerrändern. In weiten Bereichen Norddeutschlands fehlt er. Er gedeiht besonders gut auf mäßig feuchten Ton- und Lehmböden und gilt als Lichtpflanze.

Übrigens: Die Früchte des Wiesen-Kümmels, der auch angebaut wird, ergeben ein bekanntes Küchengewürz. Aus den Kümmelsamen wird auch der Aromastoff für einen Schnaps (Köhm) gewonnen. Außerdem wird Kümmel als Arzneimittel gegen Magenbeschwerden bei Mensch und Tier genutzt. Im Mittelalter glaubte man, mit dem Kümmel Hexen und Geister vertreiben zu können.

L8   F5   Rx   N6   2   H

3 Wiesen-Bärenklau

(Heracleum sphondylium)   Doldenblütengew.

↑ bis 150 cm   ❀ Juni — September

Blüten weiß oder grünlich gelb; in zusammengesetzten Dolden mit bis zu 20 cm Durchmesser. Blätter sehr groß und rauhaarig; fiederförmig oder gefiedert, mit tief gelappten, gezähnten oder grob gesägten Abschnitten. Blattscheiden groß, wirken wie aufgeblasen.

Öko: Der Wiesen-Bärenklau kommt auf Wiesen, an Wegen, Gräben und Böschungen vor. Er bevorzugt mäßig feuchte, mineralsalzreiche Ton- und Lehmböden und wächst häufig in Gesellschaft von Wiesen-Kerbel, Wiesen-Storchschnabel (S. 35) und Glatthafer (S. 53). Die Nektardrüsen der Pflanze sind so leicht zugänglich, dass auch kurzrüsselige Insekten, z. B. Fliegen, sie erreichen können.

Übrigens: Der Name „Bärenklau" leitet sich wahrscheinlich von den rauhaarigen Blättern und Stängeln ab: „Ist der Stängel kantig rau, heißt die Pflanze Bärenklau". Der wesentlich größere Riesen-Bärenklau ist ein Verwandter aus dem Kaukasus. Wenn man diesen berührt, können schmerzhafte Hautreaktionen auftreten (s. S. 90).

L7   F5   Rx   N8   2   H

4 Gewöhnliche Schafgarbe

(Achillea millefolium)   Korbblütengewächse

↑ bis 60 cm   ❀ Juni — Oktober

Blütenköpfchen weiß, rosa oder rot und sehr klein; in doldenähnlichen Blütenständen. Blätter doppelt fiederförmig. Die gesamte Pflanze duftet stark würzig.

Öko: Die Pflanze steht auf Wiesen und Weiden, auf wenig gedüngten Rasenflächen, an Weg- und Ackerrändern. Sie bevorzugt relativ trockene, mäßig stickstoffreiche, lockere Böden.

Übrigens: Schafe fressen nur die Blätter der Pflanze, die Blütenstände bleiben deutlich sichtbar stehen (Name!). Die Schafgarbe ist eine alte Heilpflanze. Ihre etherischen Öle wirken gegen Krämpfe und Magenbeschwerden.

L8   F4   Rx   N5   3   H, C

1 Wiesen-Kerbel

2 Wiesen-Kümmel

3 Wiesen-Bärenklau

Wilde Möhre (s. S. 90)

4 Gewöhnliche Schafgarbe

1 Wiesen-Labkraut

(Galium mollugo) Rötegewächse

↑ bis 80 cm ✿ Mai — September

Blüten nur 2 — 3 mm lang, in großen Rispen; sie duften angenehm. Blätter in Quirlen angeordnet; vorne abgerundet, mit feiner aufgesetzter Stachelspitze. Das **Echte Labkraut** *(G. verum)* hat gelbe Blüten und schmale, fast nadelartige Blätter. △

Öko: Das Wiesen-Labkraut wächst auf Wiesen, an Wegrändern und unter Gebüschen. Man findet die Pflanze vor allem auf mäßig feuchten, sandigen oder reinen Ton- und Lehmböden mit mäßigem Stickstoffgehalt. Die Bestäubung des Wiesen-Labkrauts erfolgt durch kleine Fliegenarten.

Übrigens: Die Labkrautarten bringen — ähnlich wie das Lab-Enzym des Kälbermagens — die Milch zum Gerinnen und wurden früher zur Käsebereitung verwendet.

L7 F5 R7 N5 3 H

2 Kleiner Wiesenknopf

(Sanguisorba minor) Rosengewächse

↑ bis 50 cm ✿ Mai — August

Blüten zu mehreren in 1 cm breiten, kugeligen Köpfchen. Stängelblätter fein gefiedert, Fiederblättchen gezähnt. Der ähnliche **Große Wiesenknopf** *(S. officinalis)* wird bis zu 1 m hoch. Seine rotbraunen Blütenköpfchen sind walzenförmig.

Öko: Der Kleine Wiesenknopf wächst auf Wiesen, an Wegrändern und unter Gebüschen. Er bevorzugt trockene, ausgesprochen kalkhaltige, sandige Lehmböden mit sehr geringem Stickstoffgehalt. Bei Düngung mit Stickstoff verschwindet die Pflanze. Den Großen Wiesenknopf findet man an feuchteren Standorten. Für die Bestäubung sorgt der Wind.

Übrigens: Der Kleine Wiesenknopf wird auch „Bibernelle" oder „Pimpernell" genannt. Er ist eine bekannte Gewürzpflanze, vor allem zur Zubereitung von Salaten, Suppen und Eintöpfen. In der Heilkunde wurde er früher als blutstillendes Mittel eingesetzt.

L7 F3 R8 N2 3 H

3 Breitblättriger Wegerich

(Plantago major) Wegerichgewächse

↑ bis 40 cm ✿ Juni — Oktober

Blätter breit-eiförmig und gestielt; in grundständiger Rosette. Blüten in dichten, walzigen bräunlichen Ähren; Staubbeutel erst lila, dann gelblich. Beim **Mittleren Wegerich** *(P. media)* sind die Blätter breit-oval und ungestielt. Die Staubblätter sind lila bis purpurn.

Öko: Der Breitblättrige Wegerich erscheint in Rasenflächen, Weiden und Wiesen überall dort, wo Menschen oder Tiere den Boden durch Tritt verdichtet haben (Trittrasen). Er wächst auch auf Äckern, an Ufern, an Wegrändern und in Pflasterritzen und bevorzugt mäßig feuchte Ton- und Lehmböden mit relativ hohem Stickstoffgehalt. Die klebrigen Samen werden sehr leicht von Menschen und Tieren verschleppt.

Übrigens: Mit den ersten Siedlern gelangte die Pflanze nach Nordamerika. Da sie zunächst entlang der Straßen der Siedlerströme auftrat, nannten die Indianer sie „Fußtritt des Weißen Mannes". Der Breitblättrige Wegerich wird von Kindern auch als Orakelpflanze benutzt: Reißt man die Blätter ab, erfährt man aus der Zahl der heraushängenden Leitbündel, wie viele Kinder man bekommen wird.

L8 F5 Rx N6 3 H Ar

4 Spitz-Wegerich

(Plantago lanceolata) Wegerichgewächse

↑ bis 50 cm ✿ Mai — September

Blätter lanzettlich, in grundständiger Rosette. Blüten grün oder braun; in 1 — 4 cm langen, dichten Ähren; Staubfäden weißlich mit gelblichen Staubbeuteln.

Öko: Die Pflanze ist auf Wiesen und Weiden, in Zier- und Parkrasen, aber auch auf Ruderalflächen zu finden. Sie gedeiht besonders auf sandigen oder reinen Lehmböden.

Übrigens: Die Blätter des Spitz-Wegerichs werden seit der Antike in der Heilkunde verwendet und heute noch gegen Erkrankungen der Atmungsorgane und bei Gelenkentzündungen eingesetzt.

L6 Fx Rx Nx 3 H Ar

1a Wiesen-Labkraut

1b Echtes Labkraut

2 Kleiner Wiesenknopf

4 Spitz-Wegerich

3a Breitblättriger Wegerich

3b Mittlerer Wegerich

41

1 Gundermann

(Glechoma hederacea)   Lippenblütengew.

↑ bis 40 cm   ❀ April – Juli

Lippenblüten 1 – 2 cm lang. Stängel niederliegend. Blätter bis zu 4 cm breit, nierenförmig und gekerbt. Die ganze Pflanze duftet aromatisch.

Öko: Den Gundermann findet man auf Wiesen und Weiden, an Ufern und in Auenwäldern, aber auch unter Gebüschen, auf Äckern und in Gärten. Er wächst insbesondere auf relativ feuchten, mineralsalzreichen Lehmböden. Die Pflanze vermehrt sich u.a. durch Ausläufer, die an den Knoten wurzeln und über 1 m lang werden können. Den Nektar am Grund der langen Kronröhre können nur relativ langrüsselige Insekten erreichen, z.B. bestimmte Hummelarten.

Übrigens: Die Pflanze wird auch „Gundelrebe" genannt. Sie war früher ein Mittel gegen schlecht heilende Wunden (Gund, altgermanisch: Eiter). Gundermann soll auch gegen Zahnschmerzen, Halsentzündungen und Durchfallerkrankungen wirksam sein. Angeblich schützt er auch vor Hexen, Zauber und Gewitter.

L6 F6 Rx N7   3   G, H

2 Steifer Augentrost

(Euphrasia stricta)   Rachenblütengewächse

↑ bis 30 cm   ❀ Juli – Oktober

Kronblätter violett oder weiß; Unterlippe dunkler geadert und am Grund mit kleinem gelbem Fleck. Blätter fast ohne Drüsen; Blätter unter den Blüten mit kleiner Grannenspitze besetzt. △

Öko: Der Steife Augentrost besiedelt Halbtrockenrasen, Wiesen, Wegränder und Ruderalflächen. Man findet ihn auf sandig-steinigen oder reinen Lehmböden mit niedrigem Stickstoffgehalt. Die Pflanze lebt als Halbschmarotzer auf den Wurzeln von Wiesenpflanzen. △

Übrigens: Augentrost wird aufgrund intensiver Düngung der Wiesen immer seltener. Früher wurde er gegen Augenleiden eingesetzt (Name!).

L8 F4 Rx N2   1   Thp

3 Gamander-Ehrenpreis

(Veronica chamaedrys)   Rachenblütengew.

↑ bis 30 cm   ❀ April – Juli

Blüten bis 1,5 cm breit, himmelblau mit dunklen Adern. Blätter eiförmig und grob gekerbt. Stängel mit zwei Haarreihen. Zwei weitere Ehrenpreisarten auf Rasen- und Wiesenflächen sind der **Quendelblättrige Ehrenpreis** *(V. serpyllifolia)* mit weißen oder bläulichen, blau geaderten Kronblättern und elliptischen, kaum gekerbten Blättern, sowie der **Faden-Ehrenpreis** *(V. filiformis)*, dessen dünne Stängel am Boden kriechen und an den Knoten wurzeln. Seine Kronblätter sind bläulich violett. △

Öko: Der Gamander-Ehrenpreis ist auf Wiesen und Weiden und besonders in Parkrasen, aber auch unter Gebüschen, an Wegen und Waldrändern sowie auf Brachflächen zu finden. Er bevorzugt mäßig feuchte, humose Lehmböden.

Übrigens: Die Pflanze wird auch ironisch „Männertreu" genannt, denn die blauen Kronblätter der Pflanze fallen sehr schnell ab.

L6 F5 Rx Nx   3   C

4 Gewöhnliche Braunelle

(Prunella vulgaris)   Lippenblütengewächse

↑ bis 40 cm   ❀ Mai – Oktober

Blüten blauviolett, selten rötlich oder weiß; etwa 1 cm lang, 2-lippig, in dichten Blütenständen. Bei der **Großblütigen Braunelle** *(P. grandiflora)* sind die Blüten fast 2,5 cm lang.

Öko: Die Gewöhnliche Braunelle wächst auf Weiden, Wiesen, Rasen, an Wegrändern und in lichten Gehölzen. Die Pflanze kriecht flach am Boden und breitet sich auch über Ausläufer aus. So kann sie auch auf häufig gemähten Rasenflächen überdauern. Sie besiedelt mäßig feuchte, sandige oder reine Ton- und Lehmböden. Die Großblütige Braunelle ist insbesondere auf kalkhaltigen Böden zu finden. Im Norden Deutschlands fehlt sie.

Übrigens: Die Gewöhnliche Braunelle ist eine alte Heilpflanze, aus der man unter anderem ein Mittel gegen Diphterie („Bräune") herstellte. Vielleicht lässt sich ihr Name damit erklären.

L7 F5 R7 Nx   3   H

1 Gundermann

Kriechender Günsel (s. S. 148)

2 Steifer Augentrost

3a Gamander-Ehrenpreis

3b Faden-Ehrenpreis

Feld-Ehrenpreis (s. S. 60)

4 Gewöhnliche Braunelle

43

1 Kleiner Klappertopf

(Rhinanthus minor)   Rachenblütengewächse

↑ bis 50 cm   ❀ Mai — September

Kronröhre gerade, 1,5 cm lang und nur wenig länger als der aufgeblasene Kelch; Oberlippe beiderseits mit sehr kleinen violetten oder weißlichen Zähnchen. △

Öko: Der Kleine Klappertopf steht auf Wiesen, an grasigen Wegrändern und an Uferböschungen. Er wächst bevorzugt auf stickstoff- und kalkarmen Lehm- und Tonböden. Alle Klappertopf-Arten sind Halbschmarotzer. Sie parasitieren auf den Wurzeln von Gräsern.

Übrigens: Auffallend ist das Klappern der Samen in den reifen Früchten (Name!).

L7   F4   Rx   N3   1   Thp

2 Wiesen-Salbei

(Salvia pratensis)   Lippenblütengewächse

↑ bis 60 cm   ❀ April — August

Blüten blau oder violett, selten rötlich; 2 — 2,5 cm lang und zu 4 — 6 in quirlähnlichen Blütenständen. Blätter lang-herzförmig und runzlig. Die ganze Pflanze ist abstehend behaart.

Öko: Der Wiesen-Salbei wächst auf Wiesen und an Wegrändern auf sommerwarmen, relativ mineralsalzarmen, basenreichen und kalkhaltigen Lehmböden. In Norddeutschland ist er selten. Ein Klappmechanismus drückt die Staubbeutel auf den Rücken der Hummeln und Bienen, wenn diese an den Nektar gelangen wollen.

Übrigens: Salbeitees und -tinkturen sowie das Gewürz werden aus den Blättern des Echten Salbei *(S. officinalis)* gewonnen, der aus dem Mittelmeergebiet stammt.

L8   F3   R8   N4   3   H

3 Herbst-Zeitlose

(Colchicum autumnale)   Liliengewächse

↑ bis 30 cm   ❀ August — Oktober   ☠

Blätter breit-lanzettlich; sie erscheinen im Frühjahr. Blüten ähnlich Krokusblüten, aber mit 6 Staubblättern; sie erscheinen im Herbst nachdem die Blätter verwelkt sind.

Öko: Die Herbst-Zeitlose wächst auf Wiesen und bevorzugt mäßig feuchte, tiefgründige Lehm- und Tonböden. In weiten Teilen Norddeutschlands fehlt sie. Da sie nach dem letzten Wiesenschnitt blüht und vor dem ersten fruchtet, übersteht sie die Mahd gut.

Übrigens: Als Giftpflanze wurde sie mit Hexen in Verbindung gebracht. Das enthaltene Zellgift (Colchicin) hemmt die Mitose.

L6   F6 ～   R7   NX   3   G

4 Gewöhnliche Margerite

(Leucanthemum vulgare)   Korbblütengew.

↑ bis 70 cm   ❀ Mai — Oktober

Blütenköpfchen bis zu 5 cm breit. Stängelblätter ungeteilt und gekerbt oder gesägt.

Öko: Die Margerite besiedelt Wiesen und Weiden, Wegränder und Brachflächen. Sie bevorzugt sommerwarme, relativ trockene, stickstoffarme Lehm- und Tonböden.

Übrigens: Der Name „Margerite" stammt aus dem Lateinischen. Er bedeutet „Perle." Im 19. Jahrhundert bürgerte sich der Name in Deutschland ein und verdrängte die zahlreichen Volksnamen (z. B. „Wucherblume").

L7   F4   Rx   N3   3   H

5 Gänseblümchen

(Bellis perennis)   Korbblütengewächse

↑ bis 15 cm   ❀ Februar — November

Blütenköpfchen bis 1,5 cm breit; Zungenblüten weiß bis rötlich. Alle Blätter in grundständiger Rosette.

Öko: Das Gänseblümchen findet man auf Rasen, Wiesen, Weiden und an Wegrändern. Es wächst bevorzugt auf mäßig feuchten Lehm- und Tonböden mit mäßigem Stickstoffgehalt. Die Pflanze verträgt häufiges Mähen und Tritt.

Übrigens: Nachts und bei bedecktem Himmel schließen sich die Blütenköpfchen. Sie hängen dann wie schlafend herab. Weitere Namen für das Gänseblümchen sind „Maßliebchen", „Marienblümchen" und „Tausendschönchen".

L8   F5   Rx   N6   3   H

1 Kleiner Klappertopf

3a Herbst-Zeitlose (Frühjahr)

3b Herbst-Zeitlose (Herbst)

2 Wiesen-Salbei

4 Gewöhnliche Margerite

5 Gänseblümchen

45

1 Wiesen-Glockenblume
(Campanula patula) Glockenblumengewächse

↑ bis 60 cm ✿ Mai — August

Blüten 1,5 bis 2,5 cm lang;
Kronblätter bis zur Mitte verwachsen, freie Zipfel ausgebreitet. Stängel kurz behaart.
Blätter schmal bis länglich-
eiförmig. △

Öko: Die Wiesen-Glockenblume wächst auf Wiesen, an
Wegrändern und Gebüschen.
Sie bevorzugt mäßig stickstoffreiche Lehmböden.

Übrigens: Die Blüten hängen in der Nacht und
bei Regen wie zum Schlaf herab (Schutz der
Pollen vor Feuchtigkeit). Früher glaubte man,
das Abreißen der Pflanze habe Gewitter oder
sogar Blitzeinschlag zur Folge.

L8 F5 R7 N5 2 C, H

2 Acker-Knautie
(Knautia arvensis) Kardengewächse

↑ bis 70 cm ✿ Juli — August

Blüten in flachen, 2 — 4 cm breiten Köpfchen;
Randblüten meistens größer als die inneren,
Blütenkrone 4-lappig. Stängel im oberen Teil
abstehend behaart. Die ähnliche **Tauben-Ska-
biose** *(Scabiosa columbaria)* hat eine 5-lappige
Blütenkrone. Ihr Stängel ist im oberen Teil anliegend behaart.

Öko: Die Acker-Knautie wächst auf Wiesen, an
Weg- und Ackerrändern mit trockenen eher
stickstoffarmen Lehmböden.

Übrigens: Die Pflanze wurde nach dem 1654
geborenen CHRISTOPH KNAUT benannt, der in
Halle als Arzt wirkte.

L7 F4 Rx N4 3 H

3 Wiesen-Flockenblume
(Centaurea jacea) Korbblütengewächse

↑ bis 70 cm ✿ Juni — November

Blütenköpfchen einzeln, 3 — 6 cm breit und nur
mit Röhrenblüten; am Rand stehende Röhrenblüten größer als die inneren; äußere Hüllblätter ziemlich groß, bräunlich und ganzrandig
oder fransig zerschlitzt. △

Öko: Die Wiesen-Flockenblume findet man auf
Wiesen und Weiden sowie an Wegrändern. Sie
gedeiht auf recht unterschiedlichen Böden.

Übrigens: Die Wiesen-Flockenblume ist besonders vielgestaltig. Es können Pflanzen mit
unterschiedlich geformten Hüllblättern, Randblüten, Blättern und Behaarungen vorkommen.

L7 Fx Rx Nx 3 H

4 Sumpf-Kratzdistel
(Cirsium palustre) Korbblütengewächse

↑ bis 150 cm ✿ Juli — September

Blütenköpfchen 1 — 1,5 cm breit und gehäuft.
Stängel bis oben beblättert und stachlig geflügelt.

Öko: Die Sumpf-Kratzdistel wächst — oft in
dichten Beständen — an Bächen und auf nicht
intensiv bewirtschafteten Wiesen. Sie bevorzugt feuchte bis nasse, relativ saure Lehm- und
Tonböden mit niedrigem Stickstoffgehalt.

Übrigens: Früher konnte man die auf Wiesen
und Weiden nicht erwünschte Sumpf-Kratzdistel nur durch Ausstechen der langen Pfahlwurzel bekämpfen. Die geernteten Pflanzen wurden an Schweine verfüttert.

L7 F8 R4 N3 1 — 2 H

5 Kohl-Kratzdistel
(Cirsium oleraceum) Korbblütengewächse

↑ bis 150 cm ✿ Juni — September

Blüten gelblich weiß und von großen, gelbgrünen Blättern umhüllt; diese sind wie die Stängelblätter weichstachlig.

Öko: Die Kohl-Kratzdistel bildet in Wiesen, an
Gräben und in Auenwäldern oft dichte Bestände. Sie wächst insbesondere auf feuchten,
mäßig mineralsalzreichen Tonböden.

Übrigens: Die jungen, saftigen Triebe der
Pflanze wurden früher als Gemüse gegessen.

L6 F7 R7 N5 3 H

1 Wiesen-Glockenblume

Große Schlüsselblume (s. S. 152)

2 Acker-Knautie

4 Sumpf-Kratzdistel

5 Kohl-Kratzdistel

3 Wiesen-Flockenblume

1 Grüner Pippau
(Crepis capillaris)   Korbblütengewächse

↑ bis 50 cm   ✿ Juni — Oktober

Blütenköpfchen 1 — 1,5 cm breit, in lockeren Rispen; äußere Zungenblüten unterseits oft mit rötlichen Streifen, Hüllblätter anliegend. Obere Stängelblätter deutlich pfeilförmig und stängelumfassend. Beim **Wiesen-Pippau** *(C. biennis)* sind die Blütenköpfchen über 2 cm breit und ohne rötliche Streifen. Die Hüllblätter stehen ab. △

Öko: Den Grünen Pippau findet man in Haus- und Parkrasen, auf häufig gemähten Wegrändern, an Mauern und Schuttplätzen sowie auf Brachen. Er bevorzugt mäßig feuchte, relativ stickstoffarme Ton- und Lehmböden. Kalk meidet er. Der Wiesen-Pippau kommt auf Wiesen, Wegrändern und Böschungen mit mineralsalzreicheren Böden vor. Mehrfache Mahd oder Beweidung verträgt er nicht.

Übrigens: Der Name „Pippau" soll von „Pipe" (engl.: schmale Röhre) kommen und sich auf den Stängel beziehen.

L7   F5   R6   N4   1   T, H

2 Herbst-Löwenzahn
(Leontodon autumnalis)   Korbblütengewächse

↑ bis 50 cm   ✿ Juli — Oktober

Stängel verzweigt, blattlos, gefurcht und nicht hohl; mit 2 — 5 einzelnen Blütenköpfchen. Äußere Zungenblüten mit rötlichen Streifen. Blätter schmal, tief fiederförmig und kahl; in einer grundständigen Rosette. Das **Gewöhnliche Ferkelkraut** *(Hypochoeris radicata)* hat gezähnte, borstig behaarte Blätter und unter den Köpfchen verdickte Stängel. △

Öko: Der Herbst-Löwenzahn kommt in Haus- und Parkrasen, an Wegrändern, auf Wiesen, Weiden und Ruderalflächen vor. Er gedeiht insbesondere auf mäßig feuchten, mäßig mineralsalzreichen Lehm- und Tonböden.

Übrigens: Der Herbst-Löwenzahn ist mit dem Gewöhnlichen Löwenzahn nur entfernt verwandt. Die ähnliche Blattform hat beiden Arten den Namen eingetragen.

L7   F5   R5   N5   3   H

3 Wiesen-Bocksbart
(Tragopogon pratensis)   Korbblütengewächse

↑ bis 60 cm   ✿ Mai — Juli

Blütenköpfchen bis zu 5 cm breit; in geschlossenem Zustand schmal und länglich. Blätter ganzrandig, schmal, lang und stängelumfassend.

Öko: Der Wiesen-Bocksbart wächst auf Wiesen und an Wegrändern. Er bevorzugt relativ mineralsalzreiche Ton- und Lehmböden in wärmeren Lagen.

Übrigens: Die Bezeichnung „Bocksbart" bezieht sich auf den geschlossenen Fruchtstand, dessen herausragende Fruchthaare an den Bart eines Ziegenbocks erinnern. Wurzeln und junge Triebe der Pflanze wurden früher als Salat gegessen. Häufig findet man Blütenköpfe, deren Inneres durch einen Brandpilz in eine dunkle Masse verwandelt wurde.

L7   F4   R7   N6   1   H

4 Gewöhnlicher Löwenzahn
(Taraxacum officinale)   Korbblütengewächse

↑ bis 40 cm   ✿ April — Juli

Blütenköpfchen einzeln am Ende des blattlosen, glatten und hohlen Stängels. Typische stark gelappte, fiederförmige oder gezähnte „Löwenzahnblätter" in grundständiger Rosette. Beim **Rauen Löwenzahn** *(Leontodon hispidus)* sind die Blätter gezähnt und kahl oder mit gegabelten Haaren besetzt (Lupe!). Das **Kleine Habichtskraut** *(Hieracium pilosella)* hat beblätterte Ausläufer und ganzrandige, unterseits grauweiß filzig behaarte Blätter.

Öko: Man findet den Gewöhnlichen Löwenzahn an vielen verschiedenen Standorten. Er bevorzugt mineralsalzreiche Ton- und Lehmböden und bildet auf intensiv gedüngtem Grünland oft dichte Bestände (Stickstoffzeiger).

Übrigens: Der Gewöhnliche Löwenzahn, auch „Kuhblume" genannt, ist eine alte Heilpflanze. Er hilft z. B. gegen Magenbeschwerden, Hautleiden, Rheuma und Gelenkschmerzen. Blätter von jungem Löwenzahn ergeben einen schmackhaften Salat.

L7   F5   Rx   N8   3   H

1 Grüner Pippau

3 Wiesen-Bocksbart

2a Herbst-Löwenzahn

4b Rauer Löwenzahn

2b Gewöhnliches Ferkelkraut

4a Gewöhnlicher Löwenzahn/ Fruchtstände

4c Kleines Habichtskraut

49

1 Wiesen-Fuchsschwanz

(Alopecurus pratensis) Süßgräser

↑ bis 100 cm ❀ Mai — Juni

Blütenstand bis zu 10 cm lang, walzenförmig und sich am Grund verschmälernd; er lässt sich ohne Bruch von unten nach oben abstreifen. Die Halme des **Knick-Fuchsschwanzes** *(A. geniculatus)* weisen deutliche Knicke auf und wurzeln an den Knoten. Sein Blütenstand ist bis zu 5 cm lang. △

Ährchen

Öko: Der Wiesen-Fuchsschwanz kommt auf Wiesen und Weiden sowie an Ufern vor. Die Pflanze wächst insbesondere auf relativ feuchten, mineralsalzreichen Lehm- und Tonböden und gilt als ausgesprochen gutes Futtergras. Den Knick-Fuchsschwanz findet man an staunassen Standorten.

Übrigens: Aufgrund der Form des Blütenstandes trägt die Pflanze noch eine ganze Reihe weiterer deutscher Bezeichnungen, z. B. „Eselsschwanz", „Rattenschwanz" oder „Fuchswedel".

L6 F6 R6 N7 1 — 3 H

2 Wiesen-Lieschgras

(Phleum pratense) Süßgräser

↑ bis 100 cm ❀ Mai — September

Blütenstand hell blaugrün, bis 15 cm lang, walzenförmig und am Grund nicht verschmälert; er lässt sich nicht ohne Bruch von unten nach oben abstreifen. △

Öko: Das Wiesen-Lieschgras kommt auf Wiesen und Weiden aber auch in Rasenflächen vor. Es besiedelt in erster Linie mineralsalzreiche Lehm- und Tonböden und kann Überschwemmungen ertragen, längere Trockenperioden dagegen nicht. Auf Weiden wächst es oft in Gesellschaft von Weiß-Klee (S. 37) und Kammgras.

Ährchen

Übrigens: Das Wiesen-Lieschgras wurde 1765 von TIMOTHY HANSEN als Futtergras von Amerika nach Europa eingeführt. Es trägt daher auch den Namen „Timotheegras".

L7 F5 Rx N7 3 H Neo

3 Weide-Kammgras

(Cynosurus cristatus) Süßgräser

↑ bis 60 cm ❀ Juni — August

Blütenrispe ährenähnlich, 3 — 10 cm lang, auffallend schmal und nach einer Seite gewendet. Die gesamte Pflanze wirkt gelbgrün.

Öko: Das Weide-Kammgras wächst auf Wiesen, Weiden, an Wegrändern und in Rasen. Es besiedelt vor allem mäßig feuchte Ton- und Lehmböden mit relativ geringem Stickstoffgehalt. Starke Düngung begünstigt andere, schnellwüchsigere Grasarten, die das Kammgras dann verdrängen. Häufig wächst es in Gesellschaft mit dem Wiesen-Lieschgras.

Übrigens: Unter jedem Ährchen befindet sich ein kammartiges Blättchen (Name!). Rinder fressen die Blätter der Pflanze; die zähen Halme lassen sie stehen.

L8 F5 Rx N4 3 H

4 Gewöhnliches Ruchgras

(Anthoxanthum odoratum) Süßgräser

↑ bis 50 cm ❀ April — Juni

Blütenrispe ährenähnlich, etwa 6 cm lang und oben und unten spitz zulaufend; zunächst hellgrün, später braungelb. Die Pflanze duftet schwach nach Waldmeister (Cumarin).

Öko: Das Gewöhnliche Ruchgras steht vor allem auf Wiesen und Weiden sowie in lichten Laubwäldern. Es bevorzugt mäßig saure Lehmböden. Kalk meidet es. Bei intensiver Düngung wird das Gras durch andere, schnellwüchsigere Arten verdrängt.

Übrigens: Wegen des hohen Cumaringehalts wurde das Gewöhnliche Ruchgras früher zum Würzen von Getränken und Schnupftabak sowie zur Herstellung von Kräuterkissen genutzt. Cumarin ist ein Gift, das bei Überdosierung zu Kreislaufversagen und Atemlähmung führen kann. Es setzt die Gerinnungsfähigkeit des Blutes herab. Heu, das zu stark mit Ruchgras durchsetzt ist, wird von Pferden verschmäht. Ruchgras ist ein wichtiger Bestandteil der Heublumenbäder nach Pfarrer KNEIPP. Solche Bäder werden bei Hautkrankheiten verordnet.

Lx Fx R5 Nx 3 T, H

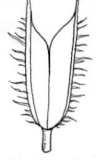

1a Wiesen-Fuchsschwanz **1b** Knick-Fuchsschwanz

2 Wiesen-Lieschgras **3** Weide-Kammgras **4** Gewöhnliches Ruchgras

51

1 Deutsches Weidelgras

(Lolium perenne)   Süßgräser

↑ bis 60 cm   ❀ Mai — Oktober

Ähre bis 20 cm lang; Ährchen ohne Grannen, etwa 1 cm lang, in zwei Zeilen und stets mit der Schmalseite zur Ährenachse angeordnet. Das ähnliche **Italienische Weidelgras** *(L. multiflorum)* hat deutliche Grannen. △

Öko: Das Deutsche Weidelgras findet man auf Weiden, in Parkrasen und an Wegrändern. Es bevorzugt mäßig feuchte, mineralsalzreiche Ton- und Lehmböden.

Übrigens: Die Pflanze ist das wichtigste Futtergras und außerdem ein wichtiger Bestandteil in handelsüblichen Rasenmischungen. Sie wird auch „Englisches Raygras" oder „Ausdauernder Lolch" genannt.

L8   F5   R7   N7   3   H

2 Wolliges Honiggras

(Holcus lanatus)   Süßgräser

↑ bis 90 cm   ❀ Juni — August

Blütenrispe bis zu 20 cm lang, ausgebreitet und meist rosa überlaufen; bei Pflanzen im Schatten manchmal weißlich. Stängel und Blätter samtig behaart; unterste Blattscheiden mit roten Längsstreifen.

Öko: Das Wollige Honiggras steht auf feuchten Wiesen oder Weiden, an Waldrändern und auf Brachflächen. Es gedeiht insbesondere auf kühlen, relativ feuchten Lehm- und Tonböden mit mäßigem Stickstoffgehalt. Als Futtergras wird es nicht geschätzt.

Übrigens: Der Stängel des Grases schmeckt süßlich; daher kommt der Name „Honiggras".

L7   F6   Rx   N5   3   H

3 Glatthafer

(Arrhenatherum elatius)   Süßgräser

↑ bis 50 cm   ❀ Mai — Juli

Blütenrispe bis zu 20 cm lang, vor der Blüte zusammengezogen, später nach allen Seiten ausgebreitet; Ährchen mit einer langen, deutlich geknickten und einer kurzen Granne. △

Öko: Der Glatthafer ist ein sehr häufiges, hochwüchsiges Gras auf Wiesen, an Wegrändern, auf Brachflächen und in lichten Wäldern. Er bevorzugt mineralsalzreiche, lockere Lehmböden und ist eine Charakterart der Fettwiesen.

Übrigens: Die Pflanze wird auch „Französisches Raygras" oder „Falscher Hafer" genannt.

L8   Fx   R7   N7   3   H

4 Rot-Schwingel

(Festuca rubra)   Süßgräser

↑ bis 60 cm   ❀ Juni — Juli

Blütenrispe bis zu 15 cm lang, stark verzweigt und aufrecht, etwas nickend; der längere der beiden unteren Rispenäste trägt mehr als 6 Ährchen. Die gesamte Pflanze ist graugrün und meist rötlich überlaufen. Beim ähnlichen **Wiesen-Schwingel** *(F. pratensis)* trägt der unterste Rispenast nur 4 — 6 Ährchen. △

Öko: Der Rot-Schwingel kommt auf Wiesen und Weiden, an Wegrändern und in lichten Wäldern vor. Er wächst bevorzugt auf relativ feuchten, kühlen, mäßig sauren Lehm- und Tonböden.

Übrigens: Der Rot-Schwingel ist ein gutes Futtergras, das in vielen verschiedenen Sorten gezüchtet wird.

Lx   F6   R6   Nx   3   H

5 Wiesen-Rispengras

(Poa pratensis)   Süßgräser

↑ bis 60 cm   ❀ Mai — Juni

Blütenrispe blaugrün, 10 cm lang und pyramidenförmig. Blätter kahnförmig zugespitzt; Blatthäutchen kaum 2 mm lang. Beim sehr ähnlichen **Gewöhnlichen Rispengras** *(P. trivialis)* sind die Blatthäutchen 3 — 7 mm lang. △

Öko: Das Wiesen-Rispengras wächst auf Wiesen, auf Weiden und auf Rasenflächen. Es bevorzugt sommerwarme Standorte mit lockeren Lehmböden.

Übrigens: Das Wiesen-Rispengras ist ein wichtiger Bestandteil von Rasenmischungen.

L6   F5   Rx   N6   3   H, G

1a Deutsches Weidelgras

1b Italienisches Weidelgras

2 Wolliges Honiggras

3 Glatthafer

4 Rot-Schwingel

Einjähriges Rispengras (s. S. 26)

5 Wiesen-Rispengras

53

1 Gewöhnliches Knäuelgras

(Dactylis glomerata)   Süßgräser

↑ bis 100 cm   ❀ Mai—Juli

Blütenrispe 3 bis 5 cm lang; Ährchen in typischer Form knäulig gehäuft. Blattscheiden zusammengedrückt.

Öko: Das Gewöhnliche Knäuelgras ist in Wiesen sehr häufig. Man findet es aber auch an Wegrändern, in Waldschlägen und auf Schuttstellen. Es bevorzugt mäßig feuchte, relativ stickstoffreiche Böden und gilt als Lehmzeiger. Die Pflanze ist ein geschätztes Futtergras. Auf Grünland wird sie auch angesät. Durch Düngung wird das Knäuelgras gefördert und verdrängt dann andere Pflanzenarten, insbesondere die Kräuter.

Übrigens: Als Zierpflanzen werden Zuchtformen mit gelb-weiß gebänderten Blättern angeboten.

L7   F5   Rx   N6   3   H

2 Weiche Trespe

(Bromus hordeaceus)   Süßgräser

↑ bis 80 cm   ❀ Mai—August

Blütenrispe steif aufrecht; Rispenäste mit 1—2 eiförmiglanzettlichen, etwa 2 cm langen Ährchen aus jeweils 5—12 Einzelblüten; diese jeweils mit etwa 1 cm langer Granne. Blätter etwa 5 mm breit und — einschließlich der Blattscheiden — samtig behaart. Die gesamte Pflanze

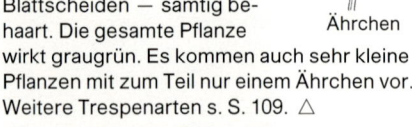

Ährchen

wirkt graugrün. Es kommen auch sehr kleine Pflanzen mit zum Teil nur einem Ährchen vor. Weitere Trespenarten s. S. 109. △

Öko: Die Weiche Trespe wächst auf Wiesen und Rasenflächen, an Wegrändern und auf Ruderalflächen. An Stellen mit verletzter Grasnarbe kann sie sich stark ausbreiten. Sie besiedelt in erster Linie stickstoffarme, sandige Böden.

Übrigens: Das Erscheinungsbild der Weichen Trespe erinnert an Hafer. Sie wird deshalb auch „Habergras" genannt.

L7   Fx~   Rx   N3   1—2   T

3 Gewöhnliche Hainbinse

(Luzula campestris)   Binsengewächse

↑ bis 25 cm   ❀ März—Juni

Blütenstand doldenähnlich, locker und zur Blütezeit bräunlich; mit einem fast ungestielten und mehreren kurz gestielten 3- bis 12-blütigen Ährchen. Blätter grasartig, 1—4 mm breit, am Rand mit langen Wimpern besetzt. Die Pflanze hat kurze ober- oder unterirdische Ausläufer. △

Öko: Die Gewöhnliche Hainbinse wächst in extensiv gepflegten Rasenflächen, in Trockenrasen und auf Weiden sowie an Wegrändern. Sie bevorzugt mineralsalzarme, kalkfreie, saure Lehmböden und steht oft in Gesellschaft mit dem Kleinen Habichtskraut (S. 49).

Übrigens: Wegen des süßlichen Geschmacks ihrer Samen wird die Pflanze auch „Hasenbrot" genannt.

L7   F4   R3   N3   3   H

4 Blaugrüne Segge

(Carex flacca)   Sauergräser

↑ bis 60 cm   ❀ Mai—Juni

Halm stumpf 3-kantig und ohne Knoten. Blätter auffallend grau- bis blaugrün und unbehaart. Die **Behaarte Segge** *(C. hirta)* hat dunkelgrüne Blätter. Die gesamte Pflanze, vor allem die Blattscheiden, sind dicht behaart. Beide Arten bilden lange Ausläufer. In Deutschland gibt es mehr als 100 Seggenarten, die zum Teil sehr schwer zu unterscheiden sind. △

Öko: Die Blaugrüne Segge besiedelt feuchtere Wiesen, Wegränder, Böschungen und lichte Wälder. Man findet sie insbesondere auf sommerwarmen, durch Tritt verdichteten, kalkreichen Böden. Die Pflanzenart ist relativ häufig und breitet sich aus.

Übrigens: Die meisten Seggenarten wachsen auf nassen, sauren Böden (vgl. S. 184). Durch Silicateinlagerung haben sie oft derart scharfe Blattkanten, dass man sich daran schneiden kann. Das Vieh verschmäht die harten Halme und Blätter der Pflanzen. Infolge von Entwässerung und Düngung sind viele Arten selten geworden.

L7   F6~   R8   Nx   3   G

1 Gewöhnliches Knäuelgras

3 Gewöhnliche Hainbinse

2 Weiche Trespe

4 Blaugrüne Segge

55

Feldfrüchte s. S. 76/77

s. auch Wiesen, Weiden, Rasenflächen,
S. 32 — 55

s. auch *Ruderalflächen,*
S. 82 – 109

Frühblüher im Garten
s. S. 160/161

Bäume und Sträucher
s. S. 114 – 141

Mitteleuropa war einst fast vollständig von Wald bedeckt. Nachdem der Mensch gegen Ende der Jungsteinzeit vor etwa 6 500 Jahren sesshaft geworden war, änderte sich das Landschaftsbild schnell. Große Waldflächen wurden gerodet um Ackerland, Wiesen und Weiden zu gewinnen. Äcker sind Kulturflächen, sie brauchen ständige Pflege. Überlässt man sie sich selbst, siedeln sich nach und nach Bäume und Sträucher an und mit der Zeit entsteht wieder ein Wald (natürliche Sukzession).

In der herkömmlichen (konventionellen) Landwirtschaft werden Ackerflächen heute sehr intensiv bearbeitet. Sie werden gepflügt, gehackt und gedüngt. Das erfordert den Einsatz großer Maschinen. Feldfrüchte werden in der Regel in Monokultur angebaut, das heißt, dass auf einer

1 Monokultur: Weizen, fast so weit das Auge reicht

großen Fläche nur eine einzige Kulturpflanzenart wächst, z. B. Weizen. Andere Pflanzen sind dort unerwünscht und werden durch Bodenbearbeitung und mit „Unkrautvernichtern" (Herbiziden) so weit wie möglich zurückgedrängt. Weitere Pflanzenschutzmittel werden gegen Pflanzenkrankheiten, z. B. Pilzinfektionen, und gegen „Schädlinge" eingesetzt. Bei der Ernte schließlich wird der größte Teil der Pflanzenmasse entnommen und so den natürlichen Stoffkreisläufen entzogen. Danach liegen die Böden offen und sind zum Teil monatelang ohne schützendes Pflanzenkleid den Witterungseinflüssen ausgesetzt.

In Gärten wachsen verschiedene Nutz- und Zierpflanzen auf engem Raum. Größere Monokulturen gibt es kaum. Gartenböden werden oft kräftig gedüngt. Sie sind deshalb meist stickstoffreich. Auch in Gärten werden so genannte

Schadtiere bekämpft und auch Wildkräuter sind meist nicht gern gesehen. Gärten werden aber in der Regel nicht so intensiv bearbeitet wie Ackerflächen und manch ein Gartenbesitzer verzichtet inzwischen ganz bewusst auf Mineraldünger und chemischen Pflanzenschutz.

2 Nutz- und Ziergarten

Etwas ganz besonderes sind die alten Bauerngärten, die heute fast nur noch in Freilichtmuseen zu finden sind. Dort gedeihen Gemüse und Obst, Küchen- und Heilkräuter oder Farbstoff liefernde Pflanzen, aber auch Zierpflanzen wie Dahlien, Malven oder Rittersporn. Für den Bauerngarten ist ein regelmäßiger Grundriss kennzeichnend. Gemüse-, Kräuter- und Blumenbeete sind mit niedrig gestutzten Buchsbaumhecken eingefasst, kugelig geschnittene Eiben (S. 117) markieren Eckpunkte. Häufig befindet sich am Kreuzungspunkt der Wege ein Rondell. Früher war die Heilkraft vieler Pflanzenarten allgemein bekannt und die Hausapotheke wurde aus dem Bauerngarten gefüllt.

3 Der Bauerngarten: geordnete Vielfalt

Wildkräuter auf Äckern und in Gärten

Auf Äckern und in Gärten findet man zum großen Teil dieselben Wildkrautarten. Viele unserer Nutzpflanzen stammen aus den Steppen Asiens und aus dem Mittelmeerraum. Mit ihnen wurden die meisten unserer Acker- und Gartenwildkräuter eingeschleppt. Von den eingeschleppten Wildkräutern konnten sich aber nur jene halten und ausbreiten, die den wechselvollen Lebensbedingungen auf einem Acker gewachsen waren. Das sind z. B. Arten wie der Ackerspörgel (S. 61), die noch vor der Ernte sehr viele widerstandsfähige Samen erzeugen, die im Boden jahrzehntelang keimfähig bleiben. Andere Arten überdauern mithilfe unterirdischer Speicherorgane, aus denen sie jedes Jahr wieder neu austreiben. Bodenbearbeitung begünstigt deren Verbreitung, denn Pflugschar und Spaten teilen die unterirdischen Triebe und transportieren sie an neue Standorte. Auf diese Weise gelingt es z. B. der Gewöhnlichen Quecke (S. 75) so manchen Gartenbesitzer zur Verzweiflung zu bringen.

4 Am Ackerrand blüht der Klatschmohn

Aufgrund der intensiven Bewirtschaftung der Äcker geht dort die Anzahl der Wildkrautarten mehr und mehr zurück. Mancherorts erhalten Landwirte staatliche Ausgleichszahlungen dafür, dass sie auf eine Bearbeitung der Ackerränder verzichten und damit Ernteeinbußen in Kauf nehmen. Auf den Ackerrandstreifen kann man dann z. B. Kornblume und Klatsch-Mohn blühen sehen.

Welche Ackerwildkräuter sich auf einem Acker ansiedeln, hängt nicht nur von der Beschaffenheit des Bodens, sondern auch von der jeweils angebauten Kulturpflanze und den damit verbundenen Pflegemaßnahmen ab.

Getreideäcker

Leichte, sandige Böden sind besonders für den Anbau von Roggen geeignet. Typische Begleiter des Roggenanbaus sind Windhalm (S. 75), Kornblume (S. 73) und Sand-Mohn (S. 66).

Maisäcker sind in der Regel sehr gut mit Stickstoff versorgt, denn sie werden reichlich mit Gülle (Flüssigmist) gedüngt. Im Jugendstadium ist der Mais sehr empfindlich gegen die Konkurrenz schnell wachsender Wildkräuter. Mit Herbiziden sorgt man deshalb dafür, dass der Boden zwischen den jungen Maispflanzen möglichst frei bleibt.

Später, wenn die Maispflanzen höher sind und einen geschlossenen Bestand bilden, verhindert Lichtmangel, dass sich Wildkräuter ansiedeln können. Selbst stickstoffliebende Arten wie das Kletten-Labkraut (S. 61) findet man deshalb meist nur am Ackerrand.

5 Dicht geschlossener Maisbestand

Das Rapsfeld

Blühende Rapsfelder sind zwar ein ausgesprochen schöner Anblick, man muss aber wissen, dass gerade diese Äcker besonders intensiv mit Pflanzenschutzmitteln behandelt werden. Nur wenige Wildkrautarten können sich dort halten.

6 Blühender Raps im Mai

1 Vogelmiere

(Stellaria media)   Nelkengewächse

↑ bis 40 cm   ✿ Januar – Dezember

Kronblätter tief gespalten und nicht länger als die Kelchblätter. Stängel mit einreihiger Haarleiste (gegen das Licht halten!). Sehr vielgestaltig.

Öko: Die Vogelmiere ist sehr verbreitet. Sie wächst in Gärten und Weinbergen, auf Äckern und Schuttplätzen, an Wegen und Ufern. Sie bevorzugt mineralsalzreiche Lehmböden und gilt als Stickstoffzeiger. Wo die Vogelmiere wächst, findet man oft auch den Weißen Gänsefuß (S. 69), das Hirtentäschel (S. 103) und den Floh-Knöterich (S. 107).

Übrigens: Ziervögel und Hühner fressen die Pflanze gerne (Name!). Sie wird auch als Wildgemüse gegessen. Zieht man den Stängel auseinander, so erscheint der Zentralzylinder als grüner Faden. Die Pflanze wird deshalb in manchen Gegenden auch „Hühnerdarm" genannt.

L6   Fx   R7   N8   1   T   Ar

2 Acker-Spörgel

(Spergula arvensis)   Nelkengewächse

↑ bis 30 cm   ✿ Juni – Oktober

Pflanze im oberen Bereich drüsig behaart; sie fühlt sich deshalb etwas klebrig an. Blüten mit 5 ungeteilten Kronblättern und 5 grünen, weiß berandeten Kelchblättern. Blätter lineal, fleischig und zu 6 – 12 quirlartig angeordnet.

Öko: Der Acker-Spörgel kommt auf Äckern, in Gärten, auf Ruderalflächen und an Wegrändern vor. Die Pflanze gedeiht insbesondere auf mineralsalzreichen, sauren Sandböden. Ihre Blüten sind nur bei Sonnenschein geöffnet. Sie werden vorwiegend von Hautflüglern, z. B. Bienen und Wespen, bestäubt. Auch Selbstbestäubung ist möglich. Die Samen des Acker-Spörgels bleiben im Boden viele Jahre keimfähig.

Übrigens: Kultursorten des Acker-Spörgels wurden früher wegen der ölhaltigen Samen angebaut. Wie der Naturforscher CARL VON LINNÉ berichtet, wurden die Samen der Pflanze in Lappland dem Getreide beigemischt.

L6   F5   R3   N6   1   T   Ar

3 Kletten-Labkraut

(Galium aparine)   Rötegewächse

↑ bis 150 cm   ✿ Juni – Oktober

Blätter zu 6 – 8 in Quirlen, am Rand mit rückwärts gerichteten Stachelhaaren; sie fühlen sich dadurch sehr rau an. Früchte kugelig, mit hakigen Borsten. Die Pflanze bleibt z. B. auch an Kleidern hängen (Klettenpflanze).

Öko: Das Kletten-Labkraut wächst in Gärten, an Hecken, auf Äckern und Ruderalflächen, an Waldrändern und in Auenwäldern. Man findet es insbesondere auf mineralsalzreichen Lehm- oder Tonböden. Es gilt als Stickstoffzeiger und tritt oft in Gesellschaft der Großen Brennnessel (S. 83) auf. Die Samenverbreitung erfolgt durch Tiere und den Menschen.

Übrigens: Die Pflanze wird auch „Klebkraut" genannt. Mithilfe ihrer Stachelhaare klettert sie in dichten Pflanzenbeständen empor. Oft tritt sie massenhaft auf. Einige Labkrautarten wurden anstelle des Lab-Enzyms aus dem Kälbermagen zur Milchgerinnung bei der Käseherstellung verwendet. Daher stammt der Name.

L7   Fx   R6   N8   3   Tli

4 Feld-Ehrenpreis

(Veronica arvensis)   Rachenblütengewächse

↑ bis 25 cm   ✿ März – Oktober

Blüten 2 – 4 mm breit. Blätter direkt unter den Blüten lanzettlich und kleiner als die Stängelblätter. Stängelblätter eiförmig und gekerbt. Stängel aufrecht. Beim **Efeublättrigen-Ehrenpreis** *(V. hederifolia)* sitzen die Blüten lang gestielt in den Blattachseln. Die Pflanze ist niederliegend bis aufsteigend und hat rundliche, 3- bis 7-lappige, gestielte Blätter. △

Öko: Den Feld-Ehrenpreis findet man auf Äckern und in Gärten, seltener auch an Schuttplätzen und Wegen, auf Wiesen oder in Waldschlägen. Er gedeiht insbesondere auf schwach sauren Böden.

Übrigens: Der Name „Ehrenpreis" weist darauf hin, dass einige Ehrenpreisarten erfolgreich gegen verschiedene Krankheiten eingesetzt wurden.

L7   Fx   R6   Nx   1   T   Ar

1 Vogelmiere

2 Acker-Spörgel

Niederliegendes Mastkraut (s. S. 26)

Quendelblättriges Sandkraut (s. S. 26)

3 Kletten-Labkraut

4a Feld-Ehrenpreis

4b Efeublättriger Ehrenpreis

1 Acker-Gauchheil

(Anagallis arvensis) Primelgewächse

↑ bis 30 cm ✿ Juni – Oktober

Blüten rot, selten blau oder weiß; nur bei Sonnenschein geöffnet. Stängel niederliegend oder aufsteigend und verzweigt.

Öko: Der Acker-Gauchheil kommt auf Äckern, in Gärten und Weinbergen und auch an Schuttplätzen vor. Er zeigt mineralsalzreichere Lehmböden an.

Übrigens: Früher wurde das Kraut gegen den „Gauch" (Geisteskrankheit) eingesetzt. Die Pflanze enthält zwar einige schwache Wirkstoffe, eine Besserung bei psychischen Erkrankungen nach Anwendung des Gauchheils konnte jedoch nicht nachgewiesen werden. Die Heimat des Acker-Gauchheils ist der Mittelmeerraum.

L6 F5 Rx N6 1 T Ar

2 Kriechender Hahnenfuß

(Ranunculus repens) Hahnenfußgewächse

↑ bis 40 cm ✿ Mai – August

Grundblätter 3-teilig, mit deutlich gestielten Mittelabschnitten; alle Abschnitte 3-lappig und gesägt. Blüten bis zu 3 cm breit; Blütenstiele gefurcht.

Öko: Den Kriechenden Hahnenfuß findet man auf Äckern und in Gärten, auf Wiesen, an Wegen und Ufern sowie in Auenwäldern. Er bevorzugt wechselfeuchte und staunasse, mineralsalzreiche Lehm- und Tonböden und tritt oft gemeinsam mit Acker-Schachtelhalm (S. 75), Gänse-Fingerkraut und Huflattich (S. 109) auf. Sein Vorkommen lässt auf verdichtete Böden schließen. Die am Boden kriechenden Ausläufer verhindern, dass die Pflanzen beim Mähen der Grünflächen erfasst werden. Auch Trittbelastung schadet dem Kriechenden Hahnenfuß wenig (Trittpflanze). Er kann sich daher auch in Parkrasen und auf Sportplätzen gut entwickeln. Seine Wurzeln reichen bis zu 50 cm tief.

Übrigens: Die meisten Hahnenfuß-Arten sind in frischem Zustand für Mensch und Tier giftig. Der Saft aus abgeschnittenen Stängeln kann Hautreizungen hervorrufen.

L6 F7~ Rx N7 3 H

3 Garten-Wolfsmilch

(Euphorbia peplus) Wolfsmilchgewächse

↑ bis 30 cm ✿ Mai – November

Blüten grünlich gelb; mit vier halbmondförmigen Honigdrüsen. Blätter ganzrandig. Alle Pflanzenteile mit weißem Milchsaft. Die ähnliche **Sonnenwend-Wolfsmilch** *(E. helioscopia)* hat rundliche Honigdrüsen; ihre Blätter sind vorne fein gesägt. △

Öko: Die Garten-Wolfsmilch wächst in Gärten, auf Äckern und Ruderalflächen. Sie bevorzugt mineralsalzreiche, lockere, sandige bis lehmige Böden. Oft findet man sie in Gesellschaft des Gewöhnlichen Erdrauchs und der Roten Taubnessel (S. 65).

Übrigens: Der scharfe Milchsaft hat dieser Pflanzengruppe den Namen gegeben. Bei den meisten Arten ist er giftig und dient als Schutz vor Fressfeinden. Außerdem dient er den Pflanzen zum Wundverschluss. Früher glaubte man, Warzen durch Betupfen mit Wolfsmilchsaft beseitigen zu können. Die Blütenstände der Sonnenwend-Wolfsmilch sind häufig der Sonne zugekehrt (Name!).

L6 F4 Rx N7 1 T Ar

4 Steifer Sauerklee

(Oxalis fontana) Sauerkleegewächse

↑ bis 40 cm ✿ Juni – Oktober

Stängel aufsteigend bis aufrecht. Blätter 3-teilig, ähnlich wie bei den Kleearten (Name!). Kennzeichnend sind die roten unterirdischen Ausläufer.

Öko: Der Steife Sauerklee wächst in Gärten, auf Äckern und auf Ruderalflächen. Er bevorzugt mineralsalzreiche, mäßig saure Sand- und Lehmböden. Die Blätter der Pflanze reagieren auf Änderung der Licht- und Temperaturverhältnisse, aber auch auf Berührung mit Absenken der Fiederblätter. Berührt man die reifen Früchte, so springen sie auf und streuen die Samen aus.

Übrigens: Die Pflanze ist zu Beginn des 19. Jahrhunderts aus Nordamerika nach Deutschland eingeschleppt worden.

L6 F5 R5 N7 1 G, T Neo

1 Acker-Gauchheil

2 Kriechender Hahnenfuß

3a Garten-Wolfsmilch

3b Sonnenwend-Wolfsmilch

Scharbockskraut (s. S. 150)

4 Steifer Sauerklee

63

1 Kleiner Storchschnabel
(Geranium pusillum) Storchschnabelgew.

↑ bis 30 cm ❀ Mai — Oktober

Blätter rundlich und bis zur Mitte in 7 — 9 Abschnitte geteilt; die Grundblätter bilden eine Rosette. Stängel kurz und anliegend behaart. Kronblätter rosa bis lila, 3 — 4 mm lang, an der Spitze mit runder Kerbe. Die Stängel des **Weichen Storchschnabels** *(G. molle)* tragen kurze und längere, abstehende Haare. Seine Kronblätter sind 4 — 7 mm lang. △

Öko: Den Kleinen Storchschnabel findet man an Wegen, Dämmen und Schuttplätzen, auf Äckern und in Gärten. Er gedeiht auf relativ trockenen, mineralsalzreichen Lehm- oder Sandböden. Die Pflanze ist wärmebedürftig.

Übrigens: Die artenreiche Pflanzengattung wurde nach der Form ihrer Früchte benannt, die an den Schnabel eines Storches erinnern.

L7 F4 Rx N7 1 — 2 T Ar

2 Rote Taubnessel
(Lamium purpureum) Lippenblütengewächse

↑ bis 45 cm ❀ März — Oktober

Stängel 4-kantig, oft am Grund verzweigt. Blätter herzförmig, gegenständig und gestielt. Die **Stängelumfassende Taubnessel** *(L. amplexicaule)* hat nierenförmige, ungestielte Blätter, die den Stängel umschließen.

Rote Taubnessel

Stängelumfassende Taubnessel

Öko: Die Rote Taubnessel wächst in Gärten und Weinbergen, auf Äckern, an Wegrändern und Schuttplätzen. Sie besiedelt vor allem mäßig feuchte, stickstoffreiche, lockere Lehm- oder Sandböden. Oft findet man sie in Gesellschaft von Garten-Wolfsmilch (S. 63) und Gewöhnlichem Erdrauch. In milden Jahren kann sie schon im Januar die ersten Blüten bilden.

Übrigens: Die Pflanze stammt aus Asien. Samen der Roten Taubnessel wurden bereits in den Gräbern der Bronzezeit gefunden.

L7 F5 R7 N7 1 T, H Ar

3 Stechender Hohlzahn
(Galeopsis tetrahit) Lippenblütengewächse

↑ bis 80 cm ❀ Juni — Oktober

Blüten sehr verschieden; meist rötlich, seltener weiß und 1 — 2 cm lang; Mittellappen der Unterlippe fast rechteckig, mit zwei hohlen „Zähnchen" (Name!). Kelchzähne mit steifen Haaren besetzt und sehr spitz. Stängel 4-kantig, an den Knoten stark verdickt und borstig behaart. △

Öko: Der Stechende Hohlzahn wächst in Gärten, auf Äckern, auf Kahlschlägen und auf Ruderalflächen. Er bevorzugt mineralsalzreichere Lehmböden. Die zugespitzten Kelchzähne der Samen bleiben am Fell oder an der Kleidung hängen und werden so durch Tiere und den Menschen verbreitet.

Übrigens: Die „Hohlzähne" auf der Unterlippe sollen die Aufgabe haben, die Insekten zum Nektar zu leiten.

L7 F5 Rx N6 1 T

4 Gewöhnlicher Erdrauch
(Fumaria officinalis) Erdrauchgewächse

↑ bis 30 cm ❀ Mai — Oktober

Pflanze kahl und blaugrün bereift. Blätter 2fach gefiedert. Blütentraube mit 20 — 40 Einzelblüten. △

Öko: Der Gewöhnliche Erdrauch ist auf Äckern und Ruderalflächen, in Gärten und Weinbergen anzutreffen. Er bevorzugt mäßig feuchte Standorte mit mineralsalzreichen Lehmböden. Man findet die Pflanze oft zusammen mit der Roten Taubnessel und der Garten-Wolfsmilch (S. 63). Die kleinen ölhaltigen Samen der Pflanze werden von Ameisen verschleppt, die auf diese Weise die Art verbreiten.

Übrigens: Der Gewöhnliche Erdrauch wird auch heute noch bei Gallenkoliken, Hautleiden und Verstopfung angewandt. Für den Namen der Pflanze gibt es verschiedene Erklärungen; eine weist darauf hin, dass der Saft der Pflanze, wie Rauch, die Augen reizt. Der auch „Elfenrauch" genannten Pflanze wurde früher Zauberwirkung zugesprochen: Der Rauch der verbrannten Pflanze sollte unsichtbar machen.

L6 F5 R6 N7 1 T Ar

1 Kleiner Storchschnabel

Dreiteiliger Zweizahn (s. S. 180)

2 Rote Taubnessel

3 Stechender Hohlzahn

Hohler
Lerchen-
sporn
(s. S. 148)

4 Gewöhnlicher Erdrauch

65

1 Klatsch-Mohn

(Papaver rhoeas) Mohngewächse

↑ bis 90 cm ❀ Mai — Juli ☠

Blüten mit bis zu 3,5 cm langen Kronblättern; Blütenstiele abstehend behaart. Kapsel eiförmig-

 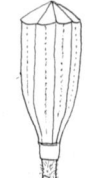 

Klatsch-Mohn Saat-Mohn Sand-Mohn

rundlich und kahl. Beim **Saat-Mohn** *(P. dubium)* sind die Kronblätter bis 3 cm lang. Seine Blütenstiele sind anliegend behaart und die Kapsel ist länglich und kahl. Die Kronblätter des **Sand-Mohns** *(P. argemone)* sind höchstens 2,5 cm lang, seine Kapsel ist länglich und behaart.

Öko: Der Klatsch-Mohn kommt in Getreidefeldern, insbesondere auf kalkhaltigen, relativ mineralsalzreichen Lehmböden vor. In der Mohnkapsel befinden sich bis zu 5000 Samen, die der Wind durch kleine Poren ausstreut.

Übrigens: Die Anzahl der gebildeten Pollenkörner erreicht mit 2,5 Millionen pro Blüte eine Rekordhöhe. Der Saft des Klatsch-Mohns ist schwach giftig.

L6 F5 R7 N6 1 T Ar

2 Behaartes Schaumkraut

(Cardamine hirsuta) Kreuzblütengewächse

↑ bis 30 cm ❀ Februar — November

Stängel kahl oder zerstreut behaart. Blätter gefiedert; Grundblätter in einer Rosette angeordnet. Blüten mit höchstens 3 mm langen Kronblättern. Schoten länglich und aufrecht; sie überragen den Blütenstand. △

Öko: Die Pflanze steht in Gärten, Parkanlagen und Heckensäumen, sowie an Weg- und Ackerrändern. Sie bevorzugt mineralsalzreiche, kalkarme, sandige Lehmböden.

Übrigens: Das Behaarte Schaumkraut hat sich in den letzten Jahrzehnten in Deutschland stark ausgebreitet.

L6 F5 R5 N7 1 T, H

3 Acker-Hellerkraut

(Thlaspi arvense) Kreuzblütengewächse

↑ bis 40 cm ❀ April — September

Schötchen 10 — 15 mm lang, flach, fast kreisrund und breit geflügelt. Blüten mit nur 3 — 4 mm langen Kronblättern. Blätter hellgrün, lanzettlich, mit pfeilförmigem Grund. Die Pflanze duftet schwach nach Lauch.

Öko: Das Acker-Hellerkraut ist auf Äckern und Ruderalflächen anzutreffen. Es bevorzugt mineralsalzreiche, lehmige Böden. Die Samen werden durch den Wind verbreitet. Der breite Saum der Schötchen dient dabei als „Windfang".

Übrigens: Die Bezeichnung „Hellerkraut" geht auf die geldstückartigen rundlichen Schötchen zurück (Heller waren kleine Münzen).

L6 F5 R7 N6 1 T Ar

4 Hederich

(Raphanus raphanistrum) Kreuzblütengew.

↑ bis 60 cm ❀ Mai — Juni

Blüten mit weißen oder hellgelben, violett geaderten Kronblättern; Kelchblätter aufrecht, anliegend und oft bläulich bereift. Schoten 3 — 9 cm lang und perlschnurartig eingeschnürt. Der ähnliche **Acker-Senf** *(Sinapis arvensis)* hat waagerecht abstehende Kelchblätter: „Hederich hebt, Senf senkt die Kelchblätter."

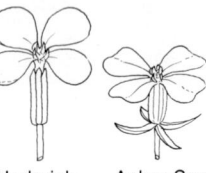

Hederich Acker-Senf

Öko: Der Hederich wächst auf Äckern, an Wegen und auf Ruderalflächen überall dort, wo lockere, kalkarme, sandige bis lehmige Böden vorhanden sind. Da der Hederich einen besonders zuckerreichen Nektar bildet, fliegen Bienen ihn gerne an.

Übrigens: Die weiß blühenden Pflanzen sind im Süden Deutschlands häufiger als im Norden. Garten-Rettich und Radieschen sind nahe Verwandte des Hederich, der auch „Acker-Rettich" genannt wird.

L6 F5 R4 N6 1 T Ar

1 Klatsch-Mohn

3 Acker-Hellerkaut

2 Behaartes Schaumkraut

4a Hederich

4b Acker-Senf

1 Sumpf-Ruhrkraut

(Gnaphalium uliginosum)   Korbblütengew.

↑ bis 20 cm   ❀ Juli – Oktober

Pflanze graufilzig und reich verzweigt. Blätter schmal-lineal. Blütenstände zunächst gelblich, später bräunlich, gebüschelt und von den obersten Blättern überragt.

Öko: Man findet das Sumpf-Ruhrkraut in Gärten und Äckern, auf Wegen, an Gräben und flachen Ufern. Es wächst insbesondere auf feuchten, verdichteten, sauren und relativ stickstoffarmen Lehm- und Tonböden.

Übrigens: Wegen seines Gerbstoffgehaltes ist das Ruhrkraut hilfreich bei Durchfallerkrankungen. Die Pflanze wurde unter anderem gegen die Ruhr, eine gefährliche, früher verbreitete Darmkrankheit, eingesetzt. Daher hat sie ihren Namen.

L7 F7 R4 N4   1   T

2 Weißer Gänsefuß

(Chenopodium album)   Gänsefußgewächse

↑ bis 150 cm   ❀ Juli – Oktober

Die Pflanze wirkt oft wie mehlig bestäubt; Astwinkel oft rötlich. Blätter sehr unterschiedlich geformt, lanzettlich oder rautenförmig. Der ähnliche **Vielsamige Gänsefuß** *(Ch. polyspermum)* ist gelbgrün und oft rot überlaufen. Er bildet viele glänzend schwarze Samen (Name!). △

Öko: Der Weiße Gänsefuß ist eine Pionierpflanze auf Schuttplätzen und wächst in Gärten, auf Äckern und an Ufern überall dort, wo er lockere, mineralsalzreiche Böden vorfindet. Dort bildet er oft große und dichte Bestände. Oft tritt er in Gesellschaft von Vogelmiere (S. 61), Hirtentäschel (S. 103) und Floh-Knöterich (S. 107) auf. Seine Wurzeln reichen bis zu einem Meter tief.

Übrigens: Die Samen der Gänsefußgewächse haben eine besonders harte Außenschicht. Sie können daher den Magen-Darmtrakt von Tieren passieren ohne ihre Keimfähigkeit zu verlieren. Vorgeschichtliche Funde beweisen, dass die Pflanzen einst den Menschen als Nahrung dienten.

Lx F4 Rx N7   1   T

3 Ackerwinde

(Convolvulus arvensis)   Windengewächse

↑ bis 90 cm   ❀ Mai – Oktober

Die Pflanze kriecht am Boden oder windet sich an anderen Pflanzen empor. Trichterblüten bis 3,5 cm breit, weiß, zum Teil mit rosa Streifen oder rosa. Blätter pfeilförmig und schmal.

Öko: Die Ackerwinde ist ein typischer Kulturbegleiter. Man findet sie auf Äckern, in Gärten und Weinbergen, an Wegrändern, an Zäunen, auf Schuttplätzen und Bahndämmen. Sie bevorzugt lehmige bis tonige Böden. Die Wurzeln der Pflanze dringen oft bis zu zwei Meter in den Boden ein.

Übrigens: Die Blüten öffnen sich morgens und schließen sich schon am frühen Nachmittag wieder. Sie sind dann bereits verblüht. Infolge unterschiedlich starken Wachstums des Stängelgewebes führt die Stängelspitze Suchbewegungen aus. Innerhalb von zwei Stunden beschreibt sie so einen Kreis im Uhrzeigersinn. Auf diese Weise vermag die Pflanze eine Stelle zu finden, an der sie emporwachsen kann. Aus jedem z. B. bei der Bodenbearbeitung abgetrennten Teil der unterirdischen Ausläufer kann eine neue Pflanze heranwachsen.

L7 F4 R7 Nx   G, Hli

4 Gewöhnlicher Windenknöterich

(Fallopia convolvulus)   Knöterichgewächse

↑ bis 100 cm   ❀ Juli – Oktober

Die Pflanze kriecht am Boden oder klettert an anderen Pflanzen empor. Stängel kantig. Blätter pfeilförmig und lang zugespitzt. Blüten unscheinbar, grünlich; in kleinen Gruppen in den Blattachseln.

Öko: Der Windenknöterich wächst vor allem auf Äckern, insbesondere in Getreide, ist aber auch in Gärten oder auf Ruderalflächen anzutreffen. Er bevorzugt mäßig feuchte, relativ mineralsalzreiche, lehmige Böden.

Übrigens: Es gibt Exemplare, die rechtswindend und solche, die linkswindend sind. Aus den Samen wurde früher in Notzeiten Mehl gewonnen.

L7 F5 Rx N6   1   Tli   Ar

1 Sumpf-Ruhrkraut

3 Ackerwinde

2a Weißer Gänsefuß

2b Vielsamiger Gänsefuß

4 Gewöhnlicher Windenknöterich

Vogel-Knöterich (s. S. 24)

69

1 Gewöhnliches Greiskraut

(Senecio vulgaris)   Korbblütengewächse

↑ bis 40 cm   ❀ Januar – Dezember

Blüten in kleinen, walzenförmigen Köpfchen; ohne Zungenblüten. Die äußeren Hüllblätter sind sehr kurz und zur Hälfte schwarz. △

Öko: Das Gewöhnliche Greiskraut kommt in Gärten, auf Äckern, an Wegen und Schuttplätzen sowie in Waldschlägen auf mineralsalzreichen Ton- und Lehmböden vor. Es zeigt stickstoffreiche Böden an.

Übrigens: Die verblühten Körbchen mit ihrer seidig weichen „Haarkrone" hat man früher mit dem Kopf eines alten Menschen (Greis) verglichen (Name!). Durch ungenaues Sprechen entstand aus dem Wort „Greiskraut" später „Kreuzkraut". Beide Bezeichnungen werden heute für diese Pflanzengattung verwendet.

L7   F5   Rx   N8   1   T, H

2 Geruchlose Kamille

(Tripleurospermum maritimum)   Korbblütengew.

↑ bis 50 cm   ❀ Juni – November

Blütenköpfchen 1 – 3 cm breit; Blütenboden halbkugelig und innen markig gefüllt. Die Pflanze ist fast geruchlos. Die **Echte Kamille** *(Matricaria recutita)* hat einen kegelförmigen, hohlen Blütenboden. Sie duftet intensiv nach Kamille. Der **Strahlenlosen Kamille** *(M. discoidea)* fehlen die Zungenblüten. Sie duftet ebenfalls nach Kamille.

Blütenlängsschnitte:

Geruchlose Kamille

Echte Kamille

Öko: Die Geruchlose Kamille kann auf Äckern und Ruderalflächen große und dichte Bestände bilden. Die Pflanze bevorzugt mineralsalzreichere, offene Böden.

Übrigens: Die Echte Kamille ist ein altes Heilmittel gegen die unterschiedlichsten Erkrankungen. Den beiden anderen genannten Arten fehlen die entsprechenden Wirkstoffe.

L7   Fx   R6   N6   1 – 3   T   Ar

3 Kohl-Gänsedistel

(Sonchus oleraceus)   Korbblütengewächse

↑ bis 90 cm   ❀ Juni – Oktober

Blüten in bis zu 2,5 cm breiten Köpfchen. Blätter etwas blaugrün, weich und nicht stachlig; Blattöhrchen stängelumfassend; sie laufen in einer Spitze aus. Sehr ähnlich ist die **Raue Gänsedistel** *(S. asper)*. Sie hat jedoch grasgrüne, glänzende, stachlige Blätter mit rundlichen Blattöhrchen. Die Blütenköpfchen der **Acker-Gänsedistel** *(S. arvensis)* sind 3 – 4,5 cm breit. Ihre grünen Hüllblätter sind mit gelben Drüsen besetzt. △

Blattöhrchen:

Kohl-Gänsedistel

Raue Gänsedistel

Öko: Die Kohl-Gänsedistel wächst auf Äckern und Brachflächen, in Gärten, an Wegrändern und an Mauern. Sie bevorzugt mineralsalz- und basenreiche Ton- und Lehmböden und gilt als Stickstoffzeiger.

Übrigens: Die Pflanze wurde früher als Salat und Gemüse gegessen (Name!). Sie wird auch „Gemüse-Gänsedistel" genannt.

L7   F4   R8   N8   1   T, H   Ar

4 Gewöhnlicher Rainkohl

(Lapsana communis)   Korbblütengewächse

↑ bis 100 cm   ❀ Juni – August

Blütenköpfchen klein, zu 8 – 15 in lockerer Rispe. Blätter 3-eckig bis eiförmig-oval und gezähnt; untere Blätter fiederförmig, mit großem Endzipfel.

Öko: Der Gewöhnliche Rainkohl kommt auf Äckern, in Gärten, Waldschlägen und Gebüschen, an Wegen und Mauern und auf Ruderalflächen vor. Er bevorzugt halbschattige Standorte mit mineralsalzreichen Ton- und Lehmböden.

Übrigens: Die Pflanze wurde früher als Gemüse gegessen (Name!). Ihre Blüten sind nur morgens für etwa fünf Stunden geöffnet. Bei bedecktem Himmel bleiben sie geschlossen.

L5   F5   Rx   N7   1 – 3   H, T

1 Gewöhnliches Greiskraut

2a Geruchlose Kamille

2b Echte Kamille

2c Strahlenlose Kamille

3 Kohl-Gänsedistel

4 Gewöhnlicher Rainkohl

1 Saat-Wucherblume

(Chrysanthemum segetum) Korbblütengew.

↑ bis 60 cm ✿ Juni — Oktober

Blüten in 2 — 4 cm breiten Köpfchen. Blätter blaugrün, tief gezähnt oder fiederförmig.

Öko: Die Saat-Wucherblume kommt im Norden und Westen Deutschlands häufig auf Äckern, manchmal auch auf Ruderalflächen vor. Sie bevorzugt mäßig saure, sandig-lehmige Böden. Ihre Blüten werden von Fliegen bestäubt.

Übrigens: In Norddeutschland hieß die Saat-Wucherblume „12-Grotenblöm" (Grote = alte Münzeinheit), weil Bauern früher diesen Geldbetrag als Strafe zahlen mussten, wenn sie das „Unkraut" duldeten.

L7 F5 R5 N5 1 T Ar

2 Acker-Stiefmütterchen

(Viola arvensis) Veilchengewächse

↑ bis 25 cm ✿ März — Oktober

Blüten blassgelb, manchmal bläulich überlaufen oder mit violetten Punkten; untere Kronblätter kaum länger als der Kelch. Beim **Wilden Stiefmütterchen** *(V. tricolor)* sind die unteren Kronblätter länger, die oberen meist ganz violett.

Öko: Das Acker-Stiefmütterchen wächst an Wegrändern, auf Äckern und Ruderalflächen. Es gedeiht auf unterschiedlichen Böden.

Übrigens: Die Bezeichnung „Stiefmütterchen" ist bereits sehr alt und lässt sich nicht mehr genau erklären. Die Blüten können unter Umständen an ein Gesicht erinnern.

L6 Fx Rx Nx 1 T Ar

3 Kleinblütiges Knopfkraut

(Galinsoga parviflora) Korbblütengewächse

↑ bis 60 cm ✿ Mai — Oktober

Stängel mit sehr kurzen, anliegenden Haaren oder kahl. Blüten in 3 — 6 mm breiten Köpfchen. Sehr ähnlich ist das **Behaarte Knopfkraut** *(G. ciliata)*, dessen Stängel im oberen Bereich aber zottig behaart ist. Seine Blütenköpfchen sind 5 — 8 mm breit. △

Öko: Man findet das Kleinblütige Knopfkraut in Gärten und Weinbergen, auf Äckern und Ruderalflächen. Es wächst auf mineralsalzreichen, kalkarmen Sand- und Lehmböden und tritt oft in Gesellschaft von Acker-Spörgel (S. 61) und Hühnerhirse (S. 75) auf.

Übrigens: Die aus Südamerika stammende Pflanze wanderte um 1800 über Botanische Gärten bei uns ein. Da sie zeitgleich mit den Truppen Napoleons erschien, wird sie auch „Franzosenkraut" genannt.

L7 F5 R5 N8 1 T Neo

4 Acker-Vergissmeinnicht

(Myosotis arvensis) Raublattgewächse

↑ bis 40 cm ✿ April — September

Pflanze rauhaarig. Blüten etwa 3 mm breit. Fruchtstiele zur Fruchtzeit mindestens doppelt so lang wie der Kelch.

Öko: Das Acker-Vergissmeinnicht wächst auf Äckern — vor allem auf Getreidefeldern — in Gärten, auf Ruderalflächen und Waldschlägen. Es bevorzugt lockere, relativ mineralsalzreiche Ton- und Lehmböden. Seine Samen werden durch Klettwirkung verbreitet.

Übrigens: Das Vergissmeinnicht ist — wie viele blau blühende Pflanzen — Symbol der Sehnsucht, Liebe und Treue (Name!).

L6 F5 Rx N6 1 T, H

5 Kornblume

(Centaurea cyanus) Korbblütengewächse

↑ bis 80 cm ✿ Juni — Oktober

Blütenköpfchen blau, nach dem Abblühen weißlich. Pflanze graufilzig behaart.

Öko: Die Kornblume wächst auf Äckern und Ruderalflächen, in Waldschlägen und an Wegrändern. Sie bevorzugt wenig humose Lehm- und Sandböden.

Übrigens: Kornblumen sind häufig Bestandteil von angesäten Wildblumenrasen. Pflanzen mit rosa, weißen oder gefüllten Köpfchen sind Zuchtformen.

L7 Fx Rx Nx 1 T Ar

1 Saat-Wucherblume

3 Kleinblütiges Knopfkraut

2a Acker-Stiefmütterchen

4 Acker-Vergissmeinnicht

2b Wildes Stiefmütterchen

5 Kornblume

1 Acker-Schachtelhalm

(Equisetum arvense)   Schachtelhalmgewächse

↑ bis 50 cm   ○ März — April

Sommertriebe grün, mit quirlförmig angeordneten Ästen. Im Frühjahr chlorophyllfreie, braune Sprosse, die die Sporen bilden. △

Öko: Der Acker-Schachtelhalm kommt auf Äckern, an Wegen und Gräben sowie auf Ruderalstellen vor. Auch auf Wiesen und in Wäldern ist er anzutreffen. Er besiedelt Ton- und Lehmböden und weist auf verdichtete Böden hin. Man findet ihn oft zusammen mit dem Kriechenden Hahnenfuß (S. 63) und dem Huflattich (S. 109).

Übrigens: Die Sporen des Acker-Schachtelhalms besitzen vier armförmige Anhängsel, die sich bei Feuchtigkeit zusammenziehen. Sie reagieren bereits auf Anhauchen (Lupe oder Mikroskop!). Wegen des hohen Anteils an Kieselsäure wurden trockene Pflanzen zum Putzen des Zinngeschirrs benutzt ("Zinnkraut").

L6   Fx~   Rx   N3   3   G

2 Gewöhnliche Hühnerhirse

(Echinochloa crus-galli)   Süßgräser

↑ bis 100 cm   ❀ Juli — Oktober

Ähren in zusammengezogener, nach einer Seite gewendeter Rispe; grün oder rotviolett überlaufen. Blätter mit rauem Rand.

Öko: Die Hühnerhirse wächst auf Ruderalflächen, in Gärten und auf Äckern, insbesondere auf Maisfeldern. Sie bevorzugt mineralsalzreiche Sand- und Lehmböden und gilt als Stickstoffzeiger.

Übrigens: Die Pflanze hat sich durch den Maisanbau stark ausgebreitet.

L6   F5   Rx   N8   T   Ar

3 Kahle Fingerhirse

(Digitaria ischaemum)   Süßgräser

↑ bis 45 cm   ❀ Juli — Oktober

Halm niederliegend bis knickig aufsteigend. Blätter 2 — 7 mm breit und höchstens am Grund spärlich bewimpert. Blüten in 2- bis 5-fingerigem Blütenstand. Die **Blutrote Fingerhirse** *(D. sanguinalis)* hat behaarte Blätter und Blattscheiden und ist oft dunkelrot überlaufen.

Öko: Die Kahle Fingerhirse kommt auf Äckern, in Gärten und auf Ruderalflächen vor. Man findet sie insbesondere auf mineralsalzarmen, sauren, lehmig-tonigen Sandböden.

Übrigens: Wegen seiner Wuchsform wurde dieses Gras auch „Vogel-", „Teufels-", und „Krähenfuß" genannt. Man schrieb der Pflanze eine blutstillende Wirkung zu.

L7   F5   R2   N3   1   T   Ar

4 Gewöhnliche Quecke

(Elytrigia repens)   Süßgräser

↑ bis 150 cm   ❀ Juni — August

Pflanze mit kriechender Grundachse. Ährchen flach zusammengedrückt und mit der Breitseite zum Stängel gerichtet. Blätter oft gedreht, Unterseite dann nach oben gekehrt.

Öko: Die Gewöhnliche Quecke wächst auf Äckern und in Gärten, auf Ruderalflächen, an Wegrändern und Ufern. Sie besiedelt mineralsalzreiche Böden und breitet sich mithilfe unterirdischer Ausläufer rasch aus.

Übrigens: Die stärkereichen Rhizome dienten in Notzeiten als Ersatz für Mehl oder Kaffee.

L7   Fx~   Rx   N7   3   G

5 Gewöhnlicher Windhalm

(Apera spica-venti)   Süßgräser

↑ bis 100 cm   ❀ Juni — Juli

Ährchen klein und einblütig; in weit ausgebreiteter Rispe; Grannen 5 mm lang, (3-mal so lang wie das Ährchen).

Öko: Der Windhalm ist sehr häufig in Getreidefeldern und bevorzugt sandige bis lehmige, mäßig saure, kalkfreie Böden.

Übrigens: Das Gras wird vom Landwirt als lästiges „Unkraut" angesehen, da es schwer zu bekämpfen ist. Durch Kalken der Böden kann es zurückgedrängt werden.

L6   F6   R5   Nx   1   T

1 Acker-Schachtelhalm Spross mit Sporenähre **2** Gewöhnliche Hühnerhirse

4 Gewöhnliche Quecke

3 Kahle Fingerhirse

5a Gewöhnlicher Windhalm Einjähriges Rispengras (s. S. 26)

75

1 Weizen

2 Roggen

3 Gerste

4 Hafer

5 Mais

6 Raps

7 Zuckerrübe

8 Kartoffel

9 Sonnenblume

10 Saat-Lein (Flachs)

11 Phacelie

s. auch Gewässer und Ufer,
S. 172 – 189

s. auch Äcker und Gärten,
S. 60 – 75

s. auch Wiesen, Weiden, Rasenflächen,
S. 32—55

s. auch Wald und Park, S. 114—141
Kletterpflanzen s. S. 142/143 und S.18/19

Die Bezeichnung „ruderal" ist vom lateinischen Wort „rudus" abgeleitet, das sich mit „Schutt" oder „Ruinen" übersetzen lässt. Als ruderal bezeichnet man ganz allgemein Flächen, die der Mensch durch Eingriffe verändert und dann weitgehend oder ganz sich selbst überlassen hat. Solche Flächen findet man vor allem im Siedlungsbereich. Kaum ein Quadratmeter Boden ist dort nicht umgeschichtet oder verdichtet worden. Vor allem der Wasserhaushalt der Böden wird dadurch stark beeinflusst. Ein weiteres Merkmal ist häufig die Überdüngung (Eutrophierung). Hundekot und der Stickstoff aus Autoabgasen sind in erster Linie dafür verantwortlich.

3 Eutrophierter Wegrand mit Kleiner Klette

Typische Ruderalflächen

Typische Ruderalflächen sind z. B. Halden, aufgeschüttete Schotter- und Sandflächen, Autobahn- und Eisenbahnböschungen, Lärmschutzwälle, Baulücken, Gewerbe- und Industriebrachen sowie überdüngte Weg- und Straßenränder. Solche Flächen prägen das Bild vieler unserer Städte, auch mancher Dörfer und sogar von Teilen der offenen Landschaft. Am Rand der Siedlungen sind es vor allem Acker- und Ufersäume sowie Wiesen- und Ackerbrachen, die zum Teil von denselben Pflanzenarten besiedelt werden wie die Ruderalflächen im Siedlungsbereich.

1 Schotterhalde

Pflanzen auf Ruderalflächen

„Ruderalpflanzen" bilden keine einheitliche Pflanzengruppe. Allen gemeinsam ist aber die Fähigkeit, durch menschliche Eingriffe „gestörte" Standorte besonders erfolgreich besiedeln zu können. Auf trockenen, sandigen Ruderalflächen findet man z. B. Besenginster (S. 83) und Natternkopf (S. 95), andere Arten — z. B. die Große Brennnessel oder der Gewöhnliche Beifuß (S. 82) — bevorzugen Böden mit besonders hohem Stickstoffgehalt. Auf verschiedenen Ruderalflächen können sich so — abhängig von der Bodenbeschaffenheit — ganz unterschiedliche Pflanzengesellschaften einstellen. Stickstoffliebende Pflanzen erobern zunehmend auch „naturnahe" Lebensräume neben intensiv gedüngten Äckern und Wiesen. Sie verdrängen die ursprünglich dort wachsenden Pflanzenarten, die auf mineralsalzärmeren Böden gedeihen. An solchen ruderalisierten Standorten geht die Anzahl der Pflanzenarten nach und nach zurück.

2 Stillgelegte Bahnanlage

Sukzession — Ruderalflächen verändern sich

Überlässt man eine Ruderalfläche sich selbst, so verändert sie sich im Lauf von Jahren und Jahrzehnten in charakteristischer Weise. Es ist schon beeindruckend, in welch kurzer Zeit sich eine unbewachsene Fläche, z. B. ein aufgeschütteter Erdwall, mit Pflanzen besiedelt. Die einjährigen Pionierpflanzen, die den nackten

4 Pionierpflanzen besiedeln den offenen Boden

5 Hochstaudenflur an einer Böschung

6 Gehölze erobern die Ruderalfläche

Boden zunächst erobern, darunter Gänsefuß (S. 69) und Kamillearten (S. 71), werden nach und nach von mehrjährigen Pflanzen verdrängt. Oft entwickelt sich eine so genannte Hochstaudenflur, z. B. mit Brennnesseln, Beifuß und Rainfarn (S. 83). Diese wird wiederum — meist nach vielen Jahren — von Gehölzen abgelöst. Sal-Weide und Hänge-Birke (S. 119), aber auch Ahornarten (S. 121), Schwarzer Holunder und

Vogelbeere (S. 133) und weitere Bäume und Sträucher siedeln sich spontan an. Bilden diese Gehölze einen fast geschlossenen Bestand, so spricht man von einem Vorwald-Stadium. Greift der Mensch weiterhin nicht ein, dann entwickelt sich daraus mit der Zeit ein Wald. Eine solche Entwicklung bezeichnet man als natürliche Sukzession. Ruderalflächen im Siedlungsbereich sind allerdings häufig sehr „kurzlebig", denn sie werden meist bald wieder genutzt, z. B. zur Bebauung.

Eingewanderte Pflanzen

Nicht wenige unserer häufigsten und auffallendsten Ruderalpflanzen sind ursprünglich nicht bei uns heimisch. Sie kamen mit Gütertransporten über die großen Handelswege, z. B. mit Schiffen oder Eisenbahn, nach Mitteleuropa (vgl. S. 200/201). Noch heute werden Pflanzensamen bei uns eingeschleppt — beispielsweise als Verunreinigung in Getreide- und Wolleinfuhren. Finden sie geeignete Bedingungen vor, keimen sie aus und die Pflanzen können sich ausbreiten. Ein besonders eindrucksvolles Beispiel dafür ist das Afrikanische Greiskraut (S. 85). Die Pflanze hat innerhalb von etwa einem Jahrzehnt fast ganz Deutschland erobert und zählt heute in manchen Gebieten zu den häufigsten Arten. Ähnliches gilt für den Japan-Staudenknöterich (S. 89) und den Riesen-Bärenklau (S. 91), die ursprünglich als Zierpflanzen bei

7 Riesen-Bärenklau in dichtem Bestand

uns eingeführt worden sind. Sie verwilderten aus Parks und Gärten und inzwischen ist der „Siegeszug" dieser auffallenden, großwüchsigen Pflanzenarten kaum noch aufzuhalten.

1 Besenginster

(Sarothamnus scoparius) Schmetterlingsblüteng.

↑ bis 200 cm   ❀ Mai — Juni   ☠

Zweige grün, 5-kantig und verholzt. Blätter klein und 3-teilig gefiedert. Blüten in Trauben; Frucht eine 4 — 5 cm lange Hülse, reif: schwarz.

Öko: Der Besenginster kommt vor allem an Wald- und Wegrändern, auf Kahlschlägen, auf Böschungen und auf extensiv genutzten Weiden vor. Er gedeiht besonders gut auf mineralsalzarmen, sauren Sandböden. Die Pflanze ist auf mildes Klima angewiesen und in kalten Wintern gehen bei uns viele Ginsterbüsche zugrunde. Wie die anderen Schmetterlingsblütengewächse lebt er in Symbiose mit Knöllchenbakterien und bezieht von diesen den benötigten Stickstoff. Da er tief wurzelt und zudem den eigenen Standort mit Stickstoff düngt, wird er häufig als Pionierpflanze auf Lärmschutzwällen angepflanzt. Der grüne Spross der Pflanze dient der Fotosynthese.

Übrigens: Die ganze Pflanze ist giftig. Ihre Wirkstoffe werden als Arzneimittel bei Kreislaufstörungen eingesetzt. In einigen Gegenden wird der „Besenstrauch" immer noch zum Herstellen von Besen genutzt (Name!). Bei trockenem Wetter platzen die reifen Hülsen unter auffallendem Knacken auf.

L8 F4 R3 N4   3   N

2 Gewöhnlicher Beifuß

(Artemisia vulgaris)   Korbblütengewächse

↑ bis 200 cm   ❀ Juli — November

Blätter oberseits dunkelgrün und kahl, unterseits weißfilzig behaart. Blüten in großer verzweigter Rispe aus vielen kleinen, nur 2 mm breiten Köpfchen. Die Pflanze duftet aromatisch.

Öko: Der Gewöhnliche Beifuß kommt sehr häufig an Wegrändern und Ufern sowie auf Schuttplätzen vor. Er bevorzugt ausgesprochen stickstoffreiche Böden.

Übrigens: Der Beifuß ist eine Gewürzpflanze für Fleischspeisen (Volksname: „Gänsekraut"). Verwandte Gewürz- und Arzneipflanzen sind Estragon und Wermut.

L7 F6 Rx N8   3   H, C

3 Große Brennnessel

(Urtica dioica)   Brennnesselgewächse

↑ bis 150 cm   ❀ Mai — November

Stängel und Blätter mit Brennhaaren. Blätter länglich, vorn zugespitzt und am Grund herzförmig; Blattrand grob gesägt. Pflanze meist zweihäusig. Die **Kleine Brennnessel** *(U. urens)* hat eiförmige, stumpfere Blätter.

Öko: Die Große Brennnessel wächst zum Teil massenhaft an Gewässerufern, an Weg- und Ackerrändern sowie auf Schuttplätzen. Sie besiedelt insbesondere humose, mineralsalzreiche Böden und gilt als Stickstoffzeiger. Infolge der Eutrophierung vieler Lebensräume breitet sie sich stark aus und verdrängt die Pflanzen stickstoffärmerer Standorte. Für die Raupen unserer häufigsten Tagschmetterlinge (Kleiner Fuchs, Pfauenauge und Admiral) ist sie als Futterpflanze lebenswichtig. Daher sollte man kleine Bestände im Garten erhalten.

Übrigens: Die Brennhaare enthalten Ameisensäure (Brennen), Histamin und Acetylcholin (Quaddelbildung der Haut). Junge Brennnesselblätter kann man als Salat oder als Gemüse essen. Früher wurde die Art als Faserpflanze genutzt (Nesseltextilien). Im ökologischen Pflanzenbau werden Brennnesselaufgüsse gegen Blattläuse und als Düngemittel eingesetzt.

Lx F6 R7 N9   3   H

4 Rainfarn

(Tanacetum vulgare)   Korbblütengewächse

↑ bis 120 cm   ❀ Juli — September   ☠

Blätter fiederförmig, farnähnlich (Name!). Blütenköpfchen „knopfförmig"; nur Röhrenblüten.

Öko: Den Rainfarn findet man häufig an Wegen, Dämmen und Ufern sowie auf Schuttplätzen. Er besiedelt auch trockene Böschungen und bevorzugt mäßig stickstoffreiche Böden.

Übrigens: Alle Teile der Pflanze enthalten Fraßgifte für Insekten. Extrakte aus verwandten Arten Nordafrikas („Pyrethrum") nutzt man heute u. a. in Insektensprays für Innenräume. Sie sind besser abbaubar als andere Mittel und für den Menschen weniger giftig.

L8 F5 R8 N5   3   H

1 Besenginster

2 Gewöhnlicher Beifuß

3a Große Brennnessel

3b Kleine Brennnessel

Dreiteiliger Zweizahn (s. S. 180)

4 Rainfarn

1 Kanadische Goldrute

(Solidago canadensis)   Korbblütengewächse

↑ bis 200 cm   ❀ Juli — Oktober

Blütenköpfchen klein, in einer Rispe. Stängelblätter lanzettlich und gesägt; Blattunterseite und Stängel kurz behaart. Bei der **Riesen-Goldrute** *(S. gigantea)* ist der Stängel kahl.

Öko: Beide Goldrutenarten kommen häufig — auch gemeinsam — auf Böschungen, an Wegrändern, auf Brachen und an Ufern vor. Sie bevorzugen relativ stickstoffreiche Ton- und Lehmböden. Wo Goldruten stehen, findet man oft auch den Rainfarn und den Gewöhnlichen Beifuß (S. 83). Für die Bestäubung der Goldruten sorgen in erster Linie Fliegen. Mithilfe unterirdischer Ausläufer bilden die Pflanzen oft dichte Bestände.

Übrigens: Die beiden genannten Arten wurden im 19. Jahrhundert als Zierpflanzen aus Nordamerika bei uns eingebürgert und sind dann verwildert.

L8   Fx   Rx   N6   3   H, G   Neo

2 Tüpfel-Johanniskraut

(Hypericum perforatum)   Hartheugewächse

↑ bis 80 cm   ❀ Juni — August

Blätter gegenständig, ungestielt und auffallend durchscheinend punktiert (Ölbehälter; Lupe!). Stängel 2-kantig. △

Öko: Das Tüpfel-Johanniskraut besiedelt vor allem Brachen sowie Weg- und Waldränder. Es ist eine häufige Pionierpflanze relativ trockener, stickstoffärmerer Böden.

Übrigens: Der Name „Johanniskraut" weist auf die Blütezeit der Pflanze hin (24. Juni: Johannistag). Das Johanniskraut liefert ein hartes Heu. Man nennt es deshalb auch „Hartheu". Zerdrückt man eine Blütenknospe, so verfärbt sie sich blutrot — so, als ob Blut austreten würde. Früher glaubte man, dass dem „Johannisblut" Zauberkräfte innewohnten. Das Johanniskraut wird als Heilpflanze genutzt. Es wirkt — als Tee angewendet — vor allem gegen Nervosität und Depression. Es kann die Haut für UV-Strahlung empfindlich machen (vgl. Riesen-Bärenklau, S. 90).

L7   F4   R6   N4   3   H

3 Klebriges Greiskraut

(Senecio viscosus)   Korbblütengewächse

↑ bis 50 cm   ❀ Juni — Oktober

Die Pflanze fühlt sich klebrig an (Drüsenhaare; Lupe!) und riecht unangenehm bisamartig. Blätter fiederförmig und zum Teil spinnwebig behaart. Zungenblüten meist zurückgerollt. Viele Greiskräuter bastardieren, sodass die Bestimmung nicht immer gelingt. △

Öko: Das Klebrige Greiskraut findet man auf Brach- und Schotterflächen sowie an Wegrändern und auf Kahlschlägen. Es gedeiht besonders gut auf trockenen, relativ stickstoffarmen, kalkfreien Böden.

Übrigens: Auf Ruderalflächen kommen noch andere Greiskrautarten vor, zum Beispiel das **Raukenblättrige Greiskraut** *(S. erucifolius)* und das sehr ähnliche **Jakobs-Greiskraut** *(S. jacobaea)*. Beide haben lange Zungenblüten. Das Raukenblättrige Greiskraut hat 4 — 6 äußere Hüllblättchen am Blütenköpfchen, das Jakobs-Greiskraut nur 1 — 2.

L8   F3   Rx   N4   1   T

4 Afrikanisches Greiskraut

(Senecio inaequidens)   Korbblütengewächse

↑ bis 100 cm   ❀ April — Dezember

Blätter schmal, mit gezähntem, umgerolltem Rand. Blütenköpfchen mit 10 — 15 Zungenblüten.

Öko: Das Afrikanische Greiskraut wächst auf Böschungen, an Straßenrändern, auf Industriebrachen und sogar in Mauerfugen. Die Pflanze ist sehr anpassungsfähig und ist an trockenen Ruderalstandorten mit unterschiedlichen Böden anzutreffen. Oft tritt sie in Gesellschaft von anderen Greiskräutern, von Tüpfel-Johanniskraut, Schafgarbe (S. 38) und Wilder Möhre (S. 91) auf.

Übrigens: Die Pflanze stammt aus Südafrika. Ihre Samen wurden durch Wollimporte bei uns eingeschleppt und erst in den letzten Jahren hat sie sich vor allem entlang der Hauptverkehrslinien (Autobahnen, Bahnstrecken) stark ausgebreitet.

L8   F3   R7   N3   3   H, C   Neo

Kanadisches Berufkraut
(s. S. 24)

1 Kanadische Goldrute

2 Tüpfel-Johanniskraut

3a Klebriges Greiskraut

3b Raukenblättriges Greiskraut

4 Afrikanisches Greiskraut

1 Wilde Karde

(Dipsacus fullonum)   Kardengewächse

↑ bis 200 cm   ✿ Juli — August

Blüten lila, selten weiß; in Köpfchen mit stachligen Hüllblättern. Stängel kahl und stachlig. Blätter gegenständig, ungestielt und am Grund miteinander verwachsen; sie bilden eine flache „Schale".

Öko: Die Wilde Karde ist an Wegen, Ufern und auf Dämmen anzutreffen. Sie bevorzugt kalkhaltige, mineralsalzreiche, wechselfeuchte Lehmböden.

Übrigens: Die Blüten in einem Ring etwa in halber Höhe des Blütenköpfchens öffnen sich zuerst. Die Pflanze sieht aus wie eine Distel, ist aber nicht mit diesen verwandt. Im Volksmund heißt sie auch „Weberdistel". Ihre getrockneten Köpfchen und die ihrer Kulturfom *(D. sativus)* wurden früher zum Aufrauen von Wollgewebe genutzt. Man verwendet sie gern auch in Trockensträußen und Gestecken.

L9   F6 ∼   R8   N7   2   H   Ar

2 Acker-Kratzdistel

(Cirsium arvense)   Korbblütengewächse

↑ bis 120 cm   ✿ Juli — September

Blüten in bis zu 1,5 cm breiten Köpfchen. Blätter ungeteilt oder gebuchtet und starr bestachelt. Stängel stark verzweigt und nicht stachlig. Haare der Frucht („Flugschopf") gefiedert. Bei den Disteln *(Carduus)* sind sie ungefiedert. △

Öko: Acker-Kratzdisteln stehen zum Teil massenhaft an Wegrändern, auf Acker- und Wiesenbrachen, auf Schuttplätzen sowie auf Uferböschungen — insbesondere auf mineralsalzreichen Lehmböden. Wie alle Kratzdisteln und Disteln sind sie für viele Insekten und für Vögel, z. B. für den Distelfink, eine wichtige Nahrungspflanze.

Einzelblüte

Übrigens: Auf Ruderalflächen findet man auch die **Krause Distel** *(Carduus crispus)* mit halbkugeligen Blütenköpfchen und die auffallende **Nickende Distel** *(Carduus nutans)*.

L8   Fx   Rx   N7   3   G

3 Echte Kratzdistel

(Cirsium vulgare)   Korbblütengewächse

↑ bis 120 cm   ✿ Juni — Oktober

Blätter fiederförmig, am Stängel herablaufend; mit langen gelblichen Stacheln; Blattunterseite graufilzig behaart. Blüten in bis zu 4 cm breiten Köpfchen. Frucht s. Acker-Kratzdistel. △

Öko: Die Echte Kratzdistel wächst an Wegrändern, auf Schutt- und Brachflächen, auf Weiden und an Ufern. Sie gedeiht besonders gut auf mäßig trockenen Lehmböden mit ausgesprochen hohem Stickstoffgehalt. Ihre Bestände nehmen zu.

Übrigens: Das an ungesättigten Fettsäuren reiche Distelöl, wird nicht aus den Samen einheimischer Distelarten hergestellt, sondern aus denen der Färber-Distel (Saflor; *Carthamus tinctorius*). Diese gelb blühende Distelart stammt aus Südwest-Asien. Früher hat man sie auch im Rheinland als Öl- und Färberpflanze angebaut.

L8   F5   R7   N8   2   H

4 Kleine Klette

(Arctium minus)   Korbblütengewächse

↑ bis 120 cm   ✿ Juli — September

Grundständige Blätter dreieckig-herzförmig und bis 50 cm lang; mit hohlem Stiel. Blütenköpfchen etwa haselnussgroß und relativ unscheinbar; die Hüllblätter der Köpfchen haben zumeist hakige Borsten. Die ähnliche **Große Klette** *(A. lappa)* hat größere, bis 5 cm breite Köpfchen; die Stiele der Grundblätter sind markgefüllt. Die Kletten bilden untereinander Bastarde. △

Öko: Die Klettenarten sind an eutrophierten Ufer-, Weg- und Ackerrändern sowie auf Schuttplätzen häufig. Sie bevorzugen schwere Lehm- und Tonböden. Die hakigen Fruchtköpfchen bleiben im Fell von Säugetieren hängen und werden so verbreitet.

Übrigens: Die „Anhänglichkeit" der Kletten ist sprichwörtlich geworden: „An jemandem wie eine Klette hängen" bedeutet, jemanden mit seiner ständigen Anwesenheit zu belästigen.

L9   F5   Rx   N8   2   H

1 Wilde Karde

3 Echte Kratzdistel

2a Acker-Kratzdistel

2b Krause Distel

2c Nickende Distel

4 Kleine Klette

1 Japan-Staudenknöterich

(Reynoutria japonica)　Knöterichgewächse

↑ bis 200 cm　✿ Juli—Oktober

Stängel kräftig und bambusartig; meist rötlich. Blätter herzförmig und bis 12 cm lang. Der ähnliche **Sachalin-Staudenknöterich** *(R. sachalinensis)* hat bis 30 cm lange Blätter.

Öko: Der Japan-Staudenknöterich breitet sich bei uns an Wegrändern und Ufern und vor allem auf Böschungen mit feuchten, lehmigen Böden stark aus. Aufgrund seines hohen und dichten Wuchses verdrängt er einheimische Stauden. Für einheimische Insekten und Vögel bietet er weder Nahrung noch Nistmöglichkeit. Es ist schwierig, die Bestände in Schach zu halten, denn die Pflanze vermehrt sich vegetativ über ein verzweigtes Kriechsprosssystem. Samen bildet sie bei uns nicht.

Übrigens: Beide Staudenknöterich-Arten stammen aus Ostasien. Sie sind bei uns Ende des 19. Jahrhunderts als Zierpflanzen eingeführt worden und dann verwildert.

L8　F8=　R5　N7　3　G　Neo

2 Vielblättrige Lupine

(Lupinus polyphyllus)　Schmetterlingsblütengew.

↑ bis 150 cm　✿ Juni—September　☠

Blüten blau, selten weißlich. Blätter gefingert, aus 10—15 Teilblättchen. Hülsen seidig behaart. Die Blätter der ähnlichen **Ausdauernden Lupine** *(L. perennis)* bestehen aus 7—9 Teilblättchen.

Öko: Lupinen wachsen häufig als Pionierpflanzen auf Böschungen. Man pflanzt sie an, weil sie ihren Standort mithilfe von Wurzelknöllchen mit Stickstoff anreichern. Außerdem werden sie als Zier- und Futterpflanzen sowie zur Gründüngung angebaut. Sie gedeihen auf lehmigen, kalkarmen, mäßig feuchten Böden und werden überwiegend von Hummeln bestäubt.

Übrigens: Die beiden Lupinenarten wurden im 19. Jahrhundert als Zierpflanzen aus Nordamerika eingeführt. Weitere weiß, gelb oder rosa blühende Arten stammen aus dem Mittelmeerraum.

L7　F5　R4　Nx　3　H　Neo

3 Schmalblättriges Weidenröschen

(Epilobium angustifolium)　Nachtkerzengew.

↑ bis 150 cm　✿ Juni—August

Blätter lanzettlich. Fruchtkapsel länglich; sie öffnet sich in 4 Teilen und entlässt Samen mit einer Haarkrone aus weißen Borsten.

Öko: Das Schmalblättrige Weidenröschen ist eine häufige Pionierpflanze auf Kahlschlägen und Ruderalflächen, vor allem an Wegrändern und Böschungen. Auch auf Waldlichtungen kommt es vor. Es bevorzugt ausgesprochen stickstoffreiche, kalkarme Böden. Für Insekten ist es eine wertvolle Nahrungspflanze.

Übrigens: Man bezeichnet die auffallende Pflanzenart auch als „Wald-Weidenröschen".

L8　F5　R5　N8　3　H

4 Comfrey

(Symphytum asperum)　Raublattgewächse

↑ bis 100 cm　✿ Mai—Juli

Ganze Pflanze hakig-borstig behaart. Blüten purpurn, blauviolett oder hellblau. Stängel vom Grund an verzweigt. Blätter breit-lanzettlich, nicht am Stängel herablaufend. Der **Gewöhnliche Beinwell** *(S. officinale)* hat rosaviolette oder weißliche Blüten und schmal-lanzettliche, am Stängel herablaufende Blätter. Die Arten bilden Bastarde. △

Öko: Der Comfrey gedeiht an stickstoffreichen Standorten mit mäßig feuchten, lehmig-tonigen Böden. Oft tritt er in Gesellschaft von Klettenarten (S. 87) auf.

Übrigens: Der Comfrey wurde als Zier-, Gemüse- und Futterpflanze aus dem Kaukasus eingeführt. Aus den einstigen Bauerngärten, zu deren typischen Pflanzen er gehörte, ist er schnell verwildert. Seit der Antike nutzt man Beinwell-Arten als Heilpflanzen. Ihre Wirkstoffe fördern die Heilung von Wunden und die Knochenbildung (Name!) und noch heute sind Beinwell-Auszüge in verschiedenen Medikamenten enthalten. Nach neueren Untersuchungen enthält der Beinwell Stoffe, die die Leber schädigen. Man sollte ihn also nicht — wie früher üblich — als Gemüse essen.

L8　F5　Rx　N8　3　H　Neo

1 Japan-Staudenknöterich

2 Vielblättrige Lupine

Kleinblütiges Weiden-
röschen (s. S. 174)

3 Schmalblättriges Weidenröschen

Drüsiges Springkraut (s. S. 172)

4 Comfrey

1 Riesen-Bärenklau

(Heracleum mantegazzianum)   Doldengew.

↑ bis 350 cm   ❀ Juni — September

Blüten in bis 1 m breiten Dolden. Der ähnliche Wiesen-Bärenklau (S. 39) ist deutlich kleiner.

Öko: Der Riesen-Bärenklau kommt besonders häufig in Bach- und Flussauen sowie auf feuchten Ruderalflächen, in Parkanlagen und in Gärten vor. Er bevorzugt stickstoffreiche Lehmböden mit guter Wasserversorgung.

Übrigens: Der Riesen-Bärenklau wird auch „Herkulesstaude" genannt. Er wurde im 20. Jahrhundert als Zierpflanze aus dem Kaukasus eingeführt. Das Berühren der Pflanze ist nicht ungefährlich, denn Blätter und Spross enthalten einen Stoff, der die Haut gegen UV-Strahlung sehr empfindlich macht. Es entstehen starke Verbrennungen. Geringe Mengen des gleichen Inhaltsstoffs findet man auch bei einheimischen Pflanzen, z. B. beim Wiesen-Bärenklau.

L9   F6   Rx   N8   2   H   Neo

2 Taumel-Kälberkropf

(Chaerophyllum temulum)   Doldengewächse

↑ bis 100 cm   ❀ Mai — Juli   ☠

Stängel borstig-zottig behaart und oft rötlich überlaufen; Stängelknoten kropfartig verdickt (Name!). Blätter graugrün, 2- bis 3fach gefiedert. Blüten in zusammengesetzter Dolde mit bis zu 12 rauhaarigen Strahlen; Doldenhüllblätter fehlen zumeist, sonst 1 — 2. △

Öko: Der Taumel-Kälberkropf ist vor allem im Saum von Hecken („Hecken-Kälberkropf") und an Wald- und Wegrändern häufig anzutreffen. Dort wächst er oft in Gesellschaft von Knoblauchsrauke (S. 103) und Schöllkraut (S. 23). Auch in ungepflegten Park- und Gartenanlagen tritt er auf. Er besiedelt insbesondere halbschattige Standorte mit mineralsalzreichen Lehmböden und gilt als Stickstoffzeiger.

Übrigens: Der Name der Pflanze geht u. a. auf die Giftwirkung auf Weidetiere zurück. Der in ihr enthaltene Giftstoff — ein Alkaloid — verursacht Schwindelgefühl.

L5   F5   Rx   N8   1 — 2   T, H

3 Wilde Möhre

(Daucus carota)   Doldengewächse

↑ bis 100 cm   ❀ Juni — September

Blätter 2- bis 4fach gefiedert. Dolde in der Mitte meist mit typischer schwarzroter „Mohrenblüte" (Name!); Hüllblätter verzweigt; Fruchtstand vogelnestartig zusammengezogen.

Öko: Die Wilde Möhre wächst vor allem in Magerrasen, auf Brachflächen und an Wegrändern. Sie bevorzugt trockene, relativ stickstoffarme Böden.

Übrigens: Die Wilde Möhre ist die Wildform unserer Gartenmöhre.

L8   F4   Rx   N4   2   H

4 Giersch

(Aegopodium podagraria)   Doldengewächse

↑ bis 90 cm   ❀ Juni — August

Blüten weiß, selten rosa. Fiederblätter eiförmig, mit gesägtem Rand und oft gespalten.

Öko: Der Giersch ist in Auenwäldern, an Ufern, an Wegrändern und in Gärten häufig. Er besiedelt halbschattige, relativ feuchte Standorte mit mineralsalzreichen Lehm- und Humusböden.

Übrigens: Aufgrund der gespaltenen Fiederblätter heißt die Pflanze auch „Geißfuß". Sie vermehrt sich vor allem durch unterirdische Ausläufer. Man kann den Giersch als Gemüse oder Salat essen; er schmeckt aromatisch.

L5   F6   R7   N8   3   H, G

5 Pastinak

(Pastinaca sativa)   Doldengewächse

↑ bis 100 cm   ❀ Juni — September

Blüten unscheinbar. Blätter einfach gefiedert; Fiedern am Rand ungleich gekerbt.

Öko: Der Pastinak steht auf Brachen und Wiesen sowie an Wegrändern auf mäßig stickstoffreichen, trockenwarmen Lehm- und Tonböden.

Übrigens: Der Pastinak wird auch heute noch als Gemüsepflanze angebaut (Wurzelgemüse).

L8   F4   R8   N5   2   H

1 Riesen-Bärenklau

2 Taumel-Kälberkropf

4 Giersch

3 Wilde Möhre

5 Pastinak

Gewöhnliche Schaf-
garbe (s. S. 38)

91

1 Weiße Taubnessel

(Lamium album)   Lippenblütengewächse

↑ bis 50 cm   ❀ April—Oktober

Stängel 4-kantig. Blätter kreuzweise gegenständig; ähnlich denen der Brennnessel, jedoch ohne Brennhaare (Name!). Blüten mit helmförmiger Oberlippe.

Öko: Die Weiße Taubnessel kommt häufig an eutrophierten Weg-, Acker- und Uferrändern sowie auf Ruderalflächen und Ackerbrachen vor. Sie gedeiht besonders gut auf sehr stickstoffreichen, nicht zu trockenen Lehmböden. Die Blüten liefern viel Nektar. Man kann das leicht feststellen, wenn man die Blütenkrone herauszieht und von unten an ihr saugt. Die Blüten werden vor allem von langrüsseligen Hummeln angeflogen und bestäubt. Die Pflanze vermehrt sich auch vegetativ durch unterirdische Ausläufer.

Übrigens: Der Fruchtknoten zerfällt in vier Teilfrüchte (Klausen). Die **Gefleckte Taubnessel** *(L. maculatum)* hat große, purpurrote Blüten mit gefleckter Unterlippe (Name!). Man findet sie insbesondere an schattigen bis halbschattigen Standorten.

L7   F5   Rx   N9   3   H

2 Gewöhnlicher Dost

(Origanum vulgare)   Lippenblütengewächse

↑ bis 60 cm   ❀ Juli—September

Blüten in Quirlen angeordnet; hell purpurn, selten weiß und fast gleichmäßig 4- bis 5-spaltig; mit 4 Staubblättern. Blätter länglich-eiförmig.

Öko: Der Gewöhnliche Dost wächst an Hecken- und Waldrändern, auf Ruderalflächen und in Magerrasen. Er bevorzugt trockenwarme, stickstoffarme Lehmböden. Für Bienen und andere Insekten ist er eine wichtige Nahrungspflanze.

Übrigens: Die Pflanze wird auch als „Wilder Majoran" bezeichnet. Man nutzt sie zum Würzen und als Heilpflanze. Als Aufguss hat sie eine positive Wirkung auf das Verdauungssystem. Ihre etherischen Öle wirken heilend bei Husten und Bronchitis.

L7   F3   R8   N3   3   H, C

3 Rauhaariger Fuchsschwanz

(Amaranthus retroflexus)   Fuchsschwanzgew.

↑ bis 80 cm   ❀ Juli—September

Blüten in dichten, ährigen Blütenständen; klein, blassgrün und unauffällig. Stängel aufrecht und flaumig-zottig behaart. △

Öko: Der Rauhaarige Fuchsschwanz ist eine Pionierpflanze. Er kommt auf eutrophierten Schuttplätzen und an Flussufern vor und gedeiht vor allem auf warmen, sandigen und stickstoffreichen Rohböden (Wärmekeimer).

Übrigens: Die Pflanze wird auch „Zurückgekrümmter Fuchsschwanz" genannt, weil ihr Blütenstand gebogen ist. Ihre Heimat ist das südliche Nordamerika. Bei uns kommen selten noch weitere Fuchsschwanz-Arten vor. Die meisten von ihnen wurden im 19. und 20. Jahrhundert über die Seehäfen, z. B. mit Wollimporten, eingeschleppt. Der rot blühende Garten-Fuchsschwanz *(A. caudatus)* stammt aus dem subtropischen Südamerika und ist bei uns eine beliebte Zierpflanze.

L8   F4   R7   N7   1   T   Neo

4 Schwarzer Nachtschatten

(Solanum nigrum)   Nachtschattengewächse

↑ bis 80 cm   ❀ Juni—Oktober

Pflanze dunkelgrün. Blätter ei- bis rautenförmig. Blüten mit gelben, zu einer Säule verwachsenen Staubbeuteln; Kelchzipfel durch spitze Buchten getrennt. Früchte rundliche Beeren; reif schwarz (Name!).

Öko: Der Schwarze Nachtschatten kommt häufig in Gärten und auf Äckern sowie auf eutrophierten Ruderalflächen vor. Er wächst vor allem an warmen Standorten mit mineralsalzreichen, humosen Lehmböden und gilt als Stickstoffzeiger.

Übrigens: Der Schwarze Nachtschatten kommt bei uns seit der Jungsteinzeit als Ackerwildkraut vor. Der Giftgehalt der Früchte kann je nach Reifegrad und Klimabedingungen sehr unterschiedlich sein. Kartoffel und Tomate sind nahe Verwandte des Schwarzen Nachtschattens.

L7   F5   R7   N8   1   T   Ar

1a Weiße Taubnessel

1b Gefleckte Taubnessel

Gundermann (s. S. 42)

Wald-Ziest (s. S. 148)

2 Gewöhnlicher Dost

3 Rauhaariger Fuchsschwanz

4 Schwarzer Nachtschatten

1 Natternkopf

(Echium vulgare) Raublattgewächse

↑ bis 100 cm ✤ Mai – Oktober

Stängel und Blätter rau behaart. Blüten erst rötlich, später blau, unregelmäßig gestaltet und fast 2-lippig.

Öko: Den Natternkopf findet man auf vielen Ruderalstandorten, vor allem an Wegrändern, auf Bahndämmen (Schotter) und auf steinigen bis sandigen Brachen. Er ist wärmeliebend und bevorzugt mäßig trockene, stickstoffärmere Sand- und Lehmböden. Oft wächst er in Gesellschaft von Gewöhnlicher Nachtkerze (S. 97), Steinklee-Arten und Färber-Wau (S. 99).

Übrigens: Der Name „Natternkopf" bezieht sich auf die Form der Blüte und auf die Staubgefäße, die wie die gespaltene rote Zunge einer Schlange aus der Blüte heraushängen.

L9 F4 R8 N4 2 H Ar

2 Wegwarte

(Cichorium intybus) Korbblütengewächse

↑ bis 150 cm ✤ Juli – Oktober

Stängel stark verästelt und borstig behaart. Grundblätter löwenzahnähnlich; Stängelblätter lanzettlich und sitzend.

Öko: Die Wegwarte ist auf steinigen Böschungen sowie an trockenwarmen Weg-, Straßen- und Ackerrändern anzutreffen. Sie gedeiht besonders gut auf mäßig stickstoffreichen, kalkhaltigen Böden. Ihre auffallenden Blüten öffnen sich gegen 6 Uhr und schließen sich gegen 12 Uhr wieder.

Übrigens: Einer Sage nach sollen die blauen Blüten der Wegwarte die blauen Augen eines verzauberten Burgfräuleins sein, das am Wege vergeblich auf die Rückkehr ihres Geliebten wartet. Die Pflanze wird auch als „Wilde Zichorie" bezeichnet. Aus ihr wurde zu Anfang des 18. Jahrhunderts die Wurzelzichorie gezüchtet, deren Wurzeln als Kaffeeersatz geröstet wurden („preußischer Kaffee"). Auch die Salatzichorie — der Chicoreesalat — ist durch Züchtung aus der Wegwarte hervorgegangen. Man kann auch die Wegwarte als Salat zubereiten.

L9 F4 R8 N5 3 H Ar

3 Rundblättrige Glockenblume

(Campanula rotundifolia) Glockenblumengew.

↑ bis 50 cm ✤ Juni – Oktober

Grundblätter rundlich (Name!); Stängelblätter schmal-lineal und mehr oder weniger gestielt. Blütenknospen aufrecht; Blüten bis 2 cm lang.

Öko: Die Pflanze ist an Wegrändern, in Magerrasen sowie in Fels- und Mauerspalten verbreitet. Sie wächst auf stickstoffarmen, lehmigen, sandigen und steinigen Böden (Magerkeitszeiger).

Grundblatt

Übrigens: An relativ stickstoffarmen Wegrändern wächst auch die bis 80 cm hohe **Acker-Glockenblume** *(C. rapunculoides)*. Ihre Blätter sind nesselförmig, die Blattstiele kürzer als die Kelchblätter. Die bis 3 cm langen Blüten sind nach einer Seite gerichtet und am Rand meist bewimpert.

L7 Fx Rx N2 3 H

4 Kompass-Lattich

(Lactuca serriola) Korbblütengewächse

↑ bis 120 cm ✤ Juli – September

Pflanze bläulich grün; untere Blätter buchtig-fiederspaltig und scharf gezähnt; am Grund pfeilförmig. Blütenköpfchen in verzweigten Trauben; Zungenblüten klein. Die Pflanze enthält Milchsaft.

Öko: Der Kompass-Lattich ist wärmeliebend und kommt häufig auf Ruderalflächen und Ackerbrachen, an Wegrändern, in Hecken und an Mauern vor. Er bevorzugt trockene, stickstoffärmere Sand- und Lehmböden.

Übrigens: Wie der Name sagt, ist der Kompass-Lattich eine „Kompasspflanze". Bei starker Sonneneinstrahlung stehen alle Blätter senkrecht und zeigen nach Norden bzw. Süden. Dies verhindert eine Überwärmung. Der Kompass-Lattich wird auch als „Wilder Lattich" bezeichnet. Der Grüne Salat *(L. sativa)* mit den Züchtungen „Kopfsalat" und „Römischer Salat" stammt vermutlich vom Kompass-Lattich ab.

L9 F4 Rx N4 1 – 2 T, H

1 Natternkopf

Wasserdost (s. S. 178)

2 Wegwarte

4 Kompass-Lattich

3a Rundblättrige Glockenblume   **3b** Acker-Glockenblume

1 Kleinblütige Königskerze

(Verbascum thapsus)   Rachenblütengewächse

↑ bis 170 cm   ❀ Juli — September

Blätter dicht filzig behaart; am Stängel herablaufend. Blüten trichterförmig und bis 2,5 cm breit. Die ähnliche **Großblütige Königskerze** *(V. densiflorum)* hat flachere, bis 5 cm breite Blüten. Die **Schwarze Königskerze** *(V. nigrum)* hat dunkelgrüne, kahle Blätter. Ihre Staubbeutel sind auffallend violettwollig. Die Königskerzen-Arten bilden Bastarde. Dies erschwert die Bestimmung. △

Öko: Die genannten Arten sind Pionierpflanzen auf sonnigen, trockeneren Ruderalflächen, mit stickstoffreichen, sandigen bis lehmigen Böden. Man findet sie auch an Wegrändern, auf Waldlichtungen und an Ufern.

Übrigens: Die Wirkstoffe in den Blütenblättern der Königskerzen werden als hustenlösende Arznei verwendet.

L8   F4   R7   N7   2   H

2 Gewöhnliche Nachtkerze

(Oenothera biennis)   Nachtkerzengewächse

↑ bis 150 cm   ❀ Juni — Oktober

Blätter lanzettlich, mit rötlichem Mittelnerv. Blüten stark duftend; Kronblätter breiter als lang, Kelchblätter grün. Die Art bildet mit anderen Arten Bastarde. △

Öko: Die Gewöhnliche Nachtkerze gedeiht an trockenwarmen Standorten. Auf Brachen, Böschungen, Schuttflächen und Gleisanlagen sowie an Wegrändern findet man sie häufig. Sie ist eine Pionierpflanze vor allem relativ stickstoffarmer, sandiger und steiniger Böden. Nachtkerzen sind Nachtfalterblumen; sie werden allerdings auch von tagsüber aktiven Insekten besucht. Ihre Blüten öffnen sich in der Dämmerung und schließen sich tagsüber wieder halb. Sie blühen nur einen Tag lang.

Übrigens: Die Pflanze wurde im Jahre 1619 aus Nordamerika eingebürgert. Später kamen weitere Arten hinzu, die als Zier-, Arznei- und Gemüsepflanzen (Wurzelgemüse) angepflanzt wurden. Diese verwilderten ebenfalls.

L9   F4   Rx   N4   2   H   Neo

3 Gewöhnliches Leinkraut

(Linaria vulgaris)   Rachenblütengewächse

↑ bis 80 cm   ❀ Juni — Oktober

Blüten lang gespornt; Stängelblätter lineal. Die Pflanze sieht aus wie ein kleinblütiges Löwenmäulchen.

Öko: Das Leinkraut wächst auf Böschungen, an Weg- und Ackerrändern, auf Waldschlägen sowie in Mauer- und Pflasterritzen. Es ist eine Pionierpflanze sonnig warmer, relativ trockener Ruderalstandorte mit mäßig stickstoffreichen, sandig-steinigen Lehmböden. Oft tritt es in Gesellschaft von Rainfarn und Beifuß (S. 83) auf. Die Blüten werden von Insekten bestäubt. Kurzrüsselige Hummeln beißen ein Loch in den Sporn und „rauben" den Nektar, ohne zur Bestäubung beizutragen. Das Leinkraut hat eine hohe Samenproduktion. Es vermehrt sich auch vegetativ durch Wurzelsprossbildung.

Übrigens: Hält man eine Blüte gegen das Licht, so sieht man, dass der Sporn der Blütenröhre mit Nektar gefüllt ist.

L8   F4   R7   N5   3   G, H

4 Kleiner Odermennig

(Agrimonia eupatoria)   Rosengewächse

↑ bis 100 cm   ❀ Juni — September

Blätter mit kleinen und großen Fiederpaaren; unterseits meist deutlich graufilzig und mit wenigen, köpfchenförmigen Drüsenhaaren. Blüten in Trauben.

Öko: Der Kleine Odermennig ist vor allem entlang von Weißdorn- und Schlehenhecken, an Wegrändern und in Magerrasen anzutreffen. Er bevorzugt trockene und sonnige Standorte mit relativ stickstoffarmen, basischen und kalkhaltigen Böden. Seine Blüten bieten den Insekten keinen Nektar, sondern nur Pollen (Pollenblume). Die Früchte tragen einen hakigen Borstenkranz und werden durch Klettwirkung z. B. im Fell von Tieren verbreitet.

Übrigens: Der kleine Odermennig ist eine schon seit der Antike bekannte Heilpflanze, deren Wirkstoffe bei Lebererkrankungen angewendet werden.

L7   F4   R8   N4   3   H

1a Kleinblütige Königskerze   **1b** Schwarze Königskerze   **2** Gewöhnliche Nachtkerze

3 Gewöhnliches Leinkraut

Kleinblütiges Spring-
kraut (s. S. 150)

4 Kleiner
Odermennig

1 Gelber Steinklee

(Melilotus officinalis) Schmetterlingsblütengew.

↑ bis 150 cm ❀ Mai – September

Blätter 3-teilig gefiedert, mit zwei Nebenblättern am Blattgrund. Blüten gelb und zu 30 – 70 in traubigem Blütenstand; Hülse klein. Der ähnliche **Weiße Steinklee** *(M. alba)* hat weiße Blüten.

Öko: Der Gelbe Steinklee wächst auf Brachen, an Wegrändern und Ufern, auf Gleisschotter und auf Böschungen. Trockenwarme Standorte mit sandigen bis steinigen, kalkhaltigen Böden besiedelt er bevorzugt. Oft wächst er in Gesellschaft des Weißen Steinklees, der Wilden Möhre (S. 91) und der Gewöhnlichen Nachtkerze (S. 97). Beide Steinklee-Arten werden in erster Linie von Bienen und Hummeln besucht.

Übrigens: Die Pflanze wird auch „Echter Steinklee" genannt. Man nutzt sie zur Gründüngung. Der Gehalt an Cumarin verleiht den Steinklee-Arten einen heuartigen Duft und schützt sie vor Tierfraß.

L8 F3 R8 N3 2 H Ar

2 Färber-Wau

(Reseda luteola) Resedengewächse

↑ bis 120 cm ❀ Juni – September

Blätter ungeteilt. Blüten 4-zählig; Frucht kugelig. Der ähnliche **Gelbe Wau** *(R. lutea)* wird nur bis zu 50 cm hoch. Er hat fiederförmige Blätter, 6-zählige Blüten und eine eiförmige Frucht.

Öko: Beide Arten sind Pionierpflanzen warmer, trockener Ruderalstandorte. Sie bevorzugen relativ stickstoffreiche, sandig-steinige oder lehmige Rohböden. Dort wachsen sie oft in Begleitung von Steinklee und Nachtkerzen (S. 97).

Übrigens: Der Färber-Wau (Färber-Resede) wurde aus Südosteuropa und Westasien als Färberpflanze eingeführt. Bereits in der Jungsteinzeit wurde sein gelber Farbstoff zum Färben genutzt. Noch bis Mitte des 19. Jahrhunderts wurde die Pflanze zu diesem Zweck angebaut. Heute versucht man, aus den Samen der beiden Wau-Arten technische Öle (Schmiermittel) zu gewinnen.

L8 F4 R9 N6 2 H Ar

3 Weiße Lichtnelke

(Silene latifolia) Nelkengewächse

↑ bis 100 cm ❀ Juni – September

Stängel und Blütenkelch behaart. Blätter gegenständig, lanzettlich. Pflanze zweihäusig. Blüten mit intensivem Duft. Das ähnliche **Taubenkropf-Leimkraut** *(S. vulgaris)* hat Zwitterblüten mit kropfartig aufgeblasenem, rötlich geadertem Kelch.

Öko: Die Weiße Lichtnelke besiedelt als Pionierpflanze Acker- und Wegränder, Gebüschsäume und Böschungen sowie Schuttplätze mit stickstoffreichen, Stein-, Sand- und Lehmböden. Ihre Blüten, die von nachmittags bis nachts geöffnet sind, werden vor allem von Nachtschmetterlingen bestäubt (Nachtfalterblume). Diese werden vom intensiven Duft angelockt, können aber auch die weißen Blüten in der Dunkelheit gut erkennen.

Übrigens: Die Weiße Lichtnelke wird auch „Weiße Nachtnelke" genannt. Bei Infektion mit bestimmten Brandpilzen bilden weibliche Lichtnelken Staubblätter aus, die statt Pollen schwarze Pilzsporen bilden.

L8 F4 Rx N7 1 – 2 H

4 Echtes Seifenkraut

(Saponaria officinalis) Nelkengewächse

↑ bis 80 cm ❀ Juni – September

Blätter elliptisch, 3-nervig und zugespitzt; zerreibt man sie zwischen den Händen, so fühlen sie sich seifig glatt an (Name!). Blüten stark duftend; in endständigen Büscheln.

Öko: Das Seifenkraut besiedelt vor allem mäßig feuchte Ruderalstandorte in den Talauen größerer Flüsse, z. B. von Rhein und Mosel (Stromtalpflanze). Man findet es auf mäßig stickstoffreichen, sandigsteinigen oder kiesigen Böden. Das Seifenkraut ist eine typische Nachtfalterblume.

Blatt

Übrigens: Wurzelauszüge wurden früher als Seifenersatz verwendet. In den Blättern vorhandene Wirkstoffe (Saponine) werden seit der Antike gegen Bronchitis eingesetzt.

L7 F5 R7 N5 3 H

1b Weißer Steinklee

1a Gelber Steinklee

2a Färber-Wau

2b Gelber Wau

3a Weiße Lichtnelke

3b Taubenkropf-Leimkraut

4 Echtes Seifenkraut

1 Stinkender Storchschnabel
(Geranium robertianum) Storchschnabelgew.

↑ bis 40 cm   ❀ Mai — Oktober

Stängel rötlich, drüsig behaart. Blätter gefiedert, mit fiederförmigen Teilblättchen. Früchte mit typischem, verlängertem „Schnabel". Die ganze Pflanze riecht unangenehm. Der **Schlitzblättrige Storchschnabel** *(G. dissectum)* hat bis fast zum Grund geteilte (geschlitzte) Blätter mit linealen Zipfeln.

Öko: Der sehr anpassungsfähige Stinkende Storchschnabel besiedelt sowohl sonnige als auch sehr schattige Ruderalstandorte aller Art und kommt auch in der Krautschicht unserer Laubwälder vor. Sogar in Mauerfugen ist er häufig zu finden. Er bevorzugt stickstoff- und humusreiche Lehmböden, wächst jedoch auch auf Steinschotter. Die Samen werden zur Verbreitung einige Meter weit weggeschleudert.

Übrigens: Der Stinkende Storchschnabel wird auch „Ruprechts-Storchschnabel" oder „Ruprechtskraut" genannt. Er ist eine alte Heilpflanze, deren Inhaltsstoffe (z. B. etherische Öle) entzündungshemmend wirken. Im Herbst färben sich Stängel und Blätter der Pflanze leuchtend rot.

L5   Fx   Rx   N7   1—2   T, H

2 Gewöhnlicher Reiherschnabel
(Erodium cicutarium) Storchschnabelgew.

↑ bis 60 cm   ❀ April — Oktober

Blüten lila oder rosa. Blätter länglich, gefiedert; Fiederblättchen ungestielt und tief eingeschnitten; Nebenblätter zugespitzt. Fruchtschnabel bis 4 cm lang (Name!).

Öko: Der Gewöhnliche Reiherschnabel besiedelt Ruderalflächen und Äcker. Er ist eine Pionierpflanze auf stark besonnten, trockenwarmen Standorten und bevorzugt Sandböden und leichte Lehmböden. Die Samen werden mithilfe eines Schleudermechanismus verbreitet.

Übrigens: Der Reiherschnabel ist eine alte Heilpflanze. Seine Inhaltsstoffe wirken harntreibend und blutstillend.

L8   F4   Rx   Nx   1—2   T, H

3 Weg-Malve
(Malva neglecta) Malvengewächse

↑ bis 50 cm   ❀ Juni — November

Stängel niederliegend. Blätter herzförmig-rundlich, nicht tief geteilt. Kronblätter rosa bis weiß und 5 — 12 mm lang. △

Öko: Die Weg-Malve kommt vor allem auf Schutt- und Mistplätzen im Bereich dörflicher Siedlungen vor, oft in Gesellschaft der Kleinen Brennnessel (S. 83). Sie besiedelt sehr stickstoffreiche Böden und kann sogar Ammoniak verwerten (Ammoniak-Pflanze).

Übrigens: Die auf ähnlichen Standorten vorkommende **Wilde Malve** *(M. sylvestris)* wird bis 100 cm hoch und hat 2 — 3 cm lange, dunkel geaderte Kronblätter. Die **Rosen-Malve** *(M. alcea)* wird bis 130 cm hoch, hat bis fast zum Grund handförmig geteilte Blätter und etwa 2,5 — 3,5 cm lange Kronblätter. Sie wächst auf stickstoffreichen, kalkhaltigen Ruderalstandorten. Malven sind alte Heilpflanzen. Blätter und Blüten enthalten unter anderem Schleimstoffe, die zur Behandlung von Bronchitis und Darmentzündungen eingesetzt werden.

L8   F5   R7   N9   1—2   T, H   Ar

4 Zypressen-Wolfsmilch
(Euphorbia cyparissias) Wolfsmilchgewächse

↑ bis 50 cm   ❀ April — Juni

Blätter hellgrün, schmal-lineal und kahl; sie erinnern an die Nadeln von Zypressen (Name!). Blüten unscheinbar. Blätter unterhalb der Blüten gelb, später zum Teil rötlich.

Öko: Die Zypressen-Wolfsmilch ist eine Pionierpflanze trockenwarmer Wegränder und Böschungen. Sie besiedelt insbesondere stickstoffarme, kalkhaltige Sand- oder Lehmböden.

Übrigens: Alle Wolfsmilchgewächse führen einen Milchsaft (Latex), der in Milchröhren gebildet wird. Wie beim verwandten Kautschukbaum enthält dieser Saft Kautschuk, Zucker, Stärke und oft auch giftige Verbindungen. Wird die Zypressen-Wolfsmilch von einem bestimmten Rostpilz befallen, so bildet sie weder Blüten noch Seitenzweige aus.

L8   F3   Rx   N3   3   H, G

1a Stinkender Storchschnabel

1b Schlitzblättriger Storchschnabel

2 Gewöhnlicher Reiherschnabel

3a Weg-Malve

3b Wilde Malve

3c Rosen-Malve

4 Zypressen-Wolfsmilch

101

1 Echtes Barbarakraut

(Barbarea vulgaris) Kreuzblütengewächse

↑ bis 90 cm ❀ April – Juli

Blätter kahl und glänzend; obere lappig gezähnt, untere mit großer rundlicher Endfieder.

Öko: Das Echte Barbarakraut wächst an Wegen, Dämmen und Ufern, vor allem aber in Bach- und Flussauen (Stromtalpflanze). Es bevorzugt feuchte, stickstoffreichere Böden.

Übrigens: Aufgrund ihres hohen Vitamin-C-Gehaltes hat man die Blätter der Pflanze früher noch bis Anfang Dezember (4.12.: Barbaratag) als Salat gegessen.

Grundblatt

L8 F6 Rx N6 2 H

2 Weg-Rauke

(Sisymbrium officinale) Kreuzblütengewächse

↑ bis 60 cm ❀ Mai – Oktober

Stängel verzweigt, Äste abstehend und kurz behaart. Blätter fiederförmig, mit grob gesägtem Rand. Kronblätter bis 3 mm lang; Schoten schmal, zugespitzt und dicht an den Stängel gedrückt.

Öko: Die Weg-Rauke ist eine Pionierpflanze an Weg- und Ackerrändern, auf Schuttplätzen und in Pflasterritzen. Sie bevorzugt relativ trockene, stickstoffreiche Böden.

Übrigens: Die Wirkstoffe der Pflanze werden seit alters her gegen Entzündungen im Hals-Nasen-Rachenraum eingesetzt.

L8 F4 Rx N7 1 T Ar

3 Gewöhnliche Nachtviole

(Hesperis matronalis) Kreuzblütengewächse

↑ bis 80 cm ❀ Mai – Juli

Blätter eiförmig, ungeteilt und kurz gestielt. Blüten violett, selten auch weiß; angenehm duftend. Schoten bis 4 cm lang.

Öko: Die Nachtviole ist ursprünglich eine Pflanze der Flussauen. Sie bevorzugt stickstoffreiche Lehmböden. Bestäubt wird sie von Nachtschmetterlingen (Nachtfalterblume).

Übrigens: Die Nachtviole stammt aus Westasien. Als „Flüchtling" aus Bauerngärten ist sie inzwischen verwildert.

L6 F7= R7 N7 2 H Ar

4 Knoblauchsrauke

(Alliaria petiolata) Kreuzblütengewächse

↑ bis 100 cm ❀ April – Juni

Blätter herz- bis nierenförmig und grob gekerbt. Beim Zerreiben duften sie nach Knoblauch (Name!).

Öko: Die Knoblauchsrauke kommt besonders häufig entlang von Gehölzen auf sehr stickstoffreichen Humus- und Lehmböden vor (Stickstoffzeiger). Sie bevorzugt schattige Standorte und kann auch große Bereiche der Krautschicht von Wäldern einnehmen. Die Blüten werden vor allem von Bienen angeflogen.

Übrigens: Die Pflanze wird aufgrund ihrer Ähnlichkeit mit dem Hederich (S. 67) auch als „Knoblauchhederich" bezeichnet. Sie ist eine alte Heilpflanze. Ihre etherischen Öle sind vor allem ein wirksames Hustenmittel. Die Samen können als Senfersatz verwendet werden.

L5 F5 R7 N9 1 H

5 Hirtentäschel

(Capsella bursa-pastoris) Kreuzblütengew.

↑ bis 50 cm ❀ Januar – Dezember

Untere Blätter fiederförmig, in grundständiger Rosette; Stängelblätter pfeilförmig, ungestielt und stängelumfassend. Blüten klein; Schötchen keil-herzförmig.

Öko: Das Hirtentäschel wächst auf Acker- und Gartenbrachen, an Weg- und Ackerrändern, auf Schuttplätzen und in Pflasterritzen. Es ist eine anpassungsfähige Pionierpflanze mäßig feuchter, mineralsalzreicherer Böden.

Übrigens: Das aus dem Mittelmeerraum stammende Hirtentäschel kommt inzwischen – außer in den Tropen – weltweit vor.

L7 F5 Rx N6 1–2 T Ar

1 Echtes Barbarakraut

2 Weg-
  Rauke

3 Gewöhnliche Nachtviole

Schöllkraut (s. S. 22)

4 Knoblauchsrauke

5 Hirtentäschel

103

1 Zaun-Wicke

(Vicia sepium)   Schmetterlingsblütengewächse

↑ bis 60 cm   ❀ Mai — August

Blätter aus 8 — 16 eiförmigen Fiederblättchen; Endfiedern zu Ranken umgestaltet. Blüten violett, selten weiß; zu 2 — 5 in kurz gestielter Traube. Hülse kahl.

Öko: Die Zaun-Wicke wächst in Wiesen, an Weg- und Ackerrändern, im Saum von Gebüschen und in krautreichen Wäldern. Sie bevorzugt mäßig stickstoffreiche Böden.

Übrigens: Nektardrüsen an den Nebenblättern scheiden Nektar ab, den Ameisen aufnehmen.

Lx F5 R6 N5   3   Hli

2 Viersamige Wicke

(Vicia tetrasperma)   Schmetterlingsblütengew.

↑ bis 60 cm   ❀ Juni — Juli

Blätter mit 6 — 10 linealen Fiederblättchen, diese vorn mit feiner Spitze; Endfiedern als Ranken ausgebildet. Blüten bis 8 mm lang; einzeln oder in 2- bis 3-blütiger Traube. Hülse kahl, mit 4 Samen (Name!). Die Blätter der **Rauhaarigen Wicke** *(V. hirsuta)* haben mehr als 12 Fiederblättchen; ihre bis zu 5 mm langen Blüten stehen in 3- bis 6-blütigen Trauben. Die Hülse ist behaart und 2-samig. △

Öko: Beide Wickenarten findet man auf Acker- und Ruderalstandorten. Die Viersamige Wicke bevorzugt mäßig saure, die Rauhaarige Wicke dagegen neutrale bis basische Böden.

Übrigens: Die genannten Arten stammen aus dem Mittelmeerraum. Sie wurden in der Jungsteinzeit im Getreide bei uns eingeschleppt.

L6 F5 R5 N5   1   Tli   Ar

3 Vogel-Wicke

(Vicia cracca)   Schmetterlingsblütengewächse

↑ bis 150 cm   ❀ Juni — August

Stängel schwach behaart bis kahl, mit oberirdischen Ausläufern. Blätter mit 12 — 20 lanzettlichen Fiederblättchen; Endfiedern zu Ranken umbildet. Blüten 8 — 11 mm lang; in lang gestielter, vielblütiger Traube. △

Öko: Die Vogel-Wicke kommt an Weg-, Acker- und Uferrändern, in Heckensäumen und auf Wiesen vor. Die anpassungsfähige Art liebt Lehm- und Tonböden. Ihre Verbreitung erfolgt u. a. durch Vögel, die die Samen unverdaut wieder ausscheiden.

Übrigens: Vögel fressen die Samen dieser häufigen Wicke gern. Daher hat sie ihren Namen.

L7 F6 Rx Nx   3   Hli

4 Hasen-Klee

(Trifolium arvense)   Schmetterlingsblüteng.

↑ bis 30 cm   ❀ Juni — September

Blätter 3-teilig, graugrün und oft rötlich überlaufen. Blüten weißlich, später rötlich; in ei- bis walzenförmigen Köpfchen. Ganze Pflanze dicht behaart.

Öko: Der Hasen-Klee ist eine Pionierpflanze trockenwarmer Ruderalstandorte. Er wächst an Weg- und Ackerrändern, auf Brachen und Dünen mit sauren, sehr stickstoffarmen, sandigen Böden (Sand- und Säurezeiger).

Übrigens: Die weichen Blütenstände erinnern an Hasenpfoten (Name!). Wegen seines Vorkommens an Ackerrändern und auf Ackerflächen wird er auch „Acker-Klee" genannt.

L8 F3 R2 N1   1   T

5 Hopfen-Schneckenklee

(Medicago lupulina)   Schmetterlingsblütengew.

↑ bis 60 cm   ❀ Mai — Oktober

Stängel kantig und dick. Blätter 3-teilig; Teilblättchen unterseits behaart, vorn mit kleiner Spitze. Blüten klein, in 10- bis 50-blütigen Köpfchen; Hülse nierenförmig, ohne Stacheln. △

Öko: Der Hopfen-Schneckenklee gedeiht an sonnigen, trockeneren Standorten. Er wächst auf Wiesen und Magerrasen sowie an Weg- und Ackerrändern und gilt als Pionierpflanze vor allem kalkhaltiger Lehmböden.

Übrigens: Die Pflanzenart kommt seit der Bronzezeit bei uns vor. Der Name „Schneckenklee" geht auf die schneckenhausförmigen Früchte verwandter Arten zurück.

L7 F4 R8 Nx   1 — 2   T, H

1 Zaun-Wicke

2 Viersamige Wicke

3 Vogel-Wicke

4 Hasen-Klee

5 Hopfen-Schneckenklee

1 Zaun-Winde
(Calystegia sepium)　　　Windengewächse

↑ bis 300 cm　❀ Juni — September

Kletterpflanze mit windendem Stängel. Blüten weiß, selten rosa, bis 6 cm lang und duftlos. Blätter herzförmig.

Öko: Die Zaun-Winde ist eine Pionierpflanze vor allem auf feuchteren Standorten, z. B. an Ufern und staunassen Weg- und Ackerrändern sowie in Auenwäldern. Sie gedeiht besonders gut auf sehr stickstoffreichen Lehm- und Tonböden und kommt oft zusammen mit der Brennnessel (S. 83), dem Giersch (S. 91) und der Gefleckten Taubnessel (S. 93) vor. Ihre Blüten werden von Schwebfliegen und Nachtfaltern bestäubt (Nachtfalterblume). Sie schließen sich bei trübem Wetter.

Übrigens: Für eine Kreisbewegung beim Winden — auf der Suche nach einem neuen Halt — benötigt die Zaun-Winde etwa zwei Stunden. Aus den Blütentrichtern kann man trinken.

L8　F6　R7　N9　3　G, Hli

2 Stumpfblättriger Ampfer
(Rumex obtusifolius)　　Knöterichgewächse

↑ bis 120 cm　❀ Juli — August

Grundständige Blätter groß, mit herzförmigem Grund und stumpfer Spitze (Name!). Blüten quirlartig angeordnet. Die Blätter des **Krausen Ampfers** (*R. crispus*) sind am Rand gewellt (Name!) und am Grund kaum herzförmig. Die Arten bilden Bastarde. △

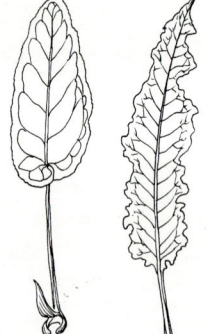

Stumpfbl. A.　Krauser A.

Öko: Der Stumpfblättrige Ampfer kommt auf Schuttplätzen, auf Wiesen und Weiden sowie an Weg-, Acker- und Uferrändern häufig vor. Er bevorzugt mineralsalzreiche Lehm- und Tonböden und gilt als Stickstoffzeiger. Von Weidetieren wird er gemieden. An gleichen Standorten steht oft auch der Krause Ampfer.

Übrigens: Die beiden großen Ampferarten wurzeln bis in Tiefen von 2—3 Metern. Es gelingt daher nur schwer, sie auf Nutzflächen auszurotten.

L7　F6　Rx　N9　3　H

3 Kleiner Sauerampfer
(Rumex acetosella)　　Knöterichgewächse

↑ bis 30 cm　❀ Mai — August

Pflanze sehr vielgestaltig; oft rötlich überlaufen. Blätter gestielt und im typischen Fall spieß- oder pfeilförmig.

Öko: Der Kleine Sauerampfer ist eine Pionierpflanze an Wegen, auf Böschungen, Dämmen, Ackerbrachen, Weiden und in Tritt- und Magerrasen. Er bevorzugt trockene, saure, stickstoffarme Sandböden (Versauerungs- und Magerkeitszeiger).

Übrigens: Die Pflanze ist heute weltweit verbreitet.

L8　F3　R2　N2　3　G, H

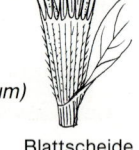

4 Floh-Knöterich
(Polygonum persicaria)　　Knöterichgewächse

↑ bis 60 cm　❀ Juli — Oktober

Blätter oft schwarz gefleckt; mit eng anliegenden, am Rand langfransig bewimperten Blattscheiden. Blüten rosa bis purpurrot, selten rein weiß. Beim ähnlichen **Ampfer-Knöterich** (*P. lapathifolium*) sind die Blattscheiden nicht oder nur kurz bewimpert und die Blüten grünlich weiß oder rosa. △

Blattscheide (Floh-Knöterich)

Öko: Beide Knötericharten gehören zu den typischen Acker-, Garten- und Uferwildkräutern. Der Floh-Knöterich bevorzugt trockenere Standorte. Beide Arten sind Pionierpflanzen vor allem stickstoffreicher Rohböden.

Übrigens: Wegen seiner Blattform wird der Floh-Knöterich auch „Pfirsichblättriger Knöterich" genannt.

L6　F5　R7　N7　1　T

1 Zaun-Winde

2 Stumpfblättriger Ampfer

3 Kleiner Sauerampfer

4a Floh-Knöterich

4b Ampfer-Knöterich

Vogel-Knöterich (s. S. 24)

107

1 Huflattich

(Tussilago farfara) Korbblütengewächse

↑ bis 30 cm ❀ Februar – April

Blüten in lang gestielten Köpfchen; sie erscheinen vor den Blättern. Blütenstiele spinnwebig wollig. Blätter herzförmig, gezähnt und unterseits weißfilzig; Blattstiele lang und weißfilzig. Die Blätter können mit denen der Pestwurz (S. 181) verwechselt werden.

Öko: Der Huflattich ist eine anpassungsfähige Pionierpflanze. Er wächst auf Schuttplätzen, Acker- und Gartenbrachen sowie an Wegrändern und Ufern und besiedelt vor allem basische, wasserdurchlässige, tiefgründige Rohböden. Außerdem kommt er auf Schotter und Steinschutt vor. Mit dem Schneeglöckchen gehört er zu den ersten Frühblühern unter den krautigen Pflanzen. Er vermehrt sich auch vegetativ durch Verzweigung seines unterirdischen Kriechsprosses (Erdspross), der als Nährstoffspeicher dient.

Übrigens: Die Pflanze wird auch „Brustlattich" genannt, da ihre Wirkstoffe seit der Antike zur Behandlung von Bronchitis eingesetzt werden.

L8 F6~ R8 Nx 3 G

2 Orangerotes Habichtskraut

(Hieracium aurantiacum) Korbblütengewächse

↑ bis 50 cm ❀ Juni – August

Blütenstiel mit 2–6 Blütenköpfchen. Blüten intensiv orangerot oder purpurn. Die Pflanze entwickelt oberirdische Ausläufer.

Öko: Das Orangerote Habichtskraut tritt als Pionierpflanze in Magerrasen, auf Brachen, an Wegrändern und in Pflasterritzen auf. Es gedeiht insbesondere auf mineralsalzarmen, relativ sauren Lehm- und Tonböden, vor allem auf Rohböden, kommt aber auch auf Schotter und Sand vor.

Übrigens: Die Pflanze stammt aus den Südalpen, aus Höhen über 1500 m ü. NN. Einst als Zierpflanze in Steingärten angepflanzt, hat sie sich inzwischen über weite Teile Deutschlands ausgebreitet. Die „Felsbiotope" der Stadt scheinen ihre Ausbreitung zu fördern.

L8 F5~ R4 N2 3 H Neo

3 Gänse-Fingerkraut

(Potentilla anserina) Rosengewächse

↑ bis 50 cm ❀ Mai – August

Pflanze niederliegend, mit Ausläufern. Blätter mit 10–20 seidig behaarten, unterschiedlich großen Fiederblättchen.

Öko: Das Gänsefingerkraut wächst im Trittbereich von Wegen und Gewässerufern sowie auf Wiesen und Äckern mit stickstoffreichen, staunassen Lehmböden. Es ist salztolerant.

Übrigens: Die Pflanze kommt besonders häufig an so genannten Gänseangern – mineralsalzreichen Dorfgewässern – vor (Name!).

L7 F6~ Rx N7 3 H

4 Mäuse-Gerste

(Hordeum murinum) Süßgräser

↑ bis 40 cm ❀ Mai – Oktober

Ähre 5–12 cm lang, mit langen Grannen; zunächst hellgrün, in reifem Zustand gelblich. △

Öko: Die Mäuse-Gerste wächst an Straßenrändern, auf Brachen und in Pflasterritzen auf mäßig stickstoffreichen Sandböden.

Blattscheide

Übrigens: Die Pflanze stammt aus dem Mittelmeerraum. Steckt man eine Ähre umgekehrt in ein Hosenbein, so „klettert" sie bei jeder Bewegung ein Stück nach oben.

L8 F4 R7 N5 1 T Ar

5 Taube Trespe

(Bromus sterilis) Süßgräser

↑ bis 60 cm ❀ Mai – Juni

Rispe nach allen Seiten ausgebreitet, Äste mit 1–2 Ährchen. Bei der **Dach-Trespe** *(B. tectorum)* ist die Rispe nach einer Seite hingewendet; Äste mit 4–12 Ährchen. △

Öko: Beide Trespenarten bevorzugen sandige und steinige Böden.

Übrigens: Die beiden Trespenarten wurden aus dem Mittelmeerraum eingeschleppt.

L7 F4 Rx N5 1 T Ar

Wasser-Knöterich (s. S. 168)

1a Huflattich

1b Huflattich

2 Orangerotes Habichtskraut

3 Gänse-Fingerkraut

4 Mäuse-Gerste

5 Taube Trespe

109

Obstbäume
s. S. 126/127

Gehölze s. S. 114 — 143

s. auch Gewässer und Ufer, S. 188/189

Waldkräuter s. S. 144 — 159
Frühblüher im Park s. S. 160/161

s. auch Wiesen, Weiden, Rasenflächen, S. 32 — 55
s. auch Ruderalflächen, S. 82 — 109

Mitteleuropa war ursprünglich ein fast geschlossenes Waldland. Die heutige Gliederung der Landschaft in Wälder, Wiesen, Weiden, Ackerflächen und Siedlungen ist das Ergebnis der jahrtausendelangen Einwirkung des Menschen. Wenn auch ausgesprochene Urwälder in Mitteleuropa heute sehr selten sind, so findet man doch immer noch viele Lebensgemeinschaften, in denen Gehölze eine mehr oder weniger vorherrschende Rolle spielen.

Wälder

In Mitteleuropa sind Buchenwälder besonders häufig. Nur in den feuchten Niederungen der großen Flusstäler findet man Auenwälder, in denen fast keine Buchen vorkommen. Hier

1 Buchenwald

können neben Eichenarten andere Laubbäume wie Eschen, Ulmen und Ahornarten (S. 121 —125) oder auch Weiden gedeihen. Auch auf trockenen Böden können Eichen vorherrschen. Nadelgehölze sind ursprünglich auf sehr trockene Standorte oder auf die höheren Lagen der Gebirge beschränkt. Wegen ihrer guten Wuchsleistung wurden sie jedoch an vielen eigentlichen Laubholzstandorten, beispielsweise im Schwarzwald, im Harz oder in der norddeutschen Tiefebene, aufgeforstet.

An die besonderen ökologischen Bedingungen am Waldboden sind eine Reihe von Pflanzenarten angepasst. Viele von ihnen, z. B. das Busch-Windröschen (S. 145) oder der Bär-Lauch (S. 147), entwickeln sich schon im zeiti-

gen Frühjahr, wenn die Laubbäume noch keine Blätter haben. Andere, wie der Wald-Sauerklee (S. 145) oder die Waldfarne (S. 159), kommen mit so wenig Licht aus, dass sie auch noch unter dem geschlossenen Laubdach der Bäume gedeihen können.

Nicht selten findet man Wälder in Städten oder in deren unmittelbarer Umgebung. Der Grunewald beispielsweise ist ein vorwiegend aus Laubbäumen bestehender naturnaher Wald, der sich fast bis ins Stadtzentrum von Berlin erstreckt und die Buchenwälder rund um Stuttgart grenzen unmittelbar an Wohn- und Industriegebiete.

Bäume in Parkanlagen und an Straßen

Charakteristisch für große Städte sind Parkanlagen, in denen neben Rasenflächen und Blumenrabatten vor allem einzeln stehende oder zu Gruppen angeordnete Bäume das Landschaftsbild prägen. Man findet dort häufig nicht einheimische Baumarten wie Rosskastanie, Platane oder Robinie und darüber hinaus auch ausgesprochene „Exoten". Viele der Bäume in Parkanlagen stammen aus den gemäßigten Zonen Nordamerikas und Ostasiens, aus Gebieten also, in denen ähnliche Klimabedingungen herrschen wie bei uns.

2 Gehölze im Park

Am Boden unter den Parkbäumen findet man häufig typische früh blühende Zierpflanzen wie Krokus, Tulpe, Narzisse und Blaustern (S. 160/161). Sie stammen in erster Linie aus trockenkalten Regionen des Vorderen und Mittleren Orients.

Ähnliche Baumarten wie in Parkanlagen findet man entlang von Straßen. In Städten und Siedlungen haben sie mehrere wichtige Funktionen: Die Baumkronen sorgen als „grüne Inseln" zwischen den versiegelten Flächen für ein ausgeglicheneres Stadtklima, denn sie heizen sich

3 Alleebäume

am Tag weniger auf und geben in der Nacht weniger Wärme ab. An heißen Sommertagen spenden sie kühlenden Schatten. Bäume wirken als „Staubfänger" und können Luftschadstoffe binden. Sie verbessern damit die Atemluft. Leider werden Straßenbäume in Städten vor allem durch parkende Autos, durch Streusalz und durch zunehmende Bodenversiegelung oft sehr stark beeinträchtigt.

Gehölze in Gärten
Auch in Gärten und auf Friedhöfen wächst eine Vielzahl von Gehölzen, die in Mitteleuropa nicht zu Hause sind. Meist handelt es sich um Sträucher oder kleinwüchsige Baumarten. Oft werden sie wegen ihrer schönen Blüten oder, wie die Schneebeere (S. 138), wegen ihrer auffallenden Früchte angepflanzt.
Vorgärten oder Friedhofsbeete haben nur eine begrenzte Fläche. Man pflanzt dort vorwiegend Gehölze, die relativ langsam wachsen. Als so genannte Bodendecker sind Zwergmispel-Arten (S. 141) häufig anzutreffen, ebenso verschiedene Nadelgehölze.

4 Schnitthecke als „lebender Zaun"

Nicht selten sind Gärten mit Hecken eingefriedet, die von außen beschnitten werden. Dieses Abschneiden der Triebspitzen führt zu einer extrem starken Verzweigung, die Hecken sind dicht und bieten einen guten Windschutz. Weißdorn und Liguster (S. 141), Hainbuche und Lebensbaum (S. 117) gehören zu den wenigen Gehölzen, die eine solche Behandlung über längere Zeit vertragen.

Feldhecken und Gebüschsäume
Als Wind- und Erosionsschutz spielen Feldhecken und Gebüschsäume in der Feldflur eine wichtige Rolle. Heute werden sie aber auch wegen ihrer ökologischen Bedeutung besonders gepflegt. Typische Gehölze der Feldhecken sind z. B. Stiel-Eiche, Hainbuche und Ahornarten sowie Hasel, Weißdorn oder Schlehe (S. 129 – 131). Feldhecken werden regelmäßig kurz über der Bodenoberfläche abgeschnitten. Man nennt dies „auf den Stock setzen". Unterbleibt diese Pflege, so werden die Hecken nach und nach immer lockerer und wachsen schließlich zu Baumreihen aus.

5 Feldhecke

1 Weiß-Tanne

(Abies alba)   Kieferngewächse

↑ bis 70 m   ✿ Mai — Juni

Nadeln flach und an der Spitze eingekerbt; unterseits mit zwei weißen Streifen; Nadelgrund ein grünes Scheibchen, das mit abfällt; ältere Zweige dadurch glatt. Zapfen aufrecht; sie verlieren ihre Schuppen einzeln und die Spindel bleibt am Zweig. Borke hell (Name!). △

Öko: Die Weiß-Tanne findet man in Bergmischwäldern. Sie bildet eine Pfahlwurzel aus. Gegenüber tiefen Temperaturen ist sie empfindlicher als die Fichte. Sie bevorzugt luftfeuchte, schattige Standorte (Nordhänge) und ist hochempfindlich gegen Luftverschmutzung.

Übrigens: Die Weiß-Tanne liefert wertvolles, sehr leichtes Bauholz. Als Weihnachtsbaum wird sie teilweise der Rot-Fichte vorgezogen, denn sie verliert im warmen Zimmer nicht so schnell ihre Nadeln.

L(3)   Fx   Rx   Nx   3   P

2 Europäische Lärche

(Larix decidua)   Kieferngewächse

↑ bis 55 m   ✿ März — Juni

Nadeln weich, hellgrün, büschelig an Kurztrieben, einzeln an Langtrieben; sie fallen im Winter ab. Zapfen klein, rundlich. Die **Japan-Lärche** *(L. kaempferi)*

Europäische L.   Japan- L.

unterscheidet sich durch breiteren Wuchs. Sie hat blaugrüne Nadeln und Zapfen mit am Rand zurückgebogenen Zapfenschuppen.

Öko: Die Europäische Lärche bildet in den Zentral- und Ostalpen die obere Baumgrenze (bis 2500 m). Sie gedeiht auch auf mineralsalzarmen Sandböden und wurde deshalb vor allem in Norddeutschland als Forstbaum eingeführt.

Übrigens: Lärchen-Bergwälder verfärben sich im Herbst leuchtend gelb. Die Lärche liefert gutes Bauholz. Aus dem Harz lässt sich Terpentin gewinnen. Die Nadeln sind schwach giftig.

L(8)   F4   Rx   N3   3   P

3 Rot-Fichte

(Picea abies)   Kieferngewächse

↑ bis 60 m   ✿ April — Juni

Nadeln 4-kantig und spitz; Nadelgrund verholzt, bleibt beim Abfallen der Nadeln am Zweig; ältere Zweige dadurch rau. Zapfen hängend, fallen als Ganzes ab. Borke rötlich (Name!). △

Öko: Natürliche Standorte der Rot-Fichte sind in Mitteleuropa die höheren Lagen der Gebirge. Sie stellt geringe Ansprüche an den Boden. Als Forstbaum ist sie wegen der kurzen Umtriebszeit — sie ist nach 80 bis 120 Jahren schlagreif — überall verbreitet. Die Rot-Fichte ist ein Flachwurzler. Sommerdürre und Luftverunreinigungen schädigen sie. Die Rot-Fichte kommt mit wenig Licht aus und erträgt Fröste bis unter — 60° C!

Übrigens: Rot-Fichten sind beliebte Weihnachtsbäume. Als Sinnbild für Neubeginn und Wiedergeburt wurden sie schon bei den Germanen als Julfestbaum (Wintersonnenwende) dem Wotan geweiht. In Gärten und Parks werden weitere Fichtenarten häufig angepflanzt, z. B. die schmalwüchsige Serbische Fichte *(P. omorika)*, die schon als junger Baum reichlich kleine dunkelbraune Zapfen entwickelt.

L(5)   Fx   Rx   Nx   3   P

4 Wald-Kiefer

(Pinus sylvestris)   Kieferngewächse

↑ bis 50 m   ✿ Mai — Juni

Nadeln 4 — 7 cm lang und blaugrün; zu 2 an Kurztrieben. Borke oben rotbraun, unten tief gefurcht und dunkelbraun. Krone bei älteren Bäumen etwas asymmetrisch. Die **Schwarz-Kiefer** *(P. nigra)* hat 8 — 15 cm lange Nadeln und eine durchgehend dunkle Borke.

Öko: Die Wald-Kiefer kommt auf mineralsalzarmen Standorten wie Sandböden, Dünen und Mooren vor. Sie wird aber häufig als Forstbaum angepflanzt.

Übrigens: Die **Berg-Kiefer** („Latsche"; *P. mugo*) wird häufig in Vorgärten angepflanzt. Ihr natürlicher Standort ist die Baumgrenze der nördlichen Kalkalpen.

L(7)   Fx   Rx   Nx   3   P

1 Weiß-Tanne / Nadelgrund

3 Rot-Fichte / Nadelgrund

2 Europäische Lärche

4a Wald-Kiefer

4b Wald-Kiefer

Gewöhnlicher
Wacholder (s. S. 136)

4c Berg-Kiefer

115

1 Eibe

(Taxus baccata)　　　　　Eibengewächse

↑ bis 15 m　　🌸 März — Mai　　🪲 🐛 💀

Nadeln weich, flach und glänzend, oberseits mit erhabener Längslinie; Nadelgrund grün, am Zweig herablaufend. Pflanze zweihäusig; männliche Blüten in zäpfchenartigen Blütenständen. Der reife Same ist von einem fleischigen roten Samenmantel umgeben und sieht wie eine Beere aus.

Öko: Die Eibe bevorzugt mäßig feuchte Standorte. Zum Teil tritt sie in Buchenwäldern der Mittelgebirge als Unterwuchs auf. Eiben können weit über 1000 Jahre alt werden.

Übrigens: Außer dem fleischigen Samenmantel enthalten alle Teile der Pflanze ein tödlich wirkendes Herzgift. Nicht selten sind Pferde und Rinder von Vergiftungen betroffen. Das Holz gehört zu den härtesten heimischen Hölzern und wurde deshalb schon im frühen Mittelalter für Bögen und Wurfspieße verwendet. Eiben vertragen Heckenschnitt gut und werden in Barockgärten auch zu Figuren geschnitten.

L(4)　F5　R7　Nx　3　P

2 Abendländischer Lebensbaum

(Thuja occidentalis)　　　Zypressengewächse

↑ bis 20 m　　🌸 März — April　　💀

Zweige abgeflacht, mit dicht anliegenden Schuppen; in der waagerechten Ebene verzweigt; Gipfeltrieb aufrecht. Zapfen eiförmig, nur 1,5 cm lang, mit spiralig angeordneten Schuppen. Der **Orientalische Lebensbaum** *(T. orientalis)* hat in der senkrechten Ebene verzweigte Triebe. **Scheinzypressen** *(Chamaecyparis)* haben überhängende Gipfeltriebe. Zapfen kugelig, mit schildförmigen Schuppen. △

Öko: Der Abendländische Lebensbaum bevorzugt neutrale bis alkalische Böden. Er wird — oft als Schnitthecke — in Parks, Vorgärten und auf Friedhöfen angepflanzt.

Übrigens: In Nordamerika, seiner Heimat, war der Lebensbaum den Indianern ein wichtiger Nutzholzlieferant. Wahrscheinlich ist er schon im Jahre 1539 nach Europa eingeführt worden.

3　P

3 Rot-Buche

(Fagus sylvatica)　　　　Buchengewächse

↑ bis 45 m　　🌸 April — Mai

Blätter ganzrandig und glänzend. Knospen lang, spitz und auffallend 2-zeilig angeordnet. Rinde silbergrau, glatt und auch im hohen Alter kaum rissig (keine Borkenbildung).

Öko: Die Rot-Buche ist der häufigste natürlich in Mitteleuropa vorkommende Waldbaum. Sie bevorzugt mäßig feuchte Standorte. Naturverjüngung ist auch unter sehr schattigen Bedingungen möglich. Braune Blattspitzen im Frühsommer werden durch die Larve eines Käfers, des Buchen-Springrüsslers, hervorgerufen.

Übrigens: Buchenholz ist schwach rötlich (Name!). Es ist vielseitig verwendbar (Zelluloseindustrie, Möbelholz). Bucheckern wurden vor allem in Notzeiten zur Ölgewinnung genutzt. „Buchstabe" leitet sich möglicherweise von Runenstäbchen aus Buchenholz ab. Auch in vielen Ortsnamen ist das Wort „Buche" enthalten. Die Blutbuche ist eine Form mit dunkelrotem Laub.

L(3)　F5　Rx　Nx　3　P

4 Hainbuche

(Carpinus betulus)　　　　Haselgewächse

↑ bis 25 m　　🌸 März — Mai

Blätter etwas faltig und scharf doppelt gesägt. Stamm mit gedrehten Längswülsten; Borke glatt, dunkelgrau mit helleren Längsstreifen. Männliche und weibliche Blüten in getrennten Kätzchen.

Öko: Die Hainbuche wächst in krautreichen Laubwäldern tiefer und mittlerer Lagen. Sie ist häufig mit Eichen vergesellschaftet. Meistens wird sie nicht älter als 150 Jahre.

Übrigens: Wegen ihres weißlichen harten Holzes nennt man die Hainbuche auch „Weißbuche". Abgeschlagene Stümpfe treiben sehr gut wieder aus. Das machte man sich früher zunutze. Nach 15 bis 20 Jahren konnte man den sogenannten Stockausschlag ernten und verarbeiten (Niederwaldwirtschaft). Heute ist die Hainbuche ein beliebtes Heckengehölz.

L(4)　Fx　Rx　Nx　3　P

1 Eibe

2a Abendländischer Lebensbaum

2b Abendländischer Lebensbaum

2c Scheinzypresse

3 Rot-Buche

4 Hainbuche

117

1 Echte Traubenkirsche

(Padus avium)   Rosengewächse

↑ bis 25 m   ❀ April — Mai

Blätter elliptisch bis eiförmig und zugespitzt; mit gesägtem Rand. Am Grund des Blattstiels 2 kurz gestielte Nektardrüsen. Blüten in 10 — 15 cm langen Trauben. Früchte kugelig, schwarz. Die häufig verwilderte **Späte Traubenkirsche** *(P. serotina)* hat ledrige, glänzende Blätter. Sie blüht erst im Juni oder Juli.

Öko: Die Echte Traubenkirsche wächst z. B. in Auenwäldern oder an Waldrändern auf feuchten, mineralsalzreicheren Böden. Die aus Amerika eingeführte Späte Traubenkirsche kann sich auf sandigen, mageren Böden sehr stark ausbreiten („Waldpest").

Übrigens: Der etwas unangenehm süßliche Geruch der Blüten lockt Fliegen an. Zerriebene Blätter und Rinde riechen nach bitteren Mandeln (Blausäure). Aus den Früchten kann man Saft, Kompott oder Likör herstellen.

L(5)   F=   R7   N6   3   N, P

2 Zitter-Pappel

(Populus tremula)   Weidengewächse

↑ bis 30 m   ❀ März — April

Blätter rundlich; mit langen, seitlich abgeflachten Stielen, die schon der schwächste Windhauch bewegt (Name!). Blätter der Jungpflanzen auffallend 3-eckig. Pflanze zweihäusig. Die **Schwarz-Pappel** *(P. nigra)* hat ei- bis rautenförmige, stumpf gezähnte Blätter. Es gibt mehrere Pappelarten und Kreuzungen. △

Öko: Die Zitter-Pappel besiedelt als Pionierbaum Waldränder, Gebüsche und Lichtungen auf mäßig feuchten Böden. Durch Wurzelausläufer kann sie sich rasch flächenhaft ausbreiten. Die weiblichen Kätzchen der Pappeln bilden sehr leichte Flugsamen („Pappelwolle").

Übrigens: Die Zitter-Pappel wird auch „Espe" genannt („Zittern wie Espenlaub"). Die säulenförmige Pyramiden-Pappel ist eine Zuchtform der Schwarz-Pappel. Besonders auffallend ist die **Silber-Pappel** *(P. alba)*, mit ihren gelappten, unterseits silbrig weißen Blättern.

L(6)   F5   Rx   Nx   3   P

3 Sal-Weide

(Salix caprea)   Weidengewächse

↑ bis 10 m   ❀ März — April

Blätter rundlich oval und 3 — 10 cm lang; oberseits runzlig und unterseits weißfilzig. Pflanze zweihäusig. Blüten in ährenartigen Kätzchen. Die Sal-Weide bildet Bastarde mit anderen Weidenarten. △

Öko: Die Sal-Weide ist eine Pionierpflanze auf Waldschlägen, an Waldrändern sowie auf Ruderalflächen. Sie bevorzugt relativ feuchte, stickstoffreiche Böden. Die weiblichen Kätzchen der Weidenarten sind grünlich weiß, die männlichen zunächst silbrig, später durch die herausragenden Staubbeutel leuchtend gelb. Die Fruchtkapseln entlassen Ende Mai sehr kleine Samen mit langem Haarschopf.

Übrigens: Die männlichen Blütenzweige werden als Palmsonntagszweige verwendet. Aus der gerbstoffreichen Rinde isolierte man früher Salicylsäure. Acetylsalicylsäure ist ein wichtiger Wirkstoff in Kopfschmerztabletten. Es gibt viele andere Weidenarten (vgl. S. 189).

L7   F6   R7   N7   3   N, P

4 Hänge-Birke

(Betula pendula)   Birkengewächse

↑ bis 30 m   ❀ April — Mai

Borke auffallend weiß gefärbt; erst im Alter tief rissig und dann dunkler. Blätter rautenförmig, gezähnt oder gesägt, lang gestielt und kahl. Zweige dünn und weit überhängend. Die **Moor-Birke** *(B. pubescens)* hat behaarte Blätter und Blattstiele und starre Zweige. △

Öko: Die lichtliebende Hänge-Birke wächst als Pionierpflanze auf Lichtungen und an Waldrändern, auf Brachflächen und Ruinengrundstücken, sogar in Mauerfugen. Sie stellt keine besonderen Ansprüche an den Boden.

Übrigens: Die Birke liefert leichtes Furnierholz und wird als Kaminholz besonders geschätzt. Birkenauszüge werden in Mitteln gegen Hauterkrankungen und Schuppen verwendet. Dichte Verzweigungen in der Birkenkrone („Hexenbesen") werden von einem Pilz hervorgerufen.

L(7)   Fx   Rx   Nx   3   P

1 Echte Traubenkirsche

2a Zitter-Pappel / „Pappelwolle"

2b Schwarz-Pappel

2c Silber-Pappel

3 Sal-Weide / ♂ Kätzchen

4a Hänge-Birke / „Hexenbesen"

119

1 Stiel-Eiche
(Quercus robur)   Buchengewächse

↑ bis 50 m   ❀ Mai

Blätter gebuchtet und kurz gestielt; Blattgrund schwach herzförmig. Fruchtbecher mit bis zu 6 cm langen Stielen. Typisch knorriger Wuchs. Die Blätter der ähnlichen **Trauben-Eiche** *(Q. petraea)* haben etwa 3 cm lange Stiele und laufen am Blattgrund keilförmig zu. Die Stiele der Fruchtbecher sind nur bis 1 cm lang. Die beiden Eichenarten können Bastarde bilden. △

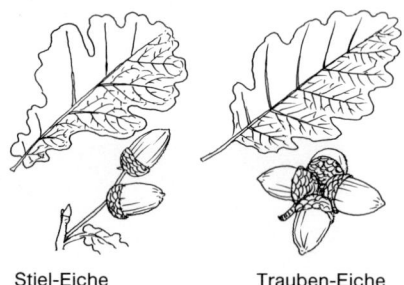

Stiel-Eiche   Trauben-Eiche

Öko: Die Stiel-Eiche wächst in Laubmischwäldern tiefer und mittlerer Lagen. Sie hat keine besonderen Bodenansprüche. Als lichtliebende Baumart kann sie nur die Vorherrschaft gewinnen, wenn die Standorte für Buchen zu trocken oder zu feucht werden. Eichen können über 1000 Jahre alt werden. An und von Eichen leben besonders viele Insektenarten, u. a. auch der größte einheimische Käfer, der Hirschkäfer. Die Eicheln werden als „Versteckfrüchte" von Eichhörnchen und Eichelhähern verbreitet.

Übrigens: Das gerbstoffreiche, dauerhafte Eichenholz wurde früher im Schiffsbau und im Hausbau verwendet. Heute ist es als Möbel- und Furnierholz gefragt. Aus der Rinde junger Eichen gewann man Gerberlohe. Aus den Gerbstoffen der Eichengalläpfel — das sind von parasitischen Insekten verursachte Wachstumsstörungen — gewann man eine urkundenfeste Tinte. Eichenwälder spielten außerdem eine wichtige Rolle bei der Schweinemast. Als heilige Bäume waren die Eichen bei den Germanen dem Thor geweiht. In Wäldern und Parks wird die nordamerikanische **Rot-Eiche** *(Q. rubra)* häufig angepflanzt.

L(7)   Fx   Rx   Nx   3   P

2 Berg-Ahorn
(Acer pseudoplatanus)   Ahorngewächse

↑ bis 30 m   ❀ Mai

Blätter handförmig gelappt und gegenständig. Früchte typisch zweiflügelig. Der **Spitz-Ahorn** *(A. platanoides)* hat lang zugespitzte Blattlappen, der **Feld-Ahorn** *(A. campestre)* stumpflappige, kleinere Blätter.

Öko: Der Berg-Ahorn besiedelt krautreiche Laubwälder auf mineralsalzreichen, relativ feuchten Böden — bevorzugt in Hanglagen. Im Herbst erscheinen häufig schwarze, teerartige Flecken auf den Blättern, die von einem Pilz (Ahorn-Runzelschorf) gebildet werden.

Übrigens: Der Berg-Ahorn liefert gutes Nutzholz. Sein Blutungssaft wurde früher teilweise zur Zuckergewinnung genutzt. Das schön gemaserte Holz des Feld-Ahorns (Maßholder) wurde zu Drechslerarbeiten verwendet. Der häufig in Parkanlagen angepflanzte **Silber-Ahorn** *(A. saccharinum)* hat schmale, unterseits weißfilzige Blattlappen.

L(4)   F6   Rx   N7   3   P

3 Platane
(Platanus x hispanica)   Platanengewächse

↑ bis 35 m   ❀ Mai

Blätter gelappt, unterseits weißfilzig. Stämme mit charakteristisch flächig abblätternder Borke. Aus den weiblichen Blütenständen entwickeln sich kugelige, dicht gepackte Fruchtstände, die an langen Stielen herabhängen.

Öko: Die Platane ist ein anspruchsloser Park- und Alleebaum. Sie bevorzugt tiefgründige, feuchte Böden.

Übrigens: Die bei uns angepflanzte Platane ist ein Bastard aus der nordamerikanischen Abendländischen Platane *(P. occidentalis)* und der Orientalischen Platane *(P. orientalis)*, die aus Südosteuropa bzw. Westasien stammen. Im Orient haben Platanen als Dorfmittelpunkt und heilige Bäume zum Teil ähnliche Bedeutung wie bei uns die Linden. Platanen vertragen Luftbelastungen besonders gut und sind unempfindlich gegen Sommertrockenheit.

                               3   P

1a Stiel-Eiche

1b Rot-Eiche

2a Berg-Ahorn

2b Spitz-Ahorn

2c Feld-Ahorn

2d Silber-Ahorn

3 Platane / Borke

121

1 Winter-Linde

(Tilia cordata)   Lindengewächse

↑ bis 30 m   ❀ Juni — Juli

Blätter herzförmig; unterseits mit rötlich braunen Haarbüscheln in den Aderwinkeln. Die Blätter der **Sommer-Linde** *(T. platyphyllos)* sind kurz behaart und tragen helle Haarbüschel auf der Unterseite. △

Öko: Die Winter-Linde bevorzugt sommerwarme Laubmischwälder auf tiefgründigen, mäßig stickstoffreichen Böden. Ihre nektarreichen, vor allem abends und nachts stark süßlich duftenden Blüten werden vorwiegend von Bienen und Hummeln besucht. Ein teilweise mit dem Stiel des Fruchtstands verwachsenes schmales Blatt dient der Windverbreitung der Früchte.

Übrigens: Lindenblütentee ist ein schweißtreibendes Hausmittel. Früher markierten Dorflinden den Mittelpunkt der Siedlung und unter Gerichtslinden wurde Recht gesprochen.

L(5)   F5   Rx   N5   3   P

2 Berg-Ulme

(Ulmus glabra)   Ulmengewächse

↑ bis 40 m   ❀ März — April

Blätter rauhaarig, im obersten Drittel am breitesten; 8 — 15 cm lang, mit asymmetrischem Blattgrund; Schattenblätter häufig 3-spitzig. Die **Feld-Ulme** *(U. minor)* hat kleinere Blätter, die etwa an der Mitte am breitesten sind. Die Ulmen-Arten, insbesondere Bastarde und Zuchtformen, sind schwer bestimmbar. △

Öko: Ulmen besiedeln Schluchtwälder, schattige Hangwälder und flussfernere Bereiche der Auen. Sie wurden oft als Stadt- und Parkbäume angepflanzt. Blüten erscheinen noch vor dem Laubaustrieb büschelig gehäuft. Während des Laubaustriebs bilden sich hellgrüne geflügelte Nüsse, die sehr gut vom Wind verbreitet werden.

Übrigens: Ulmen liefern wertvolles Möbelholz (Rüster). Das von einem Pilz hervorgerufene Ulmensterben hat vielerorts zu einer fast vollständigen Vernichtung der Ulmenbestände geführt. Überträger des Pilzes ist der Ulmen-Splintkäfer.

L(4)   F6   R7   N7   3   P

3 Rosskastanie

(Aesculus hippocastanum)   Rosskastaniengew.

↑ bis 30 m   ❀ Mai — Juni

Blätter gefingert, oft sehr groß. Blüten weiß oder rot, in großer Rispe. Früchte kugelig-stachlig; sie brechen auf, wenn sie reif sind, und entlassen die typischen glänzend braunen Samen („Kastanien"). Stamm häufig gedreht.

Öko: Die Rosskastanie ist ein häufiger Chaussee- und Parkbaum. Sie gedeiht besonders in Auen- und Schluchtwäldern. Die Blütenrispen enthalten zwittrige und männliche, selten auch rein weibliche Blüten. Die zunächst gelben Flecken der Kronblätter werden allmählich orange und zuletzt karminrot. Dann wird kein Nektar mehr produziert. Bienen lernen das schnell.

Übrigens: Ursprünglich in südosteuropäischen und kleinasiatischen Schluchtwäldern zuhause, wurde die Rosskastanie im 16. Jahrhundert von Istanbul nach Europa eingeführt. Ihre gerbstoffreichen Samen eignen sich allenfalls als Futter, z. B. für Schweine oder Pferde. Die Vorsilbe „Ross-" bedeutet möglicherweise nur „minderwertig". Rosskastanienextrakt fördert die Durchblutung.

              3   P   Neo

4 Ess-Kastanie

(Castanea sativa)   Buchengewächse

↑ bis 30 m   ❀ Juni

Blätter bis 20 cm lang, lanzettlich und stachlig gezähnt. Männliche Blüten in langen weißen Rispen. Aus weiblichen Blütenständen entwickeln sich igelartig stachlige Fruchtbecher mit in der Regel drei Früchten (Maronen).

Öko: Die Ess-Kastanie kommt bei uns auf kalkarmen, humusreichen Böden in sommerwarmen, eichenreichen Wäldern der Pfalz und im Rheinland vor. Sonst ist sie angepflanzt.

Übrigens: Ess-Kastanien wurden schon von den Römern aus Südeuropa eingeführt. Bis heute sind sie wichtige Fruchtbäume Südeuropas. Die Maronen werden nicht nur geröstet, sie dienen auch zur Herstellung von Mehl, Mus, Marmelade, Likören usw.

L(5)   Fx   R4   Nx   3   P   Ar

1 Winter-Linde

2 Berg-Ulme

3a Rosskastanie

3b Rosskastanie: Frucht

4a Ess-Kastanie

4b Ess-Kastanie: Fruchtstände

1 Echte Walnuss

(Juglans regia)   Walnussgewächse

↑ bis 30 m   ❀ Mai

Blätter 7- bis 9-teilig gefiedert, duften beim Zerreiben auffallend aromatisch. Rinde graugrünlich, zunächst glatt, später längsrissig. Frucht mit fleischiger grüner Hülle; innen Steinkern („Nuss") mit einem Samen.

Öko: Die Walnuss bevorzugt mineralsalz- und kalkhaltige Böden warmer Klimalagen. Sie wird vor allem in wärmeren Regionen angepflanzt. Teilweise ist sie verwildert.

Übrigens: Heimat der Walnuss sind das östliche Mittelmeergebiet und Westasien. Der Name bedeutet „Welsche Nuss" und weist auf die Einfuhr aus Italien hin. Zerriebene Blätter und insbesondere die grünen Fruchthüllen färben die Finger zunächst gelb, dann olivbraun. Die Blätter liefern eine Gerbstoffdroge gegen Hautleiden sowie einen braunen Wollfarbstoff, der sich auch als Haarfarbe eignet. Nussöl wurde früher z. B. für die Ölmalerei genutzt. Nussbaum ist ein beliebtes Möbelholz.

L6 F6 R7 N7 3 P Neo

2 Robinie

(Robinia pseudacacia)   Schmetterlingsblüteng.

↑ bis 25 m   ❀ Mai – Juni

Blätter 9- bis 25-teilig gefiedert, mit paarig am Blattstiel entspringenden Nebenblattdornen; Fiederblättchen ganzrandig, eiförmig. Blüten in Trauben. Hülsenfrüchte bis 10 cm lang, flach, glatt, rotbraun und glänzend.

Öko: Die Robinie ist ein typischer Pionierbaum. Sie wird vor allem an Straßenböschungen und Bahndämmen angepflanzt und ist von dort vorwiegend in wärmeren Klimalagen verwildert. Sie kann mithilfe von Knöllchenbakterien Luftstickstoff binden. Wegen der reichlichen Nektarproduktion gilt sie als Bienenfutterpflanze („Akazienhonig").

Übrigens: Die Robinie stammt aus dem östlichen Nordamerika. Sie wurde im Jahre 1601 durch J. Robin (Name!) als Stadtbaum in Paris eingeführt.

L(5) F4 Rx N8 3 P Neo

3 Gewöhnliche Esche

(Fraxinus excelsior)   Ölbaumgewächse

↑ bis 40 m   ❀ April – Mai

Blätter gegenständig und 9- bis 13-teilig gefiedert; Fiederblättchen lanzettlich bis eiförmig, mit gesägtem Rand. Winterknospen samtig schwarz. Frucht: zweisamige Nuss mit propellerartigem, einseitigem Flügel.

Öko: Die Esche gedeiht in krautreichen Auenwäldern und Waldsenken auf mineralsalzreichen Böden. Nicht selten wird sie als Straßenbaum gepflanzt.

Übrigens: Nach der germanischen Sage wird die Welt von einem großen Eschenbaum getragen. In der Volksmedizin wurde die Rinde als Wurmmittel verwendet. Das harte Holz diente früher zur Herstellung von Sportgeräten, z. B. Skiern. Wenn man die grünliche Rinde eines jungen Zweiges mit dem Messer abschabt und in ein Glas mit Wasser gibt, kann man im Sonnenlicht oder noch besser mit einer UV-Lampe vor dunklem Hintergrund eine blaugrüne Fluoreszenz beobachten.

L(4) Fx R7 N7 3 P

4 Chinesischer Götterbaum

(Ailanthus altissima)   Bittereschengewächse

↑ bis 25 m   ❀ Juli

Blätter teilweise sehr groß und 13- bis 25-teilig gefiedert; Fiederblättchen am Grund mit 1 – 2 Zähnen. Blüten unscheinbar, in dichten Rispen. Früchte mit propellerartigen Flugblättern.

Öko: Der Götterbaum wird gern in Parkanlagen angepflanzt und verwildert in wärmebegünstigten Stadtzentren, stadtnahen Industriegebieten, Bahnhofsanlagen usw. auf lockeren, mineralsalzreichen Böden lichter Standorte. Teilweise keimt er auch aus Mauerspalten und Pflasterfugen. Er vermehrt sich vegetativ durch Wurzelsprosse.

Fiederblättchen

Übrigens: Die Pflanze wurde um 1750 aus China nach Europa eingeführt. Im Herbst verfärben sich ihre Früchte leuchtend gelb bis rötlich.

L(8) F5 R7 N8 3 P Neo

1 Echte Walnuss

2 Robinie / Nebenblattdornen

3a Gewöhnliche Esche

4 Chinesischer Götterbaum

3b Gewöhnliche Esche: ♂ Blütenstände

3c Gewöhnliche Esche: Winterknospen

1 Apfel

2 Birne

3 Pflaume

4 Mirabelle

5 Pfirsich

6 Süß-Kirsche

7 Stachelbeere

9 Schwarze Johannisbeere

8 Rote Johannis-
beere

1 Gewöhnliche Haselnuss

(Corylus avellana)   Haselgewächse

↑ bis 7 m   ❀ Februar — April

Blätter unregelmäßig herzförmig, oft doppelt gesägt und beiderseits locker behaart. Blattstiele und junge Zweige drüsig und rauhaarig. Männliche Blüten in hängenden Kätzchen; weibliche Blütenstände knospenartig klein; zur Blütezeit mit roten Narben.

Öko: Die Haselnuss bevorzugt krautreiche Laubwälder, Säume und Hecken auf mäßig mineralsalzreichen Böden. Sie ist eine häufig angepflanzte Halbschattenpflanze. Eichhörnchen und Haselmäuse aber auch Vögel, z. B. Spechte und Eichelhäher, verbreiten ihre Samen. Die kleinen Löcher, die man manchmal in Haselnüssen findet, stammen vom Haselnussbohrer, einem Rüsselkäfer. Die Weibchen bohren einen Gang in junge Haselnüsse und legen ein Ei hinein. Die Larve frisst bis zum Herbst in der Nuss. Dann verlässt sie die Nuss und verpuppt sich im Boden.

Übrigens: Haselnüsse des Handels stammen meistens von der Lambertsnuss *(C. maxima)* oder von der Baum-Hasel *(C. colurna)*.

L6   Fx   Rx   N5   3   N

2 Faulbaum

(Frangula alnus)   Kreuzdorngewächse

↑ bis 5 m   ❀ Mai — Juni

Blätter ganzrandig, gegenständig. Knospen ohne Schuppen. Blüten klein und unscheinbar; in büscheligen Blütenständen. Steinfrüchte erst rot dann schwarz; oft zusammen mit den Blüten an einem Strauch.

Öko: Der Faulbaum wächst in feuchten Laubwäldern, Niederungen und am Rand von Mooren auf sauren Böden. Neben dem Kreuzdorn ist er die einzige Futterpflanze für die Raupen des Zitronenfalters.

Übrigens: Der Name „Faulbaum" stammt vom Geruch der frischen Rinde, die bis heute Bestandteil von Abführmitteln ist. Der Faulbaum wird auch „Pulverholz" genannt, da sein Holz früher zu Schießpulverkohle verarbeitet wurde.

L6   F8∿   R4   Nx   3   N

3 Blutroter Hartriegel

(Cornus sanguinea)   Hartriegelgewächse

↑ bis 5 m   ❀ Mai — Juni

Blätter gegenständig, ganzrandig, mit auffallend parallelen Seitenadern. Junge Zweige grün, besonnt rot. Blüten weiß, in doldenartigen Blütenständen. Der **Weiße Hartriegel** *(C. alba)* hat rote Zweige und weiße oder hellblaue Steinfrüchte. Die ähnliche **Kornelkirsche** *(C. mas)* hat gelbe Blüten, die vor den Blättern erscheinen. Die Aderwinkel auf der Blattunterseite tragen „Bärtchen". △

Öko: Der Blutrote Hartriegel wächst in Gebüschen und an Waldrändern. Er bevorzugt mäßig feuchte, lehmige Böden.

Übrigens: Bricht man die Blätter vorsichtig durch, bleiben zwischen den Adern dünne Fäden erhalten. Das sind die Schraubenversteifungen der Wasserleitungsbahnen.

L7   F5   R7   Nx   3   N

4 Europäisches Pfaffenhütchen

(Euonymus europaea)   Baumwürgergewächse

↑ bis 3 m   ❀ Mai — Juni

Blätter gegenständig, ganzrandig. Junge Zweige grün, später mit Korkleisten. Blüten unscheinbar. Früchte karminrote Kapseln, die beim Öffnen die orangefarbenen Samenmäntel freigeben.

Öko: Das Pfaffenhütchen gedeiht in krautreichen Auenwäldern, Gebüschsäumen und Hecken. Es wird auch angepflanzt. Es bevorzugt basenreiche, mäßig stickstoffreiche, lehmige Böden. Die Früchte werden von Vögeln (Meisen, Rotkehlchen) gefressen, die die Samen wieder auswürgen und sie so verbreiten.

Übrigens: Das harte Holz wurde früher zur Herstellung von Garnspindeln verwendet („Spindelbaum"). Der Name „Pfaffenhütchen" rührt von der Ähnlichkeit der Frucht mit der Kopfbedeckung eines Geistlichen (Pfaffen) her. Die ganze Pflanze ist schwach giftig (Alkaloide). Samen, Blätter und Rinde der Pflanze enthalten einen Bitterstoff, der Brechreiz und Durchfall hervorruft.

L6   F5   R8   N5   3   N

1 Gewöhnliche Haselnuss / ♂ und ♀
Blütenstände

2 Faulbaum

3a Blutroter Hartriegel

3b Weißer Hartriegel

3c Kornelkirsche

4 Europäisches Pfaffenhütchen

129

1 Schlehe

(Prunus spinosa)   Rosengewächse

↑ bis 5 m   ✿ März – Mai

Strauch stark verzweigt; mit nahezu waagerecht abstehenden dunklen Zweigen und Sprossdornen; junge Zweige im ersten Jahr dicht behaart. Die Blüten erscheinen vor den Blättern. Steinfrüchte kugelig, blau bereift; von saurem, zusammenziehendem Geschmack (Gerbstoffe); das Fruchtfleisch haftet am Steinkern.

Öko: Schlehen wachsen in Hecken, auf Steinriegeln, an Waldrändern. Sie bevorzugen relativ trockene Böden. Das dichte Gestrüpp bietet in Hecken brütenden Singvögeln idealen Unterschlupf. Nicht selten werden Schlehengebüsche von den Raupen des Schlehenspinners — kenntlich an ihren grauweißen Gespinsten — kahl gefressen.

Übrigens: Die Früchte können — bevorzugt nach dem ersten Frost — zu Marmelade, Kompott und Likör verarbeitet werden. Wegen der sehr dunklen Rinde ist auch der Name „Schwarzdorn" gebräuchlich.

L7   F4   R7   Nx   3   N

2 Eingriffliger Weißdorn

(Crataegus monogyna)   Rosengewächse

↑ bis 10 m   ✿ Mai – Juni

Strauch mit Sprossdornen; Rinde hell. Blätter am Grund keilförmig; mit 3 – 7 gesägten, tief eingeschnittenen Seitenlappen. Blüten bis 1,5 cm breit; mit unangenehm süßlichem Geruch. Apfelfrüchte klein und rot; mit versteinertem Kernhaus. Der **„Rotdorn"** ist eine häufig angepflanzte Variante. Der **Zweigrifflige Weißdorn** *(C. laevigata)* hat 2 oder 3 Griffeläste und weniger tief eingeschnittene Blätter. △

Öko: Der Weißdorn gedeiht an Waldrändern, in Gebüschen, Feldhecken und auf felsigen Standorten auch auf relativ trockenen, mineralsalzärmeren Böden. Die Früchte werden gerne von Drosseln gefressen.

Übrigens: Aus Blättern und Blüten werden herzstärkende Mittel gewonnen. Die Früchte sind sehr vitaminreich.

L7   F4   R8   N4   3   N, P

3 Berberitze

(Berberis vulgaris)   Berberitzengewächse

↑ bis 3 m   ✿ April – Juni

Triebe mit meist 3-teiligen Blattdornen, in deren Achseln Blattbüschel sitzen. Blätter oval und fein gezähnt. Blüten 6-zählig, in endständigen Trauben. Beeren länglich, etwa 1 cm lang und sauer.

Öko: Die Berberitze kommt in Hecken, Gebüschen und lichten Wäldern auf trockenen bis mäßig feuchten, basenreichen aber stickstoffarmen Lehmböden vor. Sie ist Zwischenwirt des Getreide-Schwarzrostes, einer Pilzkrankheit, und wurde deshalb zeitweilig bekämpft.

Übrigens: Die Blüten haben reizbare Staubfäden. Berührt man sie auf der Innenseite, klappen sie dem Griffel zu. Wegen der sauren Früchte wird die Berberitze auch „Sauerdorn" genannt. Verschiedene nicht einheimische Berberitzen-Arten — zum Teil auch immergrüne — werden, vorwiegend als Hecken, in Gärten angepflanzt. Außer den Beeren sind alle Teile der Pflanze schwach giftig.

L7   F4   R8   N3   3   N

4 Sanddorn

(Hippophae rhamnoides)   Ölweidengewächse

↑ bis 5 m   ✿ März – Mai

Triebe mit Sprossdornen. Blätter wechselständig, lineal-lanzettlich; oberseits dunkelgrün, unterseits silbrig, mit einzelnen kupferfarbenen Schuppen. Pflanze zweihäusig; männliche Blüten in kleinen Kätzchen, weibliche in wenigblütigen Trauben. Frucht fleischig, orangerot, 7 – 8 mm breit.

Öko: Der Sanddorn ist eine typische Pionierpflanze an Flussufern, in Kiesgruben und auf kalkhaltigen Küstendünen. Er kann sich durch Wurzelausläufer sehr rasch ausbreiten und wird häufig angepflanzt. Die lang am Strauch bleibenden Steinfrüchte sind für Vögel ein wichtiges Winterfutter.

Übrigens: Die Früchte sind sehr Vitamin-C-reich. Der Presssaft wird mithilfe von Holzquetschen am Zweig gewonnen.

L9   F4 ∼   R8   N3   3   N

1a Schlehe

1b Schlehenhecke

2a Eingriffliger Weißdorn

2b „Rotdorn"

3 Berberitze

4 Sanddorn

131

1 Vogelbeere

(Sorbus aucuparia)   Rosengewächse

↑ bis 15 m   ❀ Mai – Juni

Blätter gefiedert und wechselständig. Blüten in doldenartigen Blütenständen, mit unangenehm süßlichem Geruch. Früchte bis 1 cm breit und orange bis rot.

Öko: Die Vogelbeere wächst in Laub- und Nadelwäldern und kann bis zur Baumgrenze aufsteigen. Sie bevorzugt kalkarme, relativ saure Böden. Häufig wird sie als Straßenbaum angepflanzt.

Übrigens: Aus den Vitamin-C-reichen Früchten lässt sich eine gute Marmelade bereiten. Unreife Früchte sind schwach giftig (abführend); sie werden jedoch durch Kochen genießbar. Früher wurden „Vogelbeeren" zum Anlocken beim Vogelfang genutzt. Wegen der eschenähnlichen Fiederblätter wird die Pflanze auch „Eberesche" genannt.

Echte   Schwedische
Mehlbeere   Mehlbeere

Die **Echte Mehlbeere** *(S. aria)* hat ungeteilte, unterseits weißfilzige Blätter. Sie ist typisch für warme Standorte mit kalkhaltigen Böden. Die **Schwedische Mehlbeere** *(S. intermedia)* ist ein häufiger Straßenbaum (Heimat Südskandinavien). Sie hat buchtig gesägte, leicht weißgraue Blätter.

L(6)   Fx   R4   Nx   3   P, N

2 Schwarzer Holunder

(Sambucus nigra)   Geißblattgewächse

↑ bis 7 m   ❀ Mai – Juli

Blätter 5- bis 7-teilig gefiedert; Fiederblättchen mit gesägtem Rand. Blütenstände tellerartig und stark süßlich duftend. Steinfrüchte schwarzviolett mit dunkelrotem Saft. Borke hellbraun und rissig; Zweige mit weißem Mark. Der **Trauben-Holunder** *(S. racemosa)* hat rote Beeren in traubenförmigen Fruchtständen. Das Mark der Zweige ist braun.

Öko: Der Schwarze Holunder ist für mäßig feuchte Wälder und Waldränder, Hecken, Schläge und Säume auf sehr stickstoffreichem Untergrund charakteristisch. Er gedeiht auch auf Schuttplätzen und im Umfeld menschlicher Siedlungen (Eutrophierungszeiger).

Übrigens: Tee aus Holunderblüten („Fliederblütentee") und heißer Holunderbeerensaft wirken harntreibend und fiebensenkend. Sie werden deshalb bei Erkältungskrankheiten eingesetzt. Die unreifen Früchte sind schwach giftig. Aus in Pfannkuchenteig getauchten Blütenständen backt man Holunderküchlein.

L7   F5   Rx   N9   3   N

3 Gewöhnlicher Schneeball

(Viburnum opulus)   Geißblattgewächse

↑ bis 3 m   ❀ Mai – Juni

Blätter gegenständig, 3- bis 5-lappig; Blattstiele kurz und unterhalb der Spreite mit zwei Drüsen. Zweige leicht kantig. Blütenstand doldenartig; Randblüten groß, innere kleiner. Früchte scharlachrot; sie bleiben bis in den Winter hinein am Strauch.

Öko: Der Gewöhnliche Schneeball gedeiht in Gebüschen und Hecken, in Auenwäldern und an Ufern. Er bevorzugt mineralsalzreichere Lehm- oder Tonböden. Die großen Randblüten des Blütenstandes sind steril. Sie dienen dazu, Insekten anzulocken. Die Pflanze wird vor allem von Fliegen bestäubt. Das Weibchen des Schneeballkäfers nagt im Spätsommer kleine Vertiefungen in die Zweige und legt dort 250 bis 500 Eier ab. Die Vertiefungen werden mit Sekret verschlossen. Nach dem Winter schlüpfen die Larven und zerfressen in April und Mai die Schneeballblätter.

Übrigens: Rinde, Blätter und unreife Früchte des Gewöhnlichen Schneeballs enthalten verschiedene Giftstoffe. Eine Zuchtform des Strauches mit kugeligen Blütenständen wird oft in Gärten angepflanzt. Der **Wollige Schneeball** *(V. lantana)* hat oval-eiförmige, fein gesägte, unterseits dicht sternfilzige Blätter (Lupe!). Der wärmeliebende Strauch fehlt in Norddeutschland.

L6   Fx   R7   N6   3   N

1b Echte Mehlbeere

1c Schwedische Mehlbeere

1a Vogelbeere

2a Schwarzer Holunder

2b Trauben-Holunder

3a Gewöhnlicher Schneeball

3b Wolliger Schneeball

133

1 Himbeere

(Rubus idaeus) Rosengewächse

↑ bis 2 m ❀ Mai — Juni

Triebe verholzt, mit dünnen Stacheln; aufrecht und im oberen Teil etwas überhängend. Blätter 5-teilig gefiedert, hellgrün und unterseits weißfilzig. Früchte rot, aus vielen kleinen Steinfrüchtchen zusammengesetzt; sie lösen sich leicht vom Fruchtboden.

Öko: Die Himbeere gedeiht in Hochstaudenfluren, auf Lichtungen und an Waldwegen auf humusreichen Böden mit mäßigem Stickstoffgehalt. Ihr sehr zuckerhaltiger Nektar gilt als gutes Bienenfutter. Wie bei den Brombeeren wachsen zunächst unverzweigte Triebe, die im zweiten Jahr Seitentriebe mit Blüten und Früchten bilden und dann absterben.

Übrigens: Es gibt zahlreiche Kultursorten mit zum Teil wesentlich größeren Früchten.

L7 Fx Rx N6 3 N

2 Brombeere

(Rubus fruticosus) Rosengewächse

↑ bis 2 m ❀ Mai — August

Sprosse verholzt, mit mehr oder weniger großen Stacheln; sehr vielgestaltig: aufsteigend, überhängend oder mehr oder weniger am Boden kriechend. Blätter 3- bis 5-teilig gefingert. Früchte schwarz glänzend oder bereift und aus vielen Steinfrüchtchen zusammengesetzt. △

Öko: Brombeeren besiedeln Waldränder und Lichtungen, Hecken und Gebüsche auf kalkfreien Böden. Im ersten Jahr bilden sie unverzweigte Sprosse, im zweiten Jahr Seitenzweige mit Blüten und Früchten. Danach sterben die Triebe ab. Mit ihren langen bestachelten Trieben können sie an anderen Sträuchern oder Bäumen emporklimmen (Spreizklimmer).

Übrigens: Zu den Brombeeren zählt man zahlreiche, zum Teil nur schwer unterscheidbare Arten unterschiedlicher ökologischer Ansprüche. Die kräftige Garten-Brombeere *(R. armeniacus)* ist an vielen Stellen verwildert. Brombeerfrüchte eignen sich gut zur Bereitung von Marmelade, Saft, Likören und Kompott.

L7—9 F4—6 Rx Nx 3 N

3 Hunds-Rose

(Rosa canina) Rosengewächse

↑ bis 3 m ❀ Juni

Blätter 5- bis 7-teilig gefiedert; an stachligen, bogig überhängenden Trieben. Blüten groß, weiß bis hellrosa; meist mehrere im Blütenstand; Kelchblätter gefiedert, nach der Blüte zurückgeschlagen; sie fallen früh ab. Rote Früchte (Hagebutten) schlank-eiförmig. Es gibt zahlreiche ähnliche Wildrosenarten. △

Öko: Die Hunds-Rose wächst an Waldrändern, in Feldhecken, auf Weiden sowie auf Ödland. Mit ihren langen Trieben kann sie an Sträuchern und Bäumen emporklimmen (Spreizklimmer). Rosenbüsche bieten Unterschlupf für viele Tierarten, insbesondere für Vögel, die in Hecken brüten. Fruchtähnlich aussehende filzige Auswüchse an Rosentrieben („Rosenäpfel") beherbergen die Larven der Rosen-Gallwespe.

Übrigens: Im Gegensatz zu den Wildrosen mit ihren fünf Kronblättern haben Kulturrosen in der Regel zahlreiche eng ineinander geschachtelte Kronblätter („gefüllte" Blüten). Heute kennt man mehr als 2500 Kulturrosen-Sorten.

L8 F4 Rx Nx 3 N

4 Kartoffel-Rose

(Rosa rugosa) Rosengewächse

↑ bis 2,5 m ❀ Mai — September

Blätter gefiedert, dunkelgrün und runzlig; an dicht stachelborstigen Trieben. Blüten 6 — 8 cm breit, meist dunkelrosa; Kelchblätter ungeteilt. Frucht (Hagebutte) kugelig abgeflacht und groß.

Öko: Die Kartoffel-Rose wird vor allem in öffentlichen Anlagen und Vorgärten angepflanzt und ist vielerorts verwildert. Sie bildet unterirdische Ausläufer, über die sie sich vor allem auf sandigen Böden, an Autobahnböschungen und auf Bahngelände stark ausbreitet. An den Küsten und auf den Inseln besteht die Gefahr, dass sie natürliche Dünenpflanzen verdrängt.

Übrigens: Die Kartoffel-Rose ist aus Küstengebieten Ostasiens eingebürgert. Ihre großen, sehr Vitamin-C-reichen Hagebutten eignen sich sehr gut zur Bereitung von Marmelade.

L8 F5 R- N- 3 N Neo

1 Himbeere

2 Brombeere

3 Hunds-Rose

4 Kartoffel-Rose

1 Gewöhnlicher Wacholder

(Juniperus communis)   Zypressengewächse

↑ bis 12 m   ❀ April — Mai   🦉

Sträucher mit säulenförmigem Wuchs. Nadeln bis 2 cm lang, 1,5 mm breit und fein zugespitzt; zu 3 in einem Quirl. Pflanze zweihäusig. Fleischige „Wacholderbeeren". Beim Zerreiben duften Nadeln und Früchte aromatisch.   △

Öko: Der Wacholder ist eine tief wurzelnde Lichtholzart. Er wächst auf Magerweiden, Heideflächen, Sanddünen und felsigen Standorten sowie in lichten, trockenen Wäldern. Wacholderheiden werden durch Schafbeweidung gefördert, denn die Schafe verbeißen konkurrierende Gehölze.

Übrigens: Wacholderbeeren enthalten etherische Öle. Sie dienen als Gewürz für Sauerkraut und fette Speisen sowie zur Herstellung von Wacholderschnaps (Gin, Genever). Verschiedene nicht einheimische Wacholderarten und Züchtungen werden häufig in Vorgärten oder auf Friedhöfen angepflanzt.

L8   F4   Rx   Nx   3   N

2 Heidelbeere

(Vaccinium myrtillus)   Heidekrautgewächse

↑ bis 50 cm   ❀ April — August

Blätter wechselständig, bis 2,5 cm lang, eiförmig, mit fein gesägtem Rand; sie fallen im Winter ab. Äste grün, schmal geflügelt. Frucht eine blauschwarze, bereifte Beere. Die **Preiselbeere** *(V. vitis-idaea)* hat immergrüne, ledrig glänzende, ganzrandige Blätter und rote Beeren.

Öko: Die Heidelbeere bevorzugt lichte Laub- und Nadelwälder auf sauren, mineralsalzarmen Böden feuchter Klimalagen. Sie ist spätfrostempfindlich, kann aber bei einer schützenden Schneedecke auch über die Baumgrenze aufsteigen. Sie vermehrt sich durch unterirdische Triebe und kann auf diese Weise großflächige Bestände bilden.

Übrigens: Aus den aromatischen Früchten der Heidelbeere (Blaubeeren) kann man Kompott und Marmelade bereiten. Neben der Wildart kennt man auch großfrüchtige Gartensorten.

L5   Fx   R2   N3   3   Z

3 Besenheide

(Calluna vulgaris)   Heidekrautgewächse

↑ bis 1 m   ❀ August — Oktober

Blätter klein und eingerollt; sie wirken wie Nadeln. Blüten glockig; sie entwickeln sich zu Samenkapseln mit sehr kleinen Samen.

Öko: Die Besenheide ist in Wäldern, auf Heiden und Mooren zu finden. Sie bevorzugt sehr saure, mineralsalzarme Standorte. Der langsamwüchsige Zwergstrauch wird meist nur 10 bis 15 Jahre alt.

Übrigens: Früher waren aufgrund von Schafbeweidung große Flächen von Besenheide bestanden (z.B. Lüneburger Heide). Die Pflanze wurde zur Besenherstellung verwendet (Name!). In Vorgärten und auf Friedhöfen werden noch mehrere andere Heidekrautgewächse angepflanzt, z.B. die **Schneeheide** *(Erica carnea)*, die manchmal schon im Winter blüht.

L8   Fx   R1   N1   3   Z

4 Stechpalme

(Ilex aquifolium)   Stechpalmengewächse

↑ bis 6 m   ❀ Mai — Juni   🦉 ☠

Blätter immergrün und ledrig, mit gewelltem, stachligem Rand; daneben auch ganzrandige Altersblätter. Pflanze zweihäusig.

Öko: Die Stechpalme gedeiht als Unterwuchs in Laubwäldern und Buchen-Tannen-Wäldern wintermilder Klimalagen. Höher gewachsene Pflanzen frieren oft zurück, da sie vor allem die kalten, austrocknenden Ostwinde des zeitigen Frühjahrs nicht ertragen. Die Stechpalme wird auch als Zierstrauch angepflanzt. Es gibt zahlreiche Kultursorten.

Jugendblatt und
Altersblatt

Übrigens: Blätter und Früchte enthalten stark wirkende Gifte. Die fruchtenden Zweige der beliebten Zierpflanze („Ilex") werden häufig in Gestecken und in der Kranzbinderei verwendet. Wie andere Immergrüne gilt auch die Stechpalme als Sinnbild des ewigen Lebens.

L(4)   F5   R4   N5   3   P

1 Gewöhnlicher Wacholder

3a Besenheide

2a Heidelbeere

3b Schneeheide

2b Preiselbeere

4 Stechpalme

137

1 Forsythie

2 Pfeifenstrauch

3 Deutzie

4 Spierstrauch

5 Schneebeere

6a Felsenbirne

6b Felsenbirne

7 Weigelie

9 Rhododendron

8 Flieder

10 Sommerflieder

1 Japanische Kirsche

2 Blut-Johannisbeere

3 Stern-Magnolie

4 Runzelblättriger Schneeball

5 Goldregen

6 Ranunkelstrauch

140

7 Zaubernuss

8 Liguster

9 Buchsbaum

10 Mahonie

11 Zwergmispel

1 Gewöhnliche Waldrebe

(Clematis vitalba)   Hahnenfußgewächse

↑ bis 15 m   ❀ Juni — August

Linkswindende Kletterpflanze; Sprossachsen verholzt. Blätter gefiedert; Blattstiele als Ranken ausgebildet, bleiben nach dem Blattfall erhalten. Blütenstände doldenartig; aus jeder Blüte entstehen zahlreiche Nüsschen mit schwanzartig verlängerten, behaarten Griffeln (Federschweifflieger).

Öko: Die Waldrebe bevorzugt Auenwälder, Säume und Gebüsche auf mäßig feuchten, mineralsalzreichen Böden. In der norddeutschen Tiefebene kommt sie nur verwildert vor — vor allem auch in Städten, an Bahndämmen usw. Der unangenehm süßliche Geruch der Blüten lockt vorwiegend Fliegen und Käfer an.

Übrigens: Für Lianen typisch sind die sehr weiten Wasserleitungsbahnen, durch die man Luft oder Rauch blasen kann. Im Sprossquerschnitt sind sie mit bloßem Auge zu erkennen. Zahlreiche, oft großblütige Waldreben-Arten sind beliebte Zierpflanzen (vgl. S. 19).

L7 F5 R7 N7   Pli

2 Wald-Geißblatt

(Lonicera periclymenum)   Geißblattgewächse

↑ bis 5 m   ❀ Juni — August

Rechtswindende Kletterpflanze. Blätter oval und ganzrandig. Blüten kopfig gehäuft; Kronröhre bis 4 cm lang; reife Beeren rot.

Öko: Das Wald-Geißblatt bevorzugt Wälder und Gebüsche auf sauren, kalkarmen Böden. In den Blättern sieht man häufig den weißlichen Fraßgang der Larve einer Minierfliege.

Übrigens: Die vor allem nachts und abends stark duftenden Nachtschwärmerblüten führten vermutlich zum Namen „Jelängerjelieber", mit dem vor allem auch Gartenarten benannt werden (vgl. S. 21). Die Beeren der Pflanze sind schwach giftig. Die verwandte **Rote Heckenkirsche** *(L. xylosteum)* ist ein nicht windender Strauch. Sie hat paarig in den Blattachseln stehende Blüten und entwickelt typische rote „Doppelbeeren".

L6 Fx R3 N4   3   Nli

3 Hopfen

(Humulus lupulus)   Hanfgewächse

↑ bis 6 m   ❀ Juli — August

Rechtswindende Kletterpflanze; Sprosse nicht verholzt, sie werden jedes Jahr neu gebildet. Blätter tief handförmig gelappt. Die beim Klettern hilfreichen feinen Widerhaken an Blättern und Sprossachsen kann man gut fühlen.

Öko: Der Hopfen wächst in Auenwäldern, Hecken und Gehölzsäumen auf feuchten bis nassen, stickstoffreichen Böden. In sommerwarmen Lagen wird er auch angebaut.

Übrigens: Es werden nur weibliche Pflanzen kultiviert. Diese werden vegetativ über Steckhölzer vermehrt. Die Drüsenhaare der weiblichen Blütenstände enthalten Bitterstoffe, die dem Bier als Geschmacksstoff und zum Haltbarmachen zugesetzt werden. Sie sind auch Bestandteil von Beruhigungsmitteln.

L7 F8= R6 N8   3   Hli

4 Laubholz-Mistel

(Viscum album)   Mistelgewächse

↑ bis 50 cm   ❀ März — Mai

Aufsitzerpflanze; sie wächst auf den Ästen von Laubbäumen. Triebe grün und reich verzweigt. Blätter schmal, gegenständig. Die kugeligen Mistelpflanzen kann man im Gegenlicht für „Hexenbesen" halten (vgl. S. 119).

Öko: Die Mistel ist ein Halbschmarotzer — besonders häufig auf Pappeln und alten Obstbäumen. Sie entzieht ihren Wirten Mineralsalze und Wasser, kann aber selbst Fotosynthese betreiben. Die Samen werden vor allem von Vögeln (z. B. von der Misteldrossel) verbreitet.

Übrigens: Die Beeren der Mistel sind schwach giftig. Die Pflanze war Zauber- und Heilmittel der keltischen Druiden und auch germanischen Stämme. In neueren Untersuchungen wurden Inhaltsstoffe nachgewiesen, die z. B. bei Gefäßerkrankungen und bei bestimmten Krebserkrankungen heilend wirken. Bis heute spielen Mistelzweige im Weihnachtsbrauchtum vor allem in Großbritannien eine wichtige Rolle (Symbol des ewigen Lebens).

L7 F- R- N-   3   Zhp/ep

Efeu (s. S. 18)

1 Gewöhnliche Waldrebe /
Fruchtstand

2a Wald-Geißblatt

2b Rote Heckenkirsche

3 Hopfen mit ♀ Zapfen

4 Laubholz-Mistel

143

1 Große Sternmiere

(Stellaria holostea)   Nelkengewächse

↑ bis 30 cm   ✽ April — Juni

Blüte 1,5 — 2 cm breit, Kronblätter bis zur Mitte gespalten und doppelt so lang wie die Kelchblätter; Blütenstand aus bis zu 15 Einzelblüten zusammengesetzt und gabelig verzweigt. Blätter schmal-lanzettlich. Stängel 4-kantig. Bei der ähnlichen **Wald-Sternmiere** *(St. nemorum)* sind die Kronblätter tiefer gespalten und die Blätter herz-eiförmig.

Große Sternmiere   Wald- Sternmiere

Öko: Die Große Sternmiere kommt — oft in großen Beständen — in Eichen-Hainbuchenwäldern oder Buchen-Mischwäldern, aber auch an Wald- und Wegrändern, in Hecken und auf naturnahen Böschungen vor. Sie bevorzugt oberflächlich kalkfreie, sandig-lehmige Böden.

Übrigens: Die Große Sternmiere überwintert als grüne Pflanze.

L5   F5   R6   N5   3   C

2 Busch-Windröschen

(Anemone nemorosa)   Hahnenfußgewächse

↑ bis 25 cm   ✽ März — Mai   ☠

Blüten außen oft leicht rötlich überlaufen. Blätter bis zum Grund handförmig („hahnenfußartig") geteilt; jeweils 3 in einem Quirl.

Öko: Das Busch-Windröschen ist wenig anspruchsvoll und kommt in Buchen- und Eichenmischwäldern, aber auch in ahorn- und eschenreichen Wäldern auf nicht zu sauren Böden vor. Es gehört zu den Frühblühern. Mit einem dünnen Kriechspross geht es bis in 15 cm Tiefe. Ameisen verbreiten die Früchte.

Übrigens: Der Kriechspross wächst an der Spitze und an den Seitenknospen. Von hinten stirbt er ab. So „kriecht" er durch die Erde. Blüten und Blätter der Pflanze sind giftig. Auf dem Wurzelstock siedelt häufig ein Pilz, der Anemonen-Becherling.

Lx   F5   Rx   Nx   3   G

3 Waldmeister

(Galium odoratum)   Rötegewächse

↑ bis 30 cm   ✽ April — Juni

Blütenstände mit jeweils 3 — 9 Einzelblüten. Blätter zu 6 — 8 in Quirlen. Stängel aufrecht und unverzweigt; Blätter und Stängel kahl. Welkende Pflanze mit typischem Duft.

Öko: Der Waldmeister ist in krautreichen Buchen- und Laubmischwäldern verbreitet. Er bevorzugt mäßig stickstoffreiche, humose Lehmböden. Trockene Böden meidet er. Bestäubt wird er von Fliegen und Bienen; die Früchte werden durch Klettwirkung verbreitet.

Übrigens: Der typische Waldmeisterduft der angewelkten Pflanzen ist auf deren hohen Cumaringehalt zurückzuführen. Die junge Pflanze wird zur Bereitung von Maibowle genutzt. Man erntet sie dazu vor der Blüte. Cumarin steht allerdings im Verdacht, Krebs erregend zu sein. Zerreibt man den Wurzelstock zwischen den Fingern, so ergibt sich eine gelbrote Färbung (Rötegewächse).

L2   F5   R6   N5   3   H

4 Wald-Sauerklee

(Oxalis acetosella)   Sauerkleegewächse

↑ bis 15 cm   ✽ April — Mai

Blüten einzeln an langen Stielen; mit fünf weißen, purpurn geaderten Kronblättern. Blätter lang gestielt und typisch 3-teilig („Kleeblätter").

Öko: Der Wald-Sauerklee bedeckt oft größere Flächen in Nadelmischwäldern, aber auch in dichten Buchen- und Eichenmischwäldern. Er bevorzugt mäßig feuchte, saure, lehmhaltige Böden. Die Pflanze benötigt als Schattengewächs nur sehr wenig Licht. Blüten, die sich nicht öffnen, bestäuben sich selbst. Früchte mit Schleuderverbreitung.

Übrigens: Beschattete Pflanzen breiten die Blätter aus. Von der Sonne beschienene Blattfiedern werden als Schutz gegen Verdunstung eingefaltet. Der Oxalsäuregehalt in den Blättern verleiht der Pflanze einen säuerlichen Geschmack (Name!). In größeren Mengen wirkt Oxalsäure gesundheitsschädlich.

L1   F5   R4   N6   3   G, H

1a Große Sternmiere   **1b** Wald-Sternmiere

Kletten-Labkraut (s. S. 60)   **3** Waldmeister

2 Busch-Windröschen   **4** Wald-Sauerklee

1 Bär-Lauch

(Allium ursinum) Liliengewächse

↑ bis 50 cm ❀ April — Juni

Blüten gestielt; bis zu 20 in einer rundlichen Dolde. Die Blätter ähneln denen des Maiglöckchens, duften aber beim Zerreiben nach Knoblauch.

Öko: In Laubwäldern bildet der Bär-Lauch oft großflächige Bestände — insbesondere auf feuchteren, mineralsalzreichen Lehm- und Tonböden in Talgründen oder an Hangfüßen des Berglandes. Er ist ein Frühblüher. In Gesellschaft des Bär-Lauchs wächst oft auch der Hohle Lerchensporn (S. 149).

Übrigens: Kühe fressen frischen Bär-Lauch sehr gern. Allerdings wird die Milch dadurch ungenießbar. Die Pflanze ist mit der Küchenzwiebel und dem Knoblauch verwandt. Ihre Blätter ergeben eine pikante Zutat für Salate.

L2 F6 R7 N8 3 G

2 Maiglöckchen

(Convallaria majalis) Liliengewächse

↑ bis 25 cm ❀ Mai — Juni

Blüten glockenförmig; in lang gestielter hängender Traube, die nach einer Seite ausgerichtet ist. Blätter parallelnervig, meist zu 2 an einer Pflanze. Die Frucht ist eine rote Beere.

Öko: Das Maiglöckchen bedeckt in Eichen- und Buchenwäldern oft größere Flächen — besonders auf relativ stickstoffarmen, lehmigen und sandigen Böden oder auf Steinböden. Es bevorzugt sommerwarme, halbschattige Lagen. Aus den Erneuerungs- und Seitenknospen des Kriechsprosses entsteht jeweils ein oberirdischer Trieb. Das Maiglöckchen ist auch als Gartenpflanze beliebt.

Übrigens: Maiglöckchenvergiftungen sind nicht selten. So gab es in Berlin einmal allein in einem Jahr 45 schwere Vergiftungsfälle. Nicht nur die Beeren, alle Pflanzenteile sind stark giftig. Bei den Germanen war das Maiglöckchen als Sinnbild der erdgebundenen Schönheit und sicherlich auch wegen seines Duftes der Frühlingsgöttin geweiht.

L5 F4 Rx N4 3 G

3 Vielblütige Weißwurz

(Polygonatum multiflorum) Liliengewächse

↑ bis 70 cm ❀ Mai — Juni

Blüten vorn trichterförmig erweitert; zu je 3 — 5 in den Blattachseln. Stängel stielrund. Frucht: blauschwarze Beere. Beim **Salomonssiegel** *(P. odoratum)* ist der Stängel kantig.

Öko: Die Vielblütige Weißwurz wächst an schattigen Standorten in krautreichen Buchen-, Eichen- und Nadelmischwäldern und bevorzugt mineralsalzreichere Lehmböden.

Übrigens: Die ganze Pflanze ist giftig. Die abgestorbenen oberirdischen Triebe verursachen an dem weißen Wurzelstock siegelartige Narben. Das „Salomonssiegel" soll die „Springwurzel" sein, mit der im Märchen Schätze gehoben und Türen aufgesprengt werden. Allerdings muss man die Wurzel erst einem Specht abjagen, der sie in seine Höhle gebracht hat.

L2 F5 R6 N5 3 G

4 Gefleckter Aronstab

(Arum maculatum) Aronstabgewächse

↑ bis 40 cm ❀ April — Juni

Blütenkolben von tütenförmigem Hüllblatt umgeben; am unteren Teil des Kolbens die weiblichen, darüber die männlichen Blüten; oberer Teil des Kolbens blütenlos. Frucht: rote Beere.

Öko: Der Aronstab ist in Laubwäldern auf feuchten, ausgesprochen stickstoffreichen, lockeren Lehm- und Tonböden häufig zu finden. Der Aasgeruch des Kolbens lockt Schmetterlingsmücken und kleine Fliegen in den Blütenkessel, wo sie durch Sperrhaare am Entweichen gehindert werden. Nach der Bestäubung vertrocknen die Sperrhaare, die Tiere können davonfliegen.

Übrigens: Nach alten Erzählungen soll die Pflanze aus dem Stab des Hohepriesters Aaron, dem Bruder Mose, gewachsen sein. Die ganze Pflanze ist giftig. Im 17. und 18. Jahrhundert hieß sie auch „Fresswurz": „Die Bauern im Sachsenland und fürnehmlich die Biersauffer fressen diese Wurzel viel, werden auch so voll wie die Säue, bedörfen selten anderer Artzneyen." (aus Haerkötter 1991).

L3 F7 R7 N8 3 G

1 Bär-Lauch

2 Maiglöckchen

3 Vielblütige Weißwurz

4 Gefleckter Aronstab

1 Wald-Ziest

(Stachys sylvatica)   Lippenblütengewächse

↑ bis 100 cm   ❀ Juni — September

Jeweils 6 Blüten in quirlartigen Blütenständen. Blätter gegenständig und nesselartig. Stängel aufrecht, 4-kantig und rau behaart.

Öko: Der Wald-Ziest bevorzugt feuchte Laubmischwälder und Gebüsche auf stickstoffreichen, humosen Lehmböden, ist aber auch an Wegrändern zu finden. Er erträgt Schatten und keimt auch im Dunkeln.

Übrigens: Die Pflanze riecht unangenehm und wird deshalb im Volksmund auch „Mülleimerpflanze" genannt .

L4   F7   R7   N7   3   H

2 Kriechender Günsel

(Ajuga reptans)   Lippenblütengewächse

↑ bis 30 cm   ❀ Mai — August

Blüten blau, selten rötlich oder weiß; kurz gestielt und zu 2 — 6 in den Achseln besonders der oberen Stängelblätter; Blütenkrone 1 — 1,5 cm lang, mit kurzer Oberlippe und großer Unterlippe; Kelch 5fach gezähnt. Grundblätter lang gestielt, ganzrandig und spatelförmig.

Öko: Man findet den Kriechenden Günsel in artenreichen Wäldern und Wiesen, bevorzugt auf feuchteren, mineralsalzreichen und humushaltigen Lehmböden. Der Günsel ist ein Flachwurzler. Mit seinen Ausläufern „kriecht" er über den Boden (Name!).

Übrigens: Der Pflanzensaft enthält Gerbstoffe, mit blutstillender Wirkung.

L6   F6   R6   N6   3   H

3 Leberblümchen

(Hepatica nobilis)   Hahnenfußgewächse

↑ bis 15 cm   ❀ März — April   🦉   ☠

Blüten blau, selten rosa oder weiß; einzeln am Stängel. Blätter grundständig, 3-lappig, unterseits violett bis rotbraun.

Öko: Das Leberblümchen gedeiht in Laubwäldern, insbesondere auf kalkhaltigen Böden. Es ist dort einer der ersten Frühblüher.

Übrigens: Wegen der „leberförmigen" Blätter glaubte man früher, das getrocknete Kraut als Heilpflanze bei Leber- und Gallenleiden verwenden zu können. Blätter und Blüten sind schwach giftig.

L4   F4   R7   N5   3   H

4 Hohler Lerchensporn

(Corydalis cava)   Erdrauchgewächse

↑ bis 35 cm   ❀ März — Mai

Blüten purpurn oder weiß; traubenförmig in den Achseln von kleinen, ganzrandigen Blättern. Beim ähnlichen **Gefingerten Lerchensporn** *(C. solida)* sind diese Blätter handförmig eingeschnitten.

Öko: Der Hohle Lerchensporn bedeckt in manchen Buchen- und Eichenwäldern, aber auch in Wein- und Obstgärten große Flächen. Er bevorzugt relativ feuchte, mineralsalz- und basenreiche Lehmböden.

Übrigens: Die kurzrüsselige Erdhummel beißt in den nektarhaltigen Blütensporn ein Loch, das dann auch von Bienen genutzt wird. Dabei wird die Pflanze um die Bestäubung „betrogen".

L3   F6   R8   N8   3   G

5 Wald-Veilchen

(Viola reichenbachiana)   Veilchengewächse

↑ bis 20 cm   ❀ März — Mai

Blüten von vorn gesehen höher als breit; mit dunkelviolettem Sporn; Blütenstiel beblättert. Beim ähnlichen **Hain-Veilchen** *(V. riviniana)* ist der Sporn weißlich. △

Öko: Das Wald-Veilchen kommt in krautreichen Laub- und Nadelmischwäldern bevorzugt auf mäßig feuchten, relativ stickstoffreichen Lehmböden vor. Die Samen werden von Ameisen verbreitet.

Übrigens: Nach der griechischen Göttersage verwandelte Zeus einst eine schöne Tochter des himmeltragenden Atlas in ein Veilchen und versteckte sie tief im Wald. Er wollte sie vor ihrem Verfolger, Phöbus mit seinem glühenden Sonnenwagen, schützen.

L4   F5   R7   N6   3   H

1 Wald-Ziest

2 Kriechender Günsel

3 Leberblümchen

4 Hohler Lerchensporn

5 Wald-Veilchen

Feld-Ehrenpreis (s. S. 60)

149

1 Wiesen-Wachtelweizen
(Melampyrum pratense) Braunwurzgewächse

↑ bis 50 cm   ✤ Mai — August

Blüten in traubigem Blütenstand; Kronblätter zu einer geraden Röhre verwachsen. Blätter gegenständig und schmal-lanzettlich. Stängel 4-kantig. Beim ähnlichen **Wald-Wachtelweizen** *(M. sylvaticum)* ist die Kronröhre gekrümmt. △

Wiesen-W.   Wald-W.

Öko: In Eichen-, Buchen- und Nadelwäldern ist der Wiesen-Wachtelweizen häufig zu finden. Er wächst auch in Mooren und bevorzugt mineralsalzarme, saure Böden. Als Halbschmarotzer zapft der Wiesen-Wachtelweizen die Wurzeln anderer Pflanzen an und entnimmt ihnen Wasser und Mineralsalze.

Übrigens: Früher glaubte man, insbesondere die Wachtel würde die weizenkornähnlichen Samen besonders gerne fressen (Name!).

Lx   Fx   R3   N2   1   Thp

2 Kleinblütiges Springkraut
(Impatiens parviflora) Balsaminengewächse

↑ bis 60 cm   ✤ Juni — September

Blüten 8 — 10 mm lang, mit trichterartigem Sporn. Frucht eine bis 2 cm lange Kapsel; reife Früchte schleudern bei Berührung die Samen aus. Blätter scharf gesägt. Das **Großblütige Springkraut** *(I. noli-tangere)* hat bis 3 cm lange Blüten und stumpf gesägte Blätter.

Öko: Das Kleinblütige Springkraut wächst in siedlungsnahen Eichen- und Buchenwäldern, an Waldrändern und Wegen und in schattigen Parkanlagen. Es bevorzugt relativ stickstoffreiche, humose Lehmböden.

Übrigens: Aus seiner westasiatischen Heimat gelangte das Kleinblütige Springkraut in Botanische Gärten. Von dort aus verwilderte es seit der ersten Hälfte des 19. Jahrhunderts.

L4   F5   Rx   N6   1   T   Neo

3 Goldnessel
(Galeobdolon luteum) Lippenblütengewächse

↑ bis 45 cm   ✤ Mai — Juli

Blüten in Quirlen in den Blattachseln der oberen Blätter; Unterlippe mit braunen Flecken. Stängel 4-kantig; unten dicht, sonst schwach behaart. Die oft verwilderte **Garten-Goldnessel** *(G. luteum var. florentinum)* ist an ihren weißfleckigen Blättern leicht von der Wildform zu unterscheiden.

Öko: Die Goldnessel wächst in krautreichen Laubwäldern und Säumen — oft in Gesellschaft des Busch-Windröschens und des Waldmeisters (S. 145). Sie bevorzugt mäßig feuchte, mäßig mineralsalzreiche Lehmböden. Die Pflanze bildet Ausläufer und bedeckt oft große Flächen. Für die Samenverbreitung sorgen Ameisen.

Übrigens: Die Pflanze sieht brennnesselähnlich aus (Name!), hat jedoch keine Brennhaare.

L3   F5   R7   N5   3   C

4 Scharbockskraut
(Ranunculus ficaria) Hahnenfußgewächse

↑ bis 30 cm   ✤ März — Mai

Blüten einzeln am Ende des Stängels; mit 3 Kelchblättern. Blätter fleischig, glänzend gelbgrün und rundlich bis nierenförmig. Stängel niederliegend; er wurzelt oftmals an den Knoten.

Öko: In Laubmischwäldern, Obstgärten und Parkanlagen ist das Scharbockskraut der häufigste Frühblüher. Es bevorzugt feuchtere, stickstoffreiche Standorte und gilt als Lehmzeiger. Fliegen und Bienen sorgen für die Bestäubung. Bei trübem Wetter bleiben die Blüten geschlossen. Die Pflanze bildet in den Blattachseln Brutknöllchen, die abfallen und später zu einer neuen Pflanze heranwachsen.

Übrigens: Das Scharbockskraut wurde früher als Heilmittel gegen Skorbut („Scharbock") verwendet, denn es enthält Vitamin C. Nach der Blüte nimmt allerdings der Giftgehalt der Pflanze zu. In den Knollen lässt sich, wie in vielen anderen pflanzlichen Speicherorganen, Stärke nachweisen.

L4   F6   R7   N7   3   G

1 Wiesen-Wachtelweizen

3a Goldnessel

2a Kleinblütiges Springkraut

3b Garten-Goldnessel

2b Großblütiges Springkraut

4 Scharbockskraut

151

1 Große Schlüsselblume

(Primula elatior) Primelgewächse

↑ bis 20 cm ❀ März – Mai

Blüten in doldenartigem Blütenstand, alle nach einer Seite gewendet; Kronblätter schwefelgelb und am Rand tellerartig abgeflacht. Die Blüten der ähnlichen **Echten Schlüsselblume** *(P. veris)* sind goldgelb und haben orangegelbe Flecken im Schlund. Sie laufen glockenförmig aus.

Öko: Die Große Schlüsselblume wächst in krautreichen Buchen-, Eichen- und Hainbuchenwäldern, in Auen- und Schluchtwäldern und auf Wiesen. Sie gedeiht besonders gut auf feuchten, stickstoffreichen, humosen Lehmböden. Nach dem Verblühen werden die Fruchtstiele starr und wirken bei Winderschütterung wie Schleudern, sodass die Samen weit ausgestreut werden.

Übrigens: Die Blüte der Schlüsselblume hat Ähnlichkeit mit einer früher verbreiteten Schlüsselform (volkstümlicher Name der Pflanze: „Himmelsschlüssel"). Nach HILDEGARD VON BINGEN (1098 – 1179) soll man die Pflanze bei Wahnvorstellungen und Besessenheitszuständen auf das Herz binden.

L6 F6 R7 N7 3 H

2 Echte Nelkenwurz

(Geum urbanum) Rosengewächse

↑ bis 90 cm ❀ Mai – Oktober

Blüten mit inneren und äußeren Kelchblättern. Grundblätter lang gestielt; Stängelblätter 3-teilig und grob gesägt.

Öko: Die Pflanze wächst in Eichen-Hainbuchenwäldern, in Auenwäldern, an Waldwegen und an schattigen Mauern. Sie benötigt mäßig feuchte, humus- und mineralsalzreiche Lehm- oder Tonböden. Die Früchte haben hakig gebogene Schnäbel und werden durch Klettwirkung verbreitet.

Übrigens: Der Duft des fingerdicken Wurzelstocks erinnert an den der Gewürznelke (Name!). Ein daraus bereiteter Tee hilft unter anderem bei Halsentzündungen.

L4 F5 Rx N7 3 H

3 Wald-Habichtskraut

(Hieracium murorum) Korbblütengewächse

↑ bis 50 cm ❀ Mai – August

Blütenköpfchen in lockerer Rispe. Nur Zungenblüten. Grundblätter rauhaarig, grob gezähnt und rosettig angeordnet. Stängel meist mit nur einem tief sitzenden Blatt. Das **Gewöhnliche Habichtskraut** *(H. lachenalii)* wird bis zu 1 m hoch und hat 3 – 5 Stängelblätter. △

Öko: Das Wald-Habichtskraut ist in kraut- und grasreichen Laub- und Nadelwäldern, aber auch an Mauern und Felsen zu finden. Es bevorzugt mäßig saure, relativ stickstoffarme Ton- und Lehmböden. Die Samen werden durch den Wind verbreitet. Das Gewöhnliche Habichtskraut wächst in lichten, bodensauren Wäldern.

Übrigens: Die Habichtskraut-Arten bilden Bastarde und sind dadurch außerordentlich vielgestaltig. Einige dieser Kreuzungen sind steril, das heißt, sie können sich nicht zweigeschlechtlich fortpflanzen. Ihre Eizellen reifen aber ohne Befruchtung zu Samen heran.

L4 F5 R5 N4 3 H

4 Fuchs-Greiskraut

(Senecio ovatus) Korbblütengewächse

↑ bis 150 cm ❀ Juli – August

Blütenköpfchen 2 – 3 cm breit, in doldenartiger Rispe; Blütenstandshülle 8-blättrig und walzenförmig; drei der äußersten Hüllblätter sind meistens abgespreizt. Blätter über 5-mal so lang wie breit. Beim ähnlichen **Hain-Greiskraut** *(S. hercynicus)* sind die Blätter 3-mal so lang wie breit. △

Fuchs-Greiskraut

Öko: Krautreiche Buchen- und Buchenmischwälder aber auch Nadelforste sind die natürlichen Lebensräume des Fuchs-Greiskrautes. Das Vorkommen der Pflanze zeigt stickstoffreiche Böden an. Fliegen, Käfer und Falter sorgen für die Bestäubung.

Übrigens: Die Bezeichnung „Greiskraut" rührt vom weißen Haarschopf der Früchte her.

L7 F5 Rx N8 3 H

1a Große Schlüsselblume

1b Echte Schlüsselblume

2 Echte Nelkenwurz

3 Wald-Habichtskraut

4 Fuchs-Greiskraut

Gewöhnliches Greiskraut (s. S. 70)

Gewöhnlicher Rainkohl (s. S. 70)

153

1 Echtes Lungenkraut

(Pulmonaria officinalis)   Raublattgewächse

↑ bis 30 cm   ❀ März — Mai

Blüten zunächst rötlich, beim Verblühen blau-violett. Blätter mit hellen Flecken; obere stängelumfassend, Grundblätter gestielt. Pflanze rauhaarig. Das **Dunkle Lungenkraut** *(P. obscura)* hat ungefleckte Blätter.

Öko: Das Echte Lungenkraut gedeiht in Rotbuchen- und Eichen-Hainbuchenwäldern auf kalkhaltigen, mäßig feuchten Lehmböden. Die langrüsselige Pelzbiene besucht nur die roten Blüten. Hummeln besuchen vergeblich auch die blauen Blüten, die keinen Nektar mehr enthalten.

Übrigens: Die Farbänderung der Blüten beruht auf einer Änderung des pH-Wertes im Zellsaft. Man vermutete früher eine Beziehung zu arteriellem und venösem Blut und verwendete die Blätter, deren Fleckung an Lungengewebe erinnert, gegen Lungenkrankheiten. Tatsächlich haben sie eine entzündungshemmende Wirkung.

L5   F5   R8   N6   3   H

2 Roter Fingerhut

(Digitalis purpurea)   Rachenblütengewächse

↑ bis 150 cm   ❀ Juni — August

Blütenkrone röhrig-glockig; vorne mit schiefem Saum, innen rötlich gefleckt. Alle Blüten sind in eine Richtung geneigt.

Öko: Der Rote Fingerhut wächst häufig auf Waldlichtungen und an Waldwegen insbesondere auf sauren Böden. Er besiedelt auch Brand- und Rodungsflächen. Die Blüten werden fast ausschließlich von Hummeln bestäubt. Die feinen Samen verbreitet der Wind.

Übrigens: Wegen der Giftwirkung verordnete der englische Arzt WITHERING im 18. Jahrhundert den Fingerhut nur armen Leuten als Mittel gegen Wassersucht. Erst der Großvater von CHARLES DARWIN soll ihn überredet haben, die wirksame Pflanze auch bei reichen Leuten einzusetzen. Herzmuskelschwächen werden noch heute mit einem Inhaltsstoff des Roten Fingerhutes, einem Alkaloid (Digitalin), behandelt.

L7   F5   R3   N6   2   H

3 Kleines Immergrün

(Vinca minor)   Hundsgiftgewächse

↑ bis 20 cm   ❀ März — Juli   ☠

Die Blüte bildet eine kurze Röhre mit nicht symmetrischen Kronzipfeln. Blätter lanzettlich, ledrig; das ganze Jahr über grün. Stängel am Grund verholzt. Das **Große Immergrün** *(V. major)* hat eiförmige, vorne zugespitzte Blätter.

Öko: Natürliche Vorkommen des Kleinen Immergrün gibt es in milden Gegenden mit hoher Luftfeuchtigkeit. Dort wächst es in Mischwäldern und Gebüschen auf mäßig feuchten, relativ mineralsalzreichen Lehm- und Tonböden. Nicht selten gelangt es mit Garten- und Friedhofsabfällen an Waldränder. Mit großer Regelmäßigkeit kommt es in alten Burgruinen und anderen aufgelassenen Siedlungsplätzen vor (Siedlungszeiger). Die Samen werden von Ameisen verschleppt. Außerdem verbreitet sich die Pflanze über Ausläufer.

Übrigens: Wegen seines stets grünen Laubes gilt das Immergrün als Sinnbild der Unsterblichkeit und der Treue. Wo es heute in Wäldern flächendeckend vorkommt, soll es auf alte Römersiedlungen hinweisen.

L4   F5   R7   N6   3   C   Ar

4 Knotige Braunwurz

(Scrophularia nodosa)   Rachenblütengew.

↑ bis 120 cm   ❀ Juni — September

Blüten in einer Rispe; unscheinbar, mit dunkelbräunlicher Oberlippe. Blätter gegenständig und doppelt gesägt. Stängel 4-kantig.

Öko: Die Pflanze kommt in feuchteren Laubwäldern, an Waldrändern und Gebüschen vor. Sie gedeiht auf stickstoffreichen, schwach sauren Ton- und Lehmböden. Insekten, insbesondere Wespen, sorgen für die Bestäubung.

Übrigens: Der Name der Pflanze geht wahrscheinlich auf ihren knolligen Wurzelstock und die bräunliche Färbung der Blüten zurück. Früher wurde die Knotige Braunwurz als Heilpflanze gegen die „Bräune", eine Halserkrankung, eingesetzt. Möglicherweise lässt sich der Name auch daher ableiten.

L7   F6   R6   N7   3   H

1 Echtes Lungenkraut

2 Roter Fingerhut

3 Kleines Immergrün

4 Knotige Braunwurz

1 Wald-Bingelkraut

(Mercurialis perennis)   Wolfsmilchgewächse

↑ bis 30 cm   🌷 April—Mai

Blüten unscheinbar, mit 3-teiligem, grünem Kelch; Pflanze zweihäusig, männliche Blüten mit 9—12 Staubblättern. Früchte aus zwei eiförmigen, kurz behaarten Hälften. Blätter stumpf gesägt. Stängel nur im oberen Bereich mit Blättern.

Öko: Das Wald-Bingelkraut überzieht oft große Flächen in Laubwäldern, insbesondere in Buchenwäldern. Auch in Auenwäldern und Gebüschen ist es zu finden. Es bevorzugt mineralsalzreiche, kalkhaltige Lehmböden. Mit seinen Ausläufern durchzieht es den lockeren Oberboden. Ameisen verschleppen die Samen.

Übrigens: CAMARARIUS entdeckte 1694 am Wald-Bingelkraut die Geschlechtlichkeit der Pflanzen. Die früher aus den „Weiblein" und „Männlein" der Pflanze hergestellten Scheidenzäpfchen sollten zur Geburt eines Mädchens bzw. eines Jungen verhelfen.

L2   Fx   R8   N7   3   G, H

2 Großes Hexenkraut

(Circaea lutetiana)   Nachtkerzengewächse

↑ bis 60 cm   🌷 Juni—August

Blüten unscheinbar, 2-zählig, in langer Traube am Ende des aufrechten Stängels; Kronblätter weiß oder leicht rötlich; Blütenstiele und Früchte mit abstehenden Drüsenhaaren. Es gibt noch zwei weitere Hexenkraut-Arten, die schwer von der genannten Art zu unterscheiden sind. △

Öko: Das Große Hexenkraut kommt in feuchten Laub- und Nadelmischwäldern auf mineralsalz- und humusreichen Böden vor. Dort ist es besonders an Waldwegen häufig zu finden. Das Hexenkraut ist eine Fliegenblume. Die Früchte werden durch die Klettwirkung ihrer Hakenhaare verbreitet.

Übrigens: Als „Hexenkraut" wurden früher mindesten 30 verschiedene giftige oder schädliche Pflanzenarten bezeichnet. Das Gewöhnliche Hexenkraut wurde zur Herstellung von sogenannten „Hexensalben" verwendet.

L4   F6   R7   N7   3   G

3 Drahtschmiele

(Avenella flexuosa)   Süßgräser

↑ bis 60 cm   🌷 Juni—August

Ährchen in lockerer, rötlicher Rispe; Rispenäste leicht überhängend, rau und ein wenig geschlängelt („Schlängelschmiele"); Deckspelzen mit bräunlicher 4—7 mm langer Granne. Blätter lang, drahtartig eingerollt und borstig. Pflanzen in lockeren Horsten.

Öko: Die Drahtschmiele wächst in artenarmen Eichen-Mischwäldern und heidelbeerreichen Nadel- und Buchenwäldern. Oft kommen dort auch Faulbaum (S. 129) und Vogelbeere (S. 133) vor. Auch in Kiefernforsten ist die Drahtschmiele häufig zu finden, außerdem auf Magerrasen und Heiden. Ihr Vorkommen zeigt Bodensäure und Stickstoffarmut des Bodens an. Sie wurzelt bis in 1 m Tiefe.

Übrigens: Die auch im Winter grüne Drahtschmiele wird vom Wild gern abgeweidet. Wirtschaftlich hat sie nur geringen Wert, wird aber in Gärten und Parks als Ziergras angepflanzt. Für Trockensträuße ist sie gut geeignet.

L6   Fx   R2   N3   3   H

4 Wald-Flattergras

(Milium effusum)   Süßgräser

↑ bis 100 cm   🌷 Mai—Juli

Ährchen grün, ohne Grannen und oberseits abgerundet; in aufrechter, lockerer, bis 30 cm langer Rispe aus quirlig angeordneten, abstehenden Rispenästen. Die Pflanze wächst in einzeln stehenden, lockeren Horsten.

Ährchen

Öko: Das Wald-Flattergras ist in kraut- und grasreichen Mischwäldern zu finden. Es bevorzugt lehmige, mäßig feuchte Böden mit hohem Humusgehalt und wird vom Wild abgeweidet. Körner fressende Vögel verzehren die Samen gern („Waldhirse").

Übrigens: Das Wald-Flattergras wird wegen seines dekorativen Aussehens gelegentlich an schattigen, feuchten Stellen in Gärten und Parks angepflanzt. In Wäldern wird es auch als Wildfutter angesät.

L4   F5   R5   N5   3   H

1 Wald-Bingelkraut

2 Großes Hexenkraut

3 Drahtschmiele

4 Wald-Flattergras

1 Einblütiges Perlgras

(Melica uniflora)   Süßgräser

↑ bis 50 cm   ❀ Mai – Juni

Ährchen einblütig, rötlich violett, in lockerer Rispe; obere Rispenäste kurz, untere länger.

Öko: Das Einblütige Perlgras ist in Buchen- und Laubmischwäldern auf relativ mineralsalz- reichen, mäßig feuchten Lehmböden häufig zu finden. Es wächst bevorzugt an schattigen Standorten und bleibt das ganze Jahr über grün.

Übrigens: Das Gras setzt im Tierkörper giftigen Cyanwasserstoff frei. Als Futtergras ist es des- halb ungeeignet.

L3   F5   R6   N6   3   G, H

2 Behaarte Hainbinse

(Luzula pilosa)   Binsengewächse

↑ bis 30 cm   ❀ April – Mai

Blüten einzeln und lang gestielt; in lockeren rispig-doldigen Blütenständen. Blätter gras- artig und dicht weiß bewimpert; Blattscheiden am Grund der Pflanze dunkelrot. Die Blüten der **Schmalblättrige Hainbinse** *(L. luzuloides)* sind zu 6 – 8 gebüschelt.

Öko: Die Behaarte Hainbinse wächst in Laub- und Nadelwäldern. Sie besiedelt mäßig feuchte Böden mit relativ niedrigem Stickstoffgehalt. Im Hügelland ist sie häufiger als im Flachland. Die Samen werden von Ameisen verbreitet.

Übrigens: Von den echten Binsen unterschei- den sich die Hainbinsen durch ihre grasartigen Blätter.

L2   F5   R5   N4   3   H

3 Gewöhnlicher Wurmfarn

(Dryopteris filix-mas)   Wurmfarngewächse

↑ bis 120 cm   ○ Juli – September

Blätter 1fach gefiedert; Fiederblättchen tief ein- geschnitten, mit gesägtem Rand. Sporenkap- selhäufchen auf der Blattunterseite von nieren- förmigen Schleiern bedeckt. Beim **Gewöhnlichen Frauenfarn** *(Athyrium filix-femina)* sind die Blät- ter 2- bis 3fach gefiedert, die Sporenkapsel-

häufchen lang gestreckt und etwas gebogen und die Blattstiele gelblich oder rötlich, mit schmal-lanzettlichen Schuppen. △

Öko: Der Gewöhnliche Wurmfarn wächst in krautreichen Laub- und Nadelwäldern auf hu- mushaltigen, mäßig sauren Böden.

Übrigens: Einige Inhaltsstoffe des Gewöhnli- chen Wurmfarns wirken lähmend auf die Mus- kulatur von Würmern. Deshalb hat man die Wurzeln der Pflanze früher zur Bekämpfung von parasitischen Band- und Hakenwürmern im Darm eingesetzt (Name!).

L3   F5   R5   N6   3   H

4 Gewöhnlicher Tüpfelfarn

(Polypodium vulgare)   Tüpfelfarngewächse

↑ bis 50 cm   ○ August – September

Blätter einzeln, 1fach gefiedert; Fiederblätt- chen abgerundet, am Grunde verbreitert.

Öko: Der Tüpfelfarn wächst in Eichenmischwäl- dern und in Buchenwäldern, auch an schattigen Mauern und Felsen oder am Fuß alter Bäume. Er benötigt saure, stickstoffarme Böden.

Übrigens: Wegen ihres zuckerhaltigen Wurzel- stocks heißt die Pflanze auch „Engelsüß".

L5   F4   R2   N2   3   C

5 Adlerfarn

(Pteridium aquilinum)   Adlerfarngewächse

↑ bis 200 cm   ○ Juli – September   ☠

Blätter einzeln am kriechenden Wurzelstock; mit großen, horizontal ausgebreiteten Fieder- blättern.

Öko: Vor allem in artenarmen Eichen- und Kie- fernwäldern bildet die Pflanze auf mäßig feuch- ten, sauren Böden dichte Bestände. Auf Ro- dungsflächen kann sie die Verjüngung der Bäume hemmen. Sie breitet sich mithilfe unter- irdischer Kriechsprosse aus und kann so Jahr- hunderte am selben Standort überdauern.

Übrigens: Ein Querschnitt durch den unteren Teil des Blattstiels zeigt die Figur eines Doppel- adlers (= Leitbündelquerschnitt).

L6   F5 ∼   R3   N3   3   G

1 Einblütiges Perlgras

2 Behaarte Hainbinse

3a Gewöhnlicher Wurmfarn/ reife Sporen-
kapselhäufchen

3b Gewöhnlicher Frauenfarn/ reife Sporen-
kapselhäufchen

4 Gewöhnlicher Tüpfelfarn

5 Adlerfarn

159

1 Schneeglöckchen ☠

2 Märzenbecher ☠

3 Winterling

4 Krokus

5 Traubenhyazinthe

6 Blaustern

7 Wald-Gelbstern

8 Osterglocke ☠

9 Weiße Narzisse ☠

10 Garten-Tulpe

s. auch Wiesen, Weiden, Rasenflächen,
S. 32 – 56

s. auch Wald und Park,
S. 116 – 137

s. auch Ruderalflächen,
S. 82—109

In Gewässern haben sich einst die ersten Pflanzen entwickelt. Schon vor Jahrmillionen haben sie von dort aus das Land als Lebensraum erobert. Besondere Einrichtungen wie Wurzeln, Leitbündel oder Festigungsgewebe haben dies erst möglich gemacht. Die Samenpflanzen unserer heutigen Gewässer haben den umgekehrten Weg beschritten: Aus einstigen Landpflanzen haben sich Wasserpflanzen entwickelt. Manche von ihnen haben Schwimmblätter ausgebildet, andere fadenförmige Blätter, die starker Strömung besonders gut standhalten können. Bei vielen Wasserpflanzen findet man weitporige Durchlüftungsgewebe.

In den unterschiedlichen Gewässern siedeln jeweils charakteristische Pflanzengesellschaften. Strömungsverhältnisse, Wassertemperatur, Lichteinstrahlung sowie Bodenbeschaffenheit und Wasserqualität sind dafür verantwortlich. Schon geringfügige Veränderungen dieser Faktoren — z.B. Schattenwurf durch einen Felsblock am Ufer — können dafür sorgen, dass sich andere Pflanzenarten einstellen.

Quellen und schnell fließende Bäche
Quellen und schnell fließende Bäche führen im Allgemeinen kaltes, mineralsalzarmes Wasser. Auch bei nur relativ starker Strömung können sich nur Pflanzen mit kräftigen Wurzeln halten. Wenige Pflanzenarten, z.B. der Flutende Hahnenfuß (S. 167), erfüllen diese Voraussetzung. Neben den Larven verschiedener Insektenarten können, besonders an tieferen Stellen, schon einige Fischarten vorkommen, z.B. die Bachforelle.

1 Schnell fließender Bach

Langsam fließende Bäche und Flüsse
Wo sich der Bach beruhigt hat und langsamer fließt, steigt die Wassertemperatur und die Anzahl der Pflanzenarten nimmt rasch zu. Hier kann man beispielsweise den Wasser-Hahnenfuß (S. 167) oder verschiedene Laichkrautarten finden. Welche Arten in einem Bach oder Fluss vorkommen, hängt aber wesentlich von der Wasserqualität und von den Lichtverhältnissen ab. In langsam fließenden Gewässern sind auch Bachflohkrebse, Wasserasseln, Schnecken, Libellenlarven und verschiedene Fischarten zu Hause.

2 In träge fließenden Gewässern wächst z.B. der Wasser-Hahnenfuß

Uferzonen von Bächen und Flüssen
Im Uferbereich der Fließgewässer wachsen Pflanzen, die gern mit den „Füßen" im Wasser stehen. Die Sumpf-Schwertlilie mit ihren leuchtend gelben Blüten (S. 183) und das Rohr-Glanzgras (S. 185) gehören dazu. Früher begleiteten Auenwälder die Ufer nahezu aller Bäche und Flüsse. Weiden- und Erlenarten (S. 189) sind typische Gehölze dieser Wälder auf nassem Untergrund.

Teiche und Seen
Am Ufer eines Sees bilden die Pflanzen typische gürtelartige Vegetationszonen, die allerdings nur selten in vollständiger Form anzutreffen sind: Im tieferen Wasser gedeihen Unterwasserpflanzen wie das Tausendblatt oder die Kanadische Wasserpest (S. 167). Je nach Sicht-

tiefe bzw. Wasserqualität beginnt ab etwa 2 m Wassertiefe die Zone der Schwimmblattpflanzen, zu denen neben See- und Teichrose vor allem verschiedene Laichkrautarten (S. 169) gehören. Ab einer Wassertiefe von etwa 1,20 m schließt sich die Röhrichtzone mit Teichsimse,

3 Pflanzengürtel am See

Schilf oder Rohrkolben an (S. 183—187). Weiter zum Ufer hin findet man Gehölze. Zunächst bilden Weiden einen Saum, dann folgen lichte Bruchwälder aus Schwarz-Erlen (S. 189) in deren Unterwuchs Farne, Seggen und Stauden wie die Sumpf-Schwertlilie (S. 183) wachsen. Der flache Uferbereich kann sich bereits im zeitigen Frühjahr stark erwärmen und man findet hier einige auffallende Frühblüher wie etwa die Sumpf-Dotterblume (S. 173). Wo die Gehölze durch menschlichen Einfluss zurückgedrängt wurden, breiten sich verschiedene Seggenarten (S. 185) aus.

Verlandung — ein natürlicher Prozess
Insbesondere stickstoff- und phosphatreiche flache Seen (Weiher) und Teiche können aufgrund ihres üppigen Pflanzenwachstums schnell verlanden. Abgestorbene Pflanzenteile und anderes organisches Material bilden eine Faulschlammschicht und erhöhen so den Gewässergrund im Laufe der Jahre. Vom Ufer her schieben sich die Pflanzengürtel immer weiter zur Mitte des Sees hin bis schließlich keine freie Wasserfläche mehr zu sehen ist. Eine ähnliche Entwicklung kann jeder Gartenteichbesitzer beobachten, der nur einige Jahre auf Pflegemaßnahmen verzichtet.

4 Wenig gepflegter Gartenteich

Gewässer in der Kulturlandschaft
Baumaßnahmen haben das Aussehen vieler Gewässer stark verändert. Zahlreiche Bäche und Flüsse wurden begradigt und erhielten ein mit Steinen befestigtes, enges Bett. Dadurch erhöhte sich die Fließgeschwindigkeit. Die typische Ufervegetation wurde zurückgedrängt und Auenwälder verschwanden. Immer häufigere, zum Teil bedrohliche Überschwemmungen an größeren Flüssen wie Rhein oder Mosel sind nicht zuletzt eine Folge dieser Beseitigung der natürlichen Überflutungszonen.

Zahlreiche Gewässer sind mit Schadstoffen aus Industrie oder Landwirtschaft belastet. Viele Teiche wurden zugeschüttet, nasse Flächen trockengelegt um sie nutzen zu können. Dennoch kann man auch in Dörfern und Städten Standorte feuchtigkeitsliebender Pflanzen finden und auch künstlich angelegte Weiher, kleine Seen und die Ufer von Kanälen bieten oft interessante Beobachtungsmöglichkeiten.

5 Eutrophierter Löschteich mit Wasserlinsen

165

1 Raues Hornblatt

(Ceratophyllum demersum)   Hornblattgew.

↑ bis 80 cm   ❀ Juni — September

Unterwasserpflanze. Blätter in Quirlen; starr, hart, hellgrün und 1- bis 2mal gegabelt. Blüten unscheinbar in den Blattquirlen.

Öko: Die Pflanze kommt häufig in eutrophen stehenden und langsam fließenden Gewässern vor. Das Wasser schwemmt den Pollen auf die Griffel. Die Samen werden durch die Strömung und von Wasservögeln verbreitet.

Übrigens: Die Pflanze lässt sich über abgerissene Stängel leicht vermehren. Auch deshalb ist sie zu einer beliebten Aquarienpflanze geworden.

L6   F12 ~   R8   N8   3   A

2 Ähriges Tausendblatt

(Myriophyllum spicatum)   Seebeerengewächse

↑ bis 200 cm   ❀ Juli — August

Blüten in aufrechter Ähre, die über die Wasseroberfläche hinausragt. Blätter meist zu 4 in Quirlen; mit gegenständigen, borstlichen Fiedern. Die ähnliche **Wasserfeder** *(Hottonia palustris)* ist an ihren rosettenartig angeordneten Blättern und großen Blüten zu erkennen. △

Öko: Das Ährige Tausendblatt wächst insbesondere im Tauchblattgürtel stehender oder langsam fließender, eutropher, basenreicher Gewässer.

Übrigens: Die Pflanze bildet dichte Bestände. Fische finden darin Unterschlupf .

L5   F12   R9   N7   3   A

3 Sumpf-Wasserstern

(Callitriche palustris)   Wassersterngewächse

↑ bis 80 cm   ❀ April — Oktober

Schwimmblattrosette an der Wasseroberfläche. Untergetauchte Blätter gegenständig, ganzrandig und leicht eiförmig. △

Öko: Der Sumpf-Wasserstern wächst — auch an beschatteten Stellen — im Schwimmblattgürtel stehender oder fließender, mäßig saurer,

mineralsalzarmer Gewässer. Auch in nassen Wegsenken kommt er vor. Die Landform der Pflanze wird nur bis zu 15 cm lang.

Übrigens: Zwischen den dicht stehenden Pflanzen verstecken sich zahlreiche Tiere, beispielsweise die Larven des Bergmolches und Bachflohkrebse.

L6   F11   R5   N4   1/3   A, T

4 Kanadische Wasserpest

(Elodea canadensis)   Froschbissgewächse

↑ bis 60 cm   ❀ Mai — September

Unterwasserpflanze. Blätter jeweils zu 3 in Quirlen am verzweigten Stängel.

Öko: Die Kanadische Wasserpest findet man in Schwimmblatt- und Laichkrautgesellschaften eutropher stehender und langsam fließender Gewässer. Ihre Fähigkeit zur ungeschlechtlichen (vegetativen) Vermehrung ist beachtlich. Bruchstücke des Stängels bilden Wurzeln und wachsen sofort an.

Übrigens: Im Jahre 1835 wurde die aus Nordamerika eingeschleppte Pflanze erstmals in Europa beschrieben. Sie vermehrte sich so stark, dass sie zu einer Plage für die Schifffahrt wurde. Inzwischen haben sich weitere Wasserpest-Arten bei uns ausgebreitet.

L7   F12   R7   N7   3   A   Neo

5 Wasser-Hahnenfuß

(Ranunculus aquatilis)   Hahnenfußgewächse

↑ bis 200 cm   ❀ Mai — September

Blüte 1 — 2 cm breit. Schwimmblätter nierenförmig gekerbt; Unterwasserblätter fadenförmig. Stängel untergetaucht. Der **Flutende Hahnenfuß** *(R. fluitans)* hat größere Blüten; Schwimmblätter fehlen. Die zahlreichen Wasser-Hahnenfußarten sind schwierig zu bestimmen. △

Öko: Der Wasser-Hahnenfuß bevorzugt langsam fließende oder stehende Gewässer mit schlammigem Grund.

Übrigens: Im dichten Pflanzengewirr finden Jungfische Schutz vor Feinden.

L7   F11   R6   N6   3   A

166

1 Raues Hornblatt

2a Ähriges Tausendblatt

2b Wasserfeder

3 Sumpf-Wasserstern

4 Kanadische Wasserpest

5a Wasser-Hahnenfuß

5b Flutender Hahnenfuß

167

1 Wasser-Knöterich

(Polygonum amphibium)   Knöterichgewächse

↑ bis 300 cm   ❀ Juni — September

Blüten in ährenförmigem Blütenstand; Blütenstängel aufrecht. Schwimmblätter länglich-elliptisch und bis 10 cm lang gestielt. Bei der Landform der Pflanze sind die Blattstiele kürzer (vgl. S. 169). Der **Schlangen-Knöterich** *(P. bistorta)* hat unterseits bläulich grüne Blätter.

Öko: Der Wasser-Knöterich ist in Schwimmblattgesellschaften und im Röhricht, an Ufern, in Nasswiesen und sogar auf Äckern und Schuttplätzen anzutreffen. Er bevorzugt kalkfreie, schlammige Lehm- und Tonböden. Als Landform braucht er hohe Bodenfeuchtigkeit.

Übrigens: Vorübergehendes Austrocknen übersteht der Wasser-Knöterich als Landform.

L7   F11   R6   N4   3   A, G

2 Schwimmendes Laichkraut

(Potamogeton natans)   Laichkrautgewächse

↑ bis 150 cm   ❀ Mai — August

Einzelblüten grünlich, in 5 – 8 cm langer Ähre. Schwimmblätter oval, dunkelgrün oder bräunlich und ledrig. △

Öko: Das Schwimmende Laichkraut wächst im Schwimmblattgürtel stehender oder träge fließender Gewässer mit schlammigem Grund. Es bildet einen verzweigten Wurzelstock.

Übrigens: In schneller fließendem Wasser bildet das Schwimmende Laichkraut deutlich schmalere Blätter als in stehenden Gewässern. Fische laichen im dichten Pflanzengewirr der Laichkräuter gerne ab (Name!). Zahlreiche Tierarten fressen unter Wasser an den Blättern.

L6   F11   R7   N5   3   A

3 Krebsschere

(Stratiotes aloides)   Froschbissgewächse

↑ bis 45 cm   ❀ Mai — August   🦉

Blätter stachlig gezähnt und rosettenförmig angeordnet. Die **Schwanenblume** *(Butomus umbellatus)* hat linealische, 3-kantige, ganzrandige Blätter und einen doldenartigen Blütenstand.

Öko: Die Krebsschere kommt an windgeschützten Stellen auf stehenden oder langsam fließenden eutrophen Gewässern vor. Sie wird häufig in Gartenteichen eingesetzt.

Übrigens: In der Natur ist die Krebsschere selten. Die Blätter unterhalb der Blüten erinnern an die Scheren eines Krebses (Name!).

L7   F11   R8   N6   3   A

4 Weiße Seerose

(Nymphaea alba)   Seerosengewächse

↑ bis 250 cm   ❀ Mai — August   🦉 ☠

Blüten bis 15 cm breit. Blätter rundlich, mit am Rand verbundenen Seitennerven.

Öko: Die Weiße Seerose bildet auf mäßig eutrophen, sommerwarmen stehenden oder langsam fließenden Gewässern oft lückenlose Bestände. Ihr Wurzelstock trägt zur Verlandung bei.

Übrigens: Der Sage nach soll eine schöne Seejungfrau einst in eine Seerose verwandelt worden sein, die von einem bösen Wassergeist bewacht wird. Er zieht jeden in die Tiefe, der die Blume abbrechen will. Die Blätter von **Froschbiss** *(Hydrocharis morsus-ranae)* und **Seekanne** *(Nymphoides peltata)* sind ähnlich geformt wie die der Weißen Seerose, aber viel kleiner.

L8   F11   R7   N5   3   A

5 Gelbe Teichrose

(Nuphar lutea)   Seerosengewächse

↑ bis 250 cm   ❀ Juni — August   ☠

Blätter oval, Seitennerven nicht verbunden. Unterwasserblätter gewellt.

Öko: Die Gelbe Teichrose kommt in relativ eutrophen stehenden oder langsam fließenden Gewässern vor. Oft tritt sie zusammen mit der Weißen Seerose auf. Im Gegensatz zu dieser dringt sie aber in Wassertiefen bis zu sechs Metern vor.

Übrigens: Da die Pflanze der Sage nach von der „Wassermuhme" bewacht wird, wird sie im Volksmund auch „Mummel" genannt (Mummelsee).

L8   F11   R7   N6   3   A

2 Schwimmendes Laichkraut

1a Wasser-Knöterich

1b Schlangen-
Knöterich

3a Krebsschere

4a Weiße Seerose

3b Schwanenblume

4b Froschbiss

4c Seekanne

5 Gelbe Teichrose

169

1 Tannenwedel

(Hippuris vulgaris)   Tannenwedelgewächse

↑ bis 50 cm   ❀ Mai — August

Triebe hohl; sie ragen 10 — 25 cm über die Wasseroberfläche. Blätter quirlständig, nadelförmig und seitlich abstehend; Unterwasserblätter schlaff. Blüten unscheinbar in den oberen und mittleren Blattachseln.

Öko: Der Tannenwedel kommt im Schwimmblattgürtel und im Röhricht stehender oder langsam fließender Gewässer vor − z. B. in Altarmen großer Flüsse. Er bevorzugt kalkhaltiges Wasser. In Gartenteichen und anderen Kleingewässern wird er wegen seines auffallenden Aussehens häufig angepflanzt.

Übrigens: In seinen natürlichen Lebensräumen ist der Tannenwedel selten geworden.

L7 F10 R8 Nx   3   A

2 Kleine Wasserlinse

(Lemna minor)   Wasserlinsengewächse

↑ bis 6 mm   ❀ Mai — Juni

Sprosse flach, nur 2 — 6 mm lang; auf der Unterseite jeweils mit einer Wurzel. Die ähnliche **Teichlinse** *(Spirodela polyrhiza)* wird bis zu 10 mm lang und trägt ein Wurzelbüschel. Bei der untergetauchten **Dreifurchigen Wasserlinse** *(Lemna trisulca)* sind die Sprosse lanzettlichspitz und sitzen kreuzweise aneinander. △

Öko: Die Kleine Wasserlinse ist auf windgeschützten stehenden oder langsam fließenden Gewässern sehr häufig. Stickstoffreiche Gewässer besiedelt sie in Massen. Der dadurch entstehende Lichtmangel führt zum Absterben der Unterwasserflora und auch der Sauerstoffaustausch ist dann behindert. Die Kleine Wasserlinse vermehrt sich schnell durch seitlich hervorwachsende Sprosse. Jedes Glied dieser Sprosse trägt eine Wurzel. Die Pflanze wird auch durch Wasservögel verbreitet.

Übrigens: Von Enten werden die Wasserlinsen gern gefressen (volkstümlicher Name: „Entengrütze"). Auch vielen Fischarten dienen sie als Nahrung. An der Unterseite der Wasserlinsen sitzen oft Süßwasserpolypen.

L7 F11 Rx N6   3   A

3 Gewöhnlicher Froschlöffel

(Alisma plantago-aquatica)   Froschlöffelgew.

↑ bis 100 cm   ❀ Juni — August

Blüten quirlständig, in rispenartigem Blütenstand; innere weiße Kronblätter 2- bis 3-mal so lang wie die 3 äußeren grünen. Blätter eiförmig, am Grund herzförmig, bis 25 cm lang und gestielt.

Öko: Der Gewöhnliche Froschlöffel wächst vorwiegend im Röhricht und im Uferbereich stehender oder langsam fließender Gewässer. Er gedeiht insbesondere an mineralsalzreichen Standorten, wo er als Schlammbefestiger gilt. Zur Verankerung des 4 cm dicken, aufrecht stehenden Wurzelstocks muss der Boden tiefgründig sein. Im tieferen Wasser wurzelnde Pflanzen bilden Schwimmblätter mit luftgefüllten Hohlräumen und Wachsüberzug.

Übrigens: Die Bezeichnung „Froschlöffel" geht auf die löffelförmigen Blätter der Pflanze und auf deren Vorkommen im von Fröschen bevorzugten Flachwasserbereich zurück.

L7 F10 Rx N8   3   A

4 Gewöhnliches Pfeilkraut

(Sagittaria sagittifolia)   Froschlöffelgewächse

↑ bis 100 cm   ❀ Juni — August

Blätter über der Wasseroberfläche tief pfeilförmig eingeschnitten, Pfeillappen bis 10 cm lang; untergetauchte Blätter bandförmig. Blüten quirlständig.

Öko: Das Gewöhnliche Pfeilkraut besiedelt in erster Linie die Röhrichtgürtel mineralsalzreicherer, langsam fließender oder stehender Gewässer. Es gilt als wärmeliebend und ist deshalb in höheren Lagen über 700 m nicht mehr zu finden. Oft kommen Pfeilkraut und Igelkolben (S. 183) gemeinsam vor.

Übrigens: Das Gewöhnliche Pfeilkraut gilt als „Kompasspflanze". Da es starke Sonneneinstrahlung scheut, dreht es die Blattoberfläche von der Sonne weg. Der häufig in Gartenteichen angepflanzte **Fieberklee** *(Menyanthes trifoliata)* hat 3-teilige Blätter. Seine Kronblätter sind innen wollig behaart.

L7 F10 R7 N6   3   A

1 Tannenwedel

3 Gewöhnlicher Froschlöffel

2a Kleine Wasserlinse

4a Gewöhnliches Pfeilkraut

2b Dreifurchige Wasserlinse

4b Fieberklee

171

1 Sumpf-Dotterblume

(Caltha palustris) Hahnenfußgewächse

↑ bis 30 cm ❀ März — Juni

Blüten bis 4 cm breit und innen glänzend; meist zu 1 — 2 am Ende eines Stängels. Blätter gekerbt, dunkelgrün und glänzend; Grundblätter herzförmig, übrige rundlich bis nierenförmig. Stängel aufrecht, am Grund hohl und manchmal leicht rötlich.

Öko: Die Sumpf-Dotterblume wächst auf Sumpfwiesen, an Ufern und Gräben sowie in Auenwäldern. Sie bevorzugt mineralsalzreichere Lehm- und Tonböden. Die Pflanze kommt in ganz Deutschland bis in die Alpenregion vor, ist allerdings heute in vielen Gebieten seltener geworden.

Übrigens: Die Sumpf-Dotterblume hat einen scharfen Geschmack und wird deshalb vom Vieh nicht gerne gefressen. In früherer Zeit hat man die Blütenknospen als Kapernersatz in Essig eingelegt.

L7 F9= Rx N6 3 H

2 Brennender Hahnenfuß

(Ranunculus flammula) Hahnenfußgewächse

↑ bis 50 cm ❀ Mai — Oktober

Blüten zahlreich, glänzend, 8 — 15 mm breit. Blätter bis 10 cm lang und — im Gegensatz zu denen der meisten Hahnenfußarten — schmallanzettlich. Stängel aufrecht. Der **Zungen-Hahnenfuß** *(R. lingua)* hat bis zu 4 cm breite Blüten und bis 25 cm lange Blätter.

Öko: In Sumpfwiesen und an Gräben ist der Brennende Hahnenfuß häufig anzutreffen. Oft ist er Erstbesiedler von humusreichen Sumpfböden. Man findet ihn in Gesellschaft von Sumpf-Dotterblume, Blutweiderich (S. 175) und Teich-Schachtelhalm (S. 182). Seine Samen werden durch Wasservögel verbreitet.

Übrigens: Die ganze Pflanze ist giftig. Wie der Scharfe Hahnenfuß (S. 35) enthält sie einen hautreizenden Stoff. Aus Dänemark wird berichtet, dass sich früher Bettler mit Hahnenfußsaft einrieben, um Mitleid erregende Wunden zu erzeugen.

L7 F9~ R3 N2 3 H

3 Gift-Hahnenfuß

(Ranunculus sceleratus) Hahnenfußgewächse

↑ bis 60 cm ❀ Juni — Oktober

Blüten in lockerer Rispe; Fruchtstand ei- oder walzenförmig. Blätter tief 3-teilig, Einzelabschnitte nochmals eingeschnitten. Stängel am Grund bis 1 cm dick und innen hohl.

Öko: Die Pflanze wächst als Schlamm-Erstbesiedler an Teichufern und in Gräben oft in Siedlungsnähe. Sie kommt auch in Sumpfwiesen und Wegmulden vor und bevorzugt nasse, zeitweise überschwemmte Lehmböden mit sehr hohem Stickstoffgehalt. Oft steht sie als Einzelpflanze auf sommertrockenen Böden der Flussufer. Ihre Blüten werden von Fliegen bestäubt.

Übrigens: Die ganze Pflanze ist stark giftig. Für Weidevieh kann der Verzehr der Pflanze tödlich sein.

L9 F9= R7 N9 1 T

4 Drüsiges Springkraut

(Impatiens glandulifera) Balsaminengewächse

↑ bis 200 cm ❀ Juli — Oktober

Blüten in lang gestielten Trauben; bis 4 cm lang, mit zurückgekrümmtem Sporn. Blätter lanzettlich, scharf gezähnt; unten wechselständig, weiter oben quirlständig. Gestielte Drüsen an Blattstielen und -zähnen (Lupe!).

Öko: Das Drüsige Springkraut ist in Auenwäldern und -gebüschen ein typischer Begleiter von Flüssen und Wassergräben. Es wächst auf stickstoffreichen, feuchten und nassen lehmigen Böden in Schatten- und Halbschattenlage. Die Blüten werden von Hummeln bestäubt. Die Früchte werden mithilfe eines Schleudermechanismus verbreitet.

Übrigens: Ursprünglich war das aus dem Himalayaraum stammende Drüsige Springkraut in Deutschland nur als Gartenpflanze bekannt. Seit Anfang des 20. Jahrhunderts gilt es als eingebürgert. Die Pflanze wird bis zu zwei Meter hoch. Mancherorts bildet sie an Ufern dichte Bestände und verdrängt dort die einheimische Pflanzenwelt.

L5 F8= R7 N7 1 T Neo

1 Sumpf-Dotterblume

2 Brennender Hahnenfuß

4 Drüsiges Springkraut

3 Gift-Hahnenfuß

1 Großes Mädesüß

(Filipendula ulmaria) Rosengewächse

↑ bis 150 cm ❀ Juni — August ☠

Blüten bis 9 mm breit; in Rispen mit zahlreichen Einzelblüten; charakteristischer Mandelduft. Blätter gefiedert; Blattfiedern bis 5 cm lang und ungleichmäßig gesägt, dazwischen kleine Fiederblättchen.

Öko: Das Große Mädesüß kommt häufig in Nasswiesen, an Gräben und in Auenwäldern vor. Es bevorzugt feuchte, humusreiche Lehm- und Tonböden (Sumpfhumusböden). Es begleitet Eschen und Erlen und bildet mit Blutweiderich, Sauerampfer (S. 33), Gilbweiderich (S. 177), Sumpf-Schachtelhalm (S. 183) und Rohr-Glanzgras (S. 185) eine bunte Hochstaudenflur.

Übrigens: In Skandinavien wurden die Blüten früher dem Met (Honigwein) beigemischt. Der Name „Mädesüß" ist von „Metsüße" abgeleitet. Andere Quellen erklären den Namen der Pflanze mit dem süßen Duft, den sie der Heumahd verleiht. Der Wurzelstock enthält den gleichen Wirkstoff (Salicylsäure) wie manche Schmerztabletten.

L7 F8 Rx N5   3   H

2 Zottiges Weidenröschen

(Epilobium hirsutum) Nachtkerzengewächse

↑ bis 150 cm ❀ Juni — September

Blüten bis 4 cm breit und leicht trichterförmig; einzeln in den Blattachseln. Fruchtknoten lang; Frucht 4-kantig, schotenförmig. Blätter weich behaart und halb stängelumfassend. Stängel verzweigt. Beim **Kleinblütigen Weidenröschen** *(E. parviflorum)* sind die Blüten bis 18 mm breit; die Blätter sind nicht stängelumfassend.

Öko: Das Zottige Weidenröschen wächst in Staudenfluren an Quellen, Gräben, Bächen und anderen feuchten Stellen auf mineralsalzreichen Tonböden. Die Samen der Weidenröschenarten mit ihren langen Samenhaaren werden vom Wind verbreitet.

Übrigens: Die Pflanze gilt als „Wiesenunkraut", da sie vom Vieh nicht gefressen wird.

L7 F8= R8 N8   3   H

3 Wald-Engelwurz

(Angelica sylvestris) Doldengewächse

↑ bis 150 cm ❀ Juli — September

Blüten in zusammengesetzten Dolden mit 20 — 40 Döldchen. Stiele der Döldchen dicht und kurz behaart. Dolde ohne Hüllblätter, Döldchen dagegen mit zahlreichen kleinen Hüllblättern. Untere Stängelblätter länger als 50 cm; Blattscheiden groß und bauchig aufgeblasen, Blattstiele oberseits rinnig.

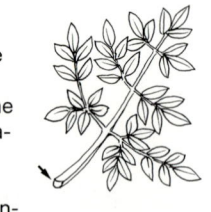

Öko: Die Pflanze kommt in Auenwäldern, an Ufern und auf Nasswiesen mit humosen Böden vor. Sie gilt als Staunässezeiger.

Übrigens: Im Mittelalter glaubte man, dass Racheengel als Gottesstrafe auch die Pest brächten. Dagegen sollte die Engelwurz helfen, die in früheren Jahrhunderten überall in Klostergärten angebaut wurde. In den hohlen Stängeln hat man 65 Insektenarten nachgewiesen, die dort überwintern.

L7 F8 Rx N4   2 — 3   H

4 Gewöhnlicher Blutweiderich

(Lythrum salicaria) Blutweiderichgewächse

↑ bis 100 cm ❀ Juli — September

Blüten gegen- oder quirlständig in den Achseln der oberen Blätter. Blätter lanzettlich, unterseits und an den Blattadern behaart. Stängel aufrecht und 4-kantig.

Öko: Den Blutweiderich findet man an Gräben und Ufern sowie auf Nasswiesen. Er bevorzugt humusreiche Lehm- oder Tonböden. Die Samen sind schleimig und werden von Tieren durch Klebwirkung verbreitet. In einer Blüte sind Griffel und Staubgefäße stets unterschiedlich lang. Zur Befruchtung muss der Pollen aber aus Staubgefäßen stammen, die gleich lang sind wie die Griffel. Deshalb führt nur Fremdbestäubung zum Ziel.

Übrigens: Eine Zuchtform der Pflanze ist eine beliebte Zierpflanze an Gartenteichen.

L7 F8 ∼ R6 Nx   3   H

1 Großes Mädesüß

3 Wald-Engelwurz

2a Zottiges Weidenröschen

2b Kleinblütiges
Weidenröschen

4 Gewöhnlicher Blutweiderich

175

1 Gewöhnlicher Gilbweiderich
(Lysimachia vulgaris)   Primelgewächse

↑ bis 120 cm   ❀ Juni — August

Blüten in kurzen, gestielten Rispen; Blütenkrone am Grund verwachsen, glockig, mit 5 Zipfeln; Kelchzipfel mit rötlichem Rand. Blätter gegenständig oder zu 3 in Quirlen. Stängel rund, aufrecht und zottig behaart.

Öko: Der Gilbweiderich kommt an Quellen, Gräben und Bachufern, in Bruch- und Auenwäldern sowie in Feuchtwiesen auf wechselnassen Lehmböden vor. Auch auf Torfböden ist er anzutreffen. Aufgrund seiner Ausläufer wirkt er als Bodenbefestiger. Fliegen und Hautflügler, z. B. Bienen, sorgen für die Bestäubung. Auch Selbstbestäubung ist möglich.

Übrigens: Der Name „Gilbweiderich" rührt möglicherweise von der Ähnlichkeit der Blätter der Pflanze mit denen einiger Weidenarten her (vgl. S. 189). Die Vorsilbe „Gilb" weist auf die gelbe Farbe der Blüten hin.

L6 F8 ∼ Rx Nx   3   H

2 Pfennigkraut
(Lysimachia nummularia)   Primelgewächse

↑ bis 50 cm   ❀ Mai — Juli

Einzelblüten in den Blattachseln im mittleren Stängelbereich, 1 — 2 cm breit, 2 — 3 cm lang gestielt; Kronblätter nur am Grund verwachsen, bis 1,5 cm lang; Kelchzipfel herzförmig. Blätter gegenständig, rundlich. Stängel niederliegend.

Öko: Das Pfennigkraut kommt in Fettwiesen, auf Weiden und an Ufern sowie in Auenwäldern vor allem in tieferen Lagen vor. Es meidet trockene Böden und gilt als Lehmzeiger. Mithilfe von Ausläufern breitet sich die Pflanze rasch aus. Sie gilt als „Kriechpionier" auf Rohböden und ist zur Bepflanzung des Ufers neu angelegter Gartenteiche gut geeignet. In Gärten — besonders in der Nähe von Gartenteichen — ist das Pfennigkraut inzwischen als Zierpflanze beliebt.

Übrigens: Die Blätter der Pflanze erinnern an am Boden liegende Pfennige (Name!).

L4 F6 ∼ Rx Nx   3   C

3 Sumpf-Vergissmeinnicht
(Myosotis palustris)   Raublattgewächse

↑ bis 100 cm   ❀ Mai — September

Blüten 4 — 10 mm breit; in traubigem, blattlosem Blütenstand; Kelchblätter zu zwei Dritteln verwachsen. Stängel dicht beblättert. Blätter wechselständig. Ganze Pflanze behaart.

Öko: Das Sumpf-Vergissmeinnicht ist auf Nasswiesen, in Verlandungsgürteln sowie an Ufern und Gräben zu finden. Es bevorzugt mäßig mineralsalzreiche Sumpfhumusböden. Fliegen und einige Falterarten sorgen für die Bestäubung. Die Samen werden durch das Wasser verbreitet.

Übrigens: Im Märchen war das Vergissmeinnicht die „blaue Blume", mit der man Felsen öffnen und Schätze heben konnte. Ein weiterer verbreiteter Name für die Pflanze ist „Mäuseohr". Er ist wohl von der Form der Blätter abgeleitet.

L7 F8 ∼ Rx N5   3   H

4 Bachbungen-Ehrenpreis
(Veronica beccabunga)   Rachenblütengewächse

↑ bis 60 cm   ❀ Mai — September

Blüten in gegenständigen Trauben. Blätter gegenständig, kurz gestielt, fleischig und vorne abgerundet. Stängel rund, oft mit Wurzeln an den unteren Knoten. Der ähnliche **Wasser-Ehrenpreis** *(V. anagallis-aquatica)* hat spitze, ungestielte Blätter und 4-kantige Stängel. △

Öko: Der Bachbungen-Ehrenpreis tritt in und an langsam fließenden Bächen, an Gräben und Quellen auf. Er bevorzugt mehr oder weniger eutrophe und schlammige Böden. Bereits im zeitigen Frühjahr bildet die Pflanze mitunter regelrechte Teppiche. Angler schätzen ihr Vorkommen in Forellenbächen sehr, denn die Fische finden im dichten Pflanzengewirr Nahrung und Unterschlupf.

Übrigens: Die auch „Bachbunge" genannte Pflanze wurde früher als Salat- und Heilpflanze geschätzt. „Bunge" lässt sich mit „Knolle" übersetzen — eine althochdeutsche Bezeichnung, die sich auf den knotigen Stängel bezieht.

L7 F10 R7 N6   3   A, H

1 Gewöhnlicher Gilbweiderich

2 Pfennigkraut

3 Sumpf-Vergissmeinnicht

4 Bachbungen-Ehrenpreis

1 Bach-Nelkenwurz

(Geum rivale)   Rosengewächse

↑ bis 50 cm   ❀ April — Juli

Blüten gelb bis rotbraun; sie ähneln kleinen Glöckchen; Griffel hakig gekrümmt; Kelchblätter rotbraun, die äußeren kürzer. Stängelblätter rundlich und 3-teilig. Stängel abstehend behaart. Das **Sumpfblutauge** *(Potentilla palustris)* hat 3- bis 7-teilig gefiederte Blätter.

Grundblatt (Bach-Nelkenwurz)

Öko: Die Bach-Nelkenwurz kommt in Nasswiesen, an Quellen und in feuchten Wäldern vor. Im Tiefland fehlt sie häufig. Sie besiedelt auch Flachmoore und Ufer mit humusreichen Ton- und Lehmböden. Die Blüten werden in erster Linie von Hummeln bestäubt. Die Samen werden durch Klettwirkung verbreitet.

Übrigens: Der Wurzelstock der Bach-Nelkenwurz duftet nach Nelkenöl (Name!).

L6   F8 ∼   Rx   N4   3   H

2 Bittersüßer Nachtschatten

(Solanum dulcamara)   Nachtschattengewächse

↑ bis 200 cm   ❀ Juni — August   ☠

Blütenkrone 5-teilig und flach ausgebreitet; Staubbeutel gelb, sie ragen deutlich aus der Blütenkrone hervor; Kelch mit 5 Zähnen. Die Frucht ist eine rote, eiförmige Beere. Stängel im unteren Bereich verholzt.

Öko: Der Bittersüße Nachtschatten ist häufig im Uferbereich eutropher Gewässer anzutreffen. Er kommt aber auch in Erlenbruchwäldern, in Verlandungszonen oder auf feuchten Waldlichtungen vor. Dort wächst er, an Gehölze angelehnt, zum Licht. Er gilt als Stickstoffzeiger und bevorzugt humose Lehm- und Tonböden. Seine Samen werden von Vögeln verbreitet.

Übrigens: Insbesondere die Früchte der Pflanze sind giftig. Sie wird auch heute noch gegen verschiedene Krankheiten eingesetzt, z.B. gegen Blasen- und Nierenleiden. In Friesland wird sie deshalb auch „Pissrauke" genannt.

L7   F8 ∼   Rx   N8   3   Nli

3 Wasserdost

(Eupatorium cannabinum)   Korbblütengewächse

↑ bis 150 cm   ❀ Juli — September

Blüten rötlich oder weißlich, klein; in zahlreichen Köpfchen, die auf etwa gleicher Höhe den Gesamtblütenstand bilden; Griffel mit Narben schauen weit aus den Blüten heraus. Blätter gegenständig, meist 3-teilig; Teilblätter lanzettlich und am Rand gesägt.

Öko: Der Wasserdost besiedelt Wegränder, Böschungen, Ufer und lichte Auenwälder. Er bevorzugt ausgesprochen stickstoffreiche, kalkhaltige Böden. An warmen Sommertagen besuchen Schmetterlinge die Blüten. Die Samen werden vom Wind verbreitet.

Übrigens: Schon in der Frauenheilkunde vergangener Jahrhunderte galt der Wasserdost als Heilmittel. In der indianischen Medizin wurde er als Abtreibungsmittel eingesetzt. Die Blütenstände ähneln entfernt denen des Wilden Dost (S. 93). Vermutlich leitet sich der Name „Wasserdost" davon ab.

L7   F7   R7   N8   3   H

4 Arznei-Baldrian

(Valeriana officinalis)   Baldriangewächse

↑ bis 150 cm   ❀ Juli — August

Blütenstand doldenähnlich, aus zahlreichen Einzelblüten mit jeweils 5-zipfeliger Krone. Blätter gefiedert. △

Öko: Die Pflanze ist an Gräben und Ufern, in Gebüschen und lichten Laubwäldern auf wechselfeuchten bis nassen Böden verbreitet. Mitunter ist sie aber auch an trockeneren Standorten anzutreffen. Sie besiedelt insbesondere mäßig stickstoff- und kalkhaltige Böden.

Übrigens: Der Geruch des Baldrians beruht auf etherischen Ölen, die schon in alter Zeit in der Heilkunde geschätzt wurden: „Baldrian und Bibernell heilen die Pest zur Stell." Ein Amulett aus Baldrianwurzel sollte gegen die gefürchtete Pest, aber auch gegen Hexen schützen. Heute sind Baldrianauszüge in Tees und Beruhigungsmitteln enthalten. Katzen sollen durch den Duft der Pflanze in Verzückung geraten.

L7   F8 ∼   R7   N5   3   H

1a Bach-Nelkenwurz

1b Sumpfblutauge

2 Bittersüßer Nachtschatten

3 Wasserdost

4 Arznei-Baldrian

179

1 Ufer-Wolfstrapp

(Lycopus europaeus)   Lippenblütengewächse

↑ bis 80 cm   ❀ Juli — September

Blüten quirlartig in den Achseln der oberen Blattpaare; Unterlippe 3-lappig und rot punktiert. Blätter gegenständig, lanzettlich und tief gesägt. Stängel 4-kantig.

Öko: Der Ufer-Wolfstrapp kommt häufig im Röhricht, an Ufern und Gräben sowie in Erlenbruchwäldern vor. Er bevorzugt mineralsalzreiche Böden. Seine Blüten werden von Fliegen besucht. Die Samen werden mit dem Wasser und durch Wasservögel verbreitet.

Übrigens: Der Name der Pflanze leitet sich von der Form der Blätter ab, die an einen Wolfsfuß erinnern. Landstreicher, die sich als hilfsbedürftige „Zigeuner" ausgeben wollten, haben früher mithilfe von Eisenvitriol aus der Pflanze eine schwarze Farbe hergestellt, mit der sie sich eine dunkle Hautfarbe verschafft haben („Zigeunerkraut").

L7   F9 =   R7   N7   3   H, A

2 Dreiteiliger Zweizahn

(Bidens tripartita)   Korbblütengewächse

↑ bis 100 cm   ❀ Juli — Oktober

Blütenköpfchen innen mit bräunlich gelben Röhrenblüten, außen manchmal gelbe Zungenblüten. Blätter gegenständig, meist 3-teilig. Stängel oft bräunlich überlaufen. Frucht mit meist zwei Grannen mit Widerhaken (Name!). Es gibt mehrere ähnliche Arten. △

Öko: Der Dreiteilige Zweizahn wächst an Teichufern, Gräben, Wegen, an Nassstellen in Äckern und auf Schuttplätzen. Gemeinsam mit Gänsefuß- und Knöterricharten bildet er eine charakteristische Ufergesellschaft auf ausgesprochen stickstoffreichen, schlammigen Böden. Die Früchte werden dank ihrer Widerhaken durch Tiere verbreitet.

Übrigens: Selbst durch Bürsten lassen sich die Früchte der Pflanze („Priesterläuse") nicht aus der Kleidung entfernen. Die Haken an deren Grannen wirken wie Speere. In den Kiemen von Fischen verursachen sie eiternde Wunden.

L8   F9 =   Rx   N8   1   T

3 Gewöhnliche Pestwurz

(Petasites hybridus)   Korbblütengewächse

↑ bis 100 cm   ❀ März — Mai

Blütenköpfchen in dichten, von rötlichen Schuppenblättern umhüllten Trauben; nur Röhrenblüten; Pflanze zweihäusig. Blätter bis 60 cm breit; sie ähneln denen von Rhabarber und Huflattich und erscheinen erst am Ende der Blütezeit.

Öko: Die Pestwurz bildet oft große Bestände an Ufern von kühlen, rasch fließenden Bächen, auf Nasswiesen und im Weiden- und Erlengebüsch. Sie wächst auf mineralsalzreichen, nassen, zeitweise überschwemmten Böden und gilt als Schwemmlandbefestiger.

Übrigens: Die Pflanze wurde früher gegen die Pest eingesetzt (Name!). Die aus abgerissenen Blättern austretenden unangenehmen Schleimstoffe lassen sich von den Händen nur schwer entfernen.

L7   F8 =   R7   N8   3   G, H

4 Wasser-Minze

(Mentha aquatica)   Lippenblütengewächse

↑ bis 100 cm   ❀ Juli — Oktober

Blüten in den oberen Blattachseln quirlartig, am Ende des Stängels in rundlichen Köpfchen. Blätter eiförmig und gestielt. Die Pflanze duftet nach Pfefferminze. Bei der **Ross-Minze** *(M. longifolia)* sind Blütenköpfchen und Blätter länglich, die Blätter sind ungestielt. Die Wasser-Minze bildet mit anderen Minzearten Bastarde, die oft nur schwer zu unterscheiden sind. △

Öko: Die Wasser-Minze kommt häufig in Röhricht- und Seggengesellschaften von Seen und Teichen vor, wächst aber auch an Ufern und Gräben, in Nass- und Moorwiesen. Sie bevorzugt mäßig mineralsalzreiche Ton- oder Torfböden.

Übrigens: Die als Heilpflanze bekannte Pfeffer-Minze ist ein Bastard aus Wasser- und Ähren-Minze *(M. spicata)*. Ihre Inhaltsstoffe helfen bei Verdauungsproblemen. Einer dieser Stoffe, das Menthol, ist in manchen Bonbons (Spearmint) enthalten. Es reizt die Kälterezeptoren der Haut und schmeckt deshalb erfrischend.

L7   F9 =   R7   N5   3   H, A

1 Ufer-Wolfstrapp

2 Dreiteiliger Zweizahn

3a Gewöhnliche Pestwurz

3b Gewöhnliche Pestwurz

4a Wasser-Minze

4b Ross-Minze

1 Sumpf-Schwertlilie

(Iris pseudacorus)   Schwertliliengewächse

↑ bis 100 cm   ❀ Mai—Juli

Blüten etwa 8 cm lang und meist zu 2—5 in einem Blütenstand. Blätter schwertförmig, bis 3 cm breit, mit undeutlicher Mittelrippe.

Öko: Die Pflanze besiedelt das Verlandungs-röhricht stehender und fließender Gewässer. Auch in Erlenbruchwäldern kommt sie an genü-gend hellen Standorten vor. Sie bevorzugt zu-mindest zeitweise überschwemmte, mineral-salzreiche Sumpfhumusböden und gilt als Nässezeiger. Mit Wasser-Minze (S. 181) und Wasser-Schwaden (S. 184) bildet sie das im Tiefland häufige Wasser-Schwaden-Röhricht. Die Samen der Pflanze enthalten eine Luftkam-mer und sind dadurch schwimmfähig.

Übrigens: In manchen Gegenden wird der Storch auch „Adebar" genannt. Da er sich gern in Feuchtwiesen aufhält, heißt die Schwertlilie dort auch „Adebarsblume".

L7 F9= Rx N7   3   A, G

2 Breitblättriger Rohrkolben

(Typha latifolia)   Rohrkolbengewächse

↑ bis 200 cm   ❀ Juli—August

Blütenstand kolbig; im oberen Abschnitt männ-liche, im unteren weibliche Blüten. Beim **Schmalblättrigen Rohrkolben** *(T. angustifolia)* ist der männliche Kolben durch einen 3—5 cm langen Stängelabschnitt vom weiblichen ge-trennt.

Öko: Der Breitblättrige Rohrkolben trägt mit seinen kriechenden Wurzelstöcken in Verlan-dungszonen stehender und langsam fließender Gewässer zur Bildung dichter Teichröhrichtbe-stände bei. Er gilt als Anzeiger für stickstoffrei-ches Wasser. Der Stängel des Rohrkolbens wird von mehreren Insektenarten „bewohnt". Beispielsweise verpuppen sich darin die Larven der Schilfeule, eines Nachtschmetterlings.

Übrigens: Starker Wind kann dem Rohrkolben nichts anhaben. Die Blätter sind in 2—3 Win-dungen gedreht und bieten so kaum Angriffs-fläche.

L8 F10 R7 N8   3   A, H

3 Aufrechter Igelkolben

(Sparganium erectum)   Igelkolbengewächse

↑ bis 60 cm   ❀ Juni—September

Stängel verzweigt; jeweils im oberen Teil männ-liche, im unteren weibliche Blüten in kugeligen Köpfchen, die später eine stachlige Fruchthülle ausbilden. Blätter am Grund 3-kantig, aufrecht, mit deutlicher Mittelrippe. Der Stängel des **Ein-fachen Igelkolbens** *(Sp. emersum)* ist unver-zweigt.

Öko: Der Aufrechte Igelkolben steht bevorzugt an lichten Stellen stehender oder langsam flie-ßender Gewässer mit hohem Mineralsalzgehalt. Dort besiedelt er, oft gemeinsam mit Rohrkol-ben und Schilfrohr (S. 185), das Uferröhricht. Er gilt als Verlandungspionier, da er zur Schlamm-ablagerung und Bodenbefestigung beiträgt.

Übrigens: Der Aufrechte Igelkolben kann stär-kere Wasserverschmutzung ertragen.

L7 F10 R7 N7   3   A

4 Sumpf-Schachtelhalm

(Equisetum palustre)   Schachtelhalmgewächse

↑ bis 50 cm   ○ Juni—September

Blattquirl am Haupt-trieb länger als die beiden untersten Glieder der zu-gehörigen Seiten-triebe; Blattzähne weißhäutig beran-det. Stängel deut-lich gerieft und 9- bis 12-kantig.

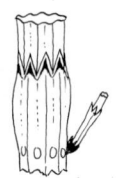

Sumpf-   Acker-
Schachtelhalm Schachtelhalm

Sporenähren an der Spitze grüner Triebe. Beim ähnlichen **Acker-Schachtelhalm** (S. 75) ist der Blattquirl kürzer als die untersten Glieder der Seitentriebe. Der **Teich-Schachtelhalm** *(E. flu-viatile)* wird bis 150 cm hoch; sein Stängel fühlt sich glatt an. △

Öko: Der Sumpf-Schachtelhalm besiedelt Nass- und Moorwiesen sowie Verlandungszo-nen mit staunassen, stickstoffarmen Böden.

Übrigens: Die Pflanze ist für das Weidevieh gif-tig.

L7 F8 Rx N3   3   G

1 Sumpf-Schwertlilie

2 Breitblättriger Rohrkolben

3 Aufrechter Igelkolben

4 Sumpf-Schachtelhalm / Sporenähre

183

1 Schnabel-Segge

(Carex rostrata)   Riedgrasgewächse

↑ bis 70 cm   ❀ Mai — Juni

Pflanze graugrün. Stängel stumpf 3-kantig und glatt; oben mit 2 — 3 männlichen Ährchen; weibliche Ährchen darunter, 4 — 7 cm lang; Spelzen der weiblichen Blüten rostrot mit grünem Mittelstreif; Fruchtschläuche eiförmig-kugelig, ca. 5 mm lang und gabelig geschnäbelt (Lupe!). Bei der ähnlichen, aber gelbgrünen **Blasen-Segge** *(C. vesicaria)* sind die weiblichen Ährchen 2 — 4 cm lang, die Spelzen sind braun und der Schnabel ist deutlich länger. Die Seggenarten sind schwierig zu bestimmen. △

Öko: Die Schnabel-Segge bildet an Seeufern, auf nassen Böden und in Moorgräben große Bestände. Sie stellt geringe Ansprüche an den Mineralsalzgehalt des Bodens. Die Früchte schwimmen auf dem Wasser.

Übrigens: Die langen Ausläufer der Pflanze halten den Boden fest und tragen zur Verlandung bei. Die scharfe Schneide der Blätter enthält Silikateinlagerungen.

L9   F10   R3   N3   3   A, H

2 Flutender Schwaden

(Glyceria fluitans)   Süßgräser

↑ bis 100 cm   ❀ Mai — August

Pflanze mit langen, kriechenden Ausläufern, die auch auf dem Wasser schwimmen (Name!). Ährchen bis 2,5 cm lang; in bis 45 cm langer, schmaler Rispe. Junge Blatthäutchen spitz, ältere zerschlitzt. Beim **Wasser-Schwaden** *(G. maxima)* sind sie abgerundet. Seine Ährchen sind 6 — 10 mm lang. △

Öko: Der Flutende Schwaden kommt häufig an Bächen, Gräben und Quellen vor. Er bevorzugt nasse Sand- und Tonböden mit hohem Stickstoffgehalt. Jungfische finden zwischen den Pflanzen reichlich Nahrung.

Übrigens: Der altertümliche Name „Manna-Schwaden" ist auf die frühere Verwendung der süß schmeckenden Früchte zur Zubereitung von Grütze zurückzuführen (Manna = vom Himmel gefallene Nahrung — 2. Mos.16).

L7   F9=   Rx   N7   3   A, H

3 Rohr-Glanzgras

(Phalaris arundinacea)   Süßgräser

↑ bis 250 cm   ❀ Juni — Juli

Rispe bis 20 cm lang, zur Blütezeit buschig ausgebreitet; blassgrün oder rotviolett überlaufen. Im Gegensatz zum Schilfrohr hat das Rohr-Glanzgras Blatthäutchen.

Öko: Das Rohr-Glanzgras wächst am Ufer vor allem schnell fließender Gewässer sowie in Auenwäldern. Es bevorzugt stickstoffreiche Böden und bildet oft dichte Bestände.

Blatthäutchen

Übrigens: Die junge Pflanze wird als Viehfutter angenommen. Das Gras eignet sich zur Befestigung von Böschungen und Deichen. Früher wurde es zur Herstellung von Strohdächern verwendet. Eine Form mit weiß gestreiften Blättern findet man als Zierpflanze in Gärten.

L7   F8 ~   R7   N7   3   G, H

4 Schilfrohr

(Phragmites australis)   Süßgräser

↑ bis 300 cm   ❀ Juli — September

Rispe bis zu 40 cm lang. Blätter graugrün, 40 — 50 cm lang und 1 — 3 cm breit; ein Blatthäutchen fehlt, statt dessen findet sich ein Haarkranz.

Öko: Das Schilfrohr bedeckt im Uferbereich stehender oder langsam fließender Gewässer oft große Flächen. Es wächst auch in Auenwäldern und auf Moorwiesen. Schilf entzieht dem Wasser große Mengen an Mineralsalzen und kann so der Eutrophierung entgegenwirken. Mit seinen bis einen Meter tief reichenden Wurzeln trägt es erheblich zur Verlandung der Gewässer bei. Für Jungfische und Wasservögel sind die Schilfgürtel wichtige Lebensräume.

Haarkranz

Übrigens: Das Schilf wird auch heute noch in Herbst und Winter geschnitten und zum Dachdecken für Reetdächer (Reet = Schilf), für Matten, als Unterlage für Mörtelputz und dergleichen verwendet.

L7   F10   R7   N7   3   G, A

1 Schnabel-Segge

2 Flutender Schwaden

3 Rohr-Glanzgras

4 Schilfrohr

1 Gewöhnliche Teichsimse
(Schoenoplectus lacustris) Riedgrasgewächse

↑ bis 300 cm ❀ Mai – Juli

Große, kaum zu verwechselnde Pflanze. Stängel stielrund, meist dunkelgrün. Ähren in scheinbar seitenständiger, zusammengezogener Rispe.

Öko: Die Pflanze findet sich häufig im Röhricht stehender oder langsam fließender Gewässer, an Ufern und in Gräben. Sie bevorzugt mineralsalzreichere Böden. Sie geht bis 3 Meter tief ins Wasser und gilt als Verlandungspionier. Heute wird sie zunehmend an Teichen in Gärten und Parkanlagen angepflanzt.

Übrigens: Die Teichsimse war früher Lieferant für Flechtmaterial. Sie gilt als Schmutzwasserreiniger. In mineralsalzarmen Gewässern bilden sich Zwergformen.

L8 F11 R7 N6 3 A, G

2 Flatter-Binse
(Juncus effusus) Binsengewächse

↑ bis 150 cm ❀ Juni – August

Blätter borstig. Rispe 4 – 10 cm lang, meist sehr locker verzweigt und scheinbar seitenständig. Stängel glänzend grasgrün, lässt sich leicht zerreißen. Dichter Wuchs. △

Öko: Die Flatter-Binse wächst häufig auf Nasswiesen und -weiden, aber auch in feuchten Waldschlägen und an Wegen. Sie bevorzugt stickstoffarme, saure, staunasse Böden.

Übrigens: Je nach Standort zeigt die Flatter-Binse unterschiedliche Wuchshöhen: In Dünenmooren wird sie oft nur 10 cm hoch, auf ausgetrockneten Teichböden dagegen kann sie bis 1,50 m erreichen.

L8 F7 R3 N4 3 H

3 Kröten-Binse
(Juncus bufonius) Binsengewächse

↑ bis 30 cm ❀ Mai – September

Blüten bis 5 mm breit und kurz gestielt; einzeln in lockerer Rispe mit gegabelten Ästen. Stängel schlaff. △

Öko: Die Kröten-Binse besiedelt vorwiegend Ufer, die Ränder sonniger Wege und Ackerfurchen mit verfestigten, feuchten, sauren Böden. Die Samen werden durch Klebwirkung verbreitet.

Übrigens: Die Kröten-Binse wächst dort, wo auch Kröten vorkommen. Vermutlich hat sie daher ihren Namen.

L7 F7 ~ R3 N4 3 T

4 Wald-Simse
(Scirpus sylvaticus) Riedgrasgewächse

↑ bis 100 cm ❀ Mai – September

Rispe locker, mit bis zu 15 cm langen Ästen; Ährchen eiförmig, schwarzgrün gescheckt, einzeln stehend oder gebüschelt. Blätter flach, am Rand rau, meistens hellgrün und etwa 1 cm breit. Stängel aufrecht, übergebogen und innen hohl.

Öko: Die Wald-Simse findet man in Waldsümpfen, an Teichen und auch in Nasswiesen. Sie wächst insbesondere auf stickstoffärmeren Ton- und Lehmböden und wird meistens von der Sumpf-Dotterblume (S. 173) begleitet.

Übrigens: Im Wald zeigt die Pflanze geeignete Eschen- und Erlenstandorte an. Trockenlegungen drängen die Pflanze zurück.

L6 F8 R4 N4 3 G

5 Schmalblättriges Wollgras
(Eriophorum angustifolium) Riedgrasgewächse

↑ bis 60 cm ❀ April – Mai

Blütenstand aus runden, vielblütigen Ährchen mit glatten, unterschiedlich langen Stielen. Blüten mit einem Kranz feiner Borsten, die beim Reifen zu weißer „Wolle" auswachsen. △

Öko: Das Wollgras wächst in Nieder- und Übergangsmooren. Es besiedelt mineralsalzarme, saure Torfböden. An Gartenteichen wird es häufig angepflanzt.

Übrigens: Früher nahm man das Gras zum Ausstopfen von Kissen. Die weiße „Wolle" ist brüchig und lässt sich deshalb nicht verspinnen.

L8 F9 = R4 N2 3 G, A

1 Gewöhnliche Teichsimse

2 Flatter-Binse

3 Kröten-Binse

4 Wald-Simse

5 Schmalblättriges Wollgras

1 Bruch-Weide

(Salix fragilis)   Weidengewächse

↑ bis 15 m   ❀ März — Mai

Blätter lanzettlich, bis 20 cm lang und kahl, mit hellerer Unterseite; junge Blätter ein wenig klebrig. Pflanze zweihäusig. Männliche Kätzchen 3 — 5 cm lang, weibliche Kätzchen 5 — 7 cm lang und schmal. Zweige glänzend gelbbraun; junge Zweige lassen sich sehr leicht abbrechen (Name!). △

Öko: Die Bruch-Weide wächst an Ufern und in feuchten Wäldern, vor allem in den großen Stromtälern. Sie bevorzugt nasse, auch zeitweilig überschwemmte, mineralsalzreichere Böden und wird auch angepflanzt. Abgebrochene Zweige bewurzeln sich rasch und sorgen so für die Verbreitung flussabwärts. Von Weidenblättern ernähren sich die Larven vieler Schmetterlingsarten, z. B. die des Weidenbohrers.

Übrigens: Wird die Bruch-Weide als Kopfweide geschnitten (vgl. Silber-Weide), ergeben sich in den entstehenden Asthöhlen wertvolle Lebensräume für zahlreiche Tierarten, z. B. für den Steinkauz.

L(5)   F8 =   R6   N6   3   P

2 Silber-Weide

(Salix alba)   Weidengewächse

↑ bis 25 m   ❀ April — Mai

Blätter lanzettlich und bis 10 cm lang; junge Blätter beidseitig, ältere Blätter nur unterseits silbrig behaart. Pflanze zweihäusig. Männliche Kätzchen 5 — 7 cm lang (deutlich länger als bei der ähnlichen Bruch-Weide); weibliche Kätzchen 3 — 5 cm lang. Junge Zweige lassen sich nicht leicht abbrechen.

Öko: Die Silber-Weide findet man vor allem an großen Fließgewässern, z. B. am Rhein, auf stickstoff- und basenreichen, meist kalkhaltigen, sandig-kiesigen Tonböden.

Übrigens: Die Silber-Weide wird auch als Kopfweide gezogen. Man schneidet dazu immer wieder die Äste ab („Schneiteln"). Die langen Weidenruten kann man zum Korbflechten verwenden.

L(5)   F8 =   R8   N7   3   P

3 Grau-Weide

(Salix cinerea)   Weidengewächse

↑ bis 6 m   ❀ März — April

Blätter breit eiförmig und 4 — 10 cm lang. Pflanze zweihäusig. Männliche Kätzchen mit grauseidig behaarten Tragblättern. Junge Zweige und Knospen graufilzig (Name!). Die Haupttriebe der meist strauchförmigen Pflanze enden alle in gleicher Höhe. Die Weidenarten bilden zahlreiche Bastarde, die nur schwer zu unterscheiden sind. △

Öko: Die Grau-Weide wächst an Moorrändern, an Gräben und an Ufern. Sie besiedelt insbesondere mäßig saure Sand- und Tonböden mit geringerem Stickstoffgehalt.

Übrigens: Um die Weiden ranken sich viele alte Sagen. Gespenster sollen in den in der Dämmerung unheimlich wirkenden Gehölzen wohnen.

L7   F9 ∼   R5   N4   3   N

4 Schwarz-Erle

(Alnus glutinosa)   Birkengewächse

↑ bis 25 m   ❀ März — April

Pflanze einhäusig, getrennt geschlechtlich. Männliche Kätzchen rötlich gelb und hängend; weibliche Blütenstände rötlich, sehr klein und zapfenartig. Blätter doppelt gesägt, rundlich und sehr stumpf.

Öko: Die Schwarz-Erle besiedelt Auen- und Bruchwälder mit kalkarmen Böden. Sie wird aber auch häufig als Forstbaum angepflanzt. Die Larven des Erlenrüsslers, eines Rüsselkäfers, entwickeln sich im Holz und bringen Zweige und kleine Bäume zum Absterben. Der häufige Erlen-Blattkäfer ernährt sich von den Blättern. Mithilfe von Bakterien in den Wurzelknöllchen können Erlen Luftstickstoff binden. Sie leben mit diesen Knöllchenbakterien in einer Symbiose, von der beide Partner profitieren.

Übrigens: Die Erle galt in früherer Zeit als Gespensterbaum. Erlkönig und seine Töchter sollen in den Zweigen ihren Sitz haben. Auch Geister und den „schwarzen Jäger" sah man nachts auf Erlenstümpfen lauern.

L(5)   F9 =   R6   Nx   3   P

1 Bruch-Weide/ blühende ♂ Kätzchen

3 Grau-Weide

2a Silber-Weide

2b Silber-Weide als Kopfweide geschnitten

4 Schwarz-Erle/
   ♂ und ♀ Kätzchen

189

Moose

Moose sind grüne, zur Fotosynthese befähigte Landpflanzen. Sie sind etwas einfacher aufgebaut als Farnpflanzen und Samenpflanzen. Es fehlen ihnen vor allem leistungsfähige Leitgewebe und verholzte Festigungsgewebe. Sie verbreiten sich durch Sporen. Aus den Sporen wachsen grüne Moospflänzchen, auf denen männliche und weibliche Keimzellen gebildet werden. Aus der befruchteten Eizelle entsteht noch auf der grünen Moospflanze eine neue Generation, der so genannte *Sporophyt*, der meist nur aus einem Stiel und einer Kapsel besteht, in der die Sporen gebildet werden.

Laubmoose sind in Stämmchen und Blättchen gegliedert und mit haarfeinen Fäden *(Rhizoiden)* an der Unterlage festgewachsen. Die Blättchen sind meist vorn zugespitzt und spiralig um die Achse angeordnet. Die einzelnen Pflänzchen können aus unverzweigten oder wenig verzweigten, aufrechten Trieben oder aus stark verzweigten, niederliegenden Trieben bestehen. Auch bäumchenförmige Gestalten kommen vor.

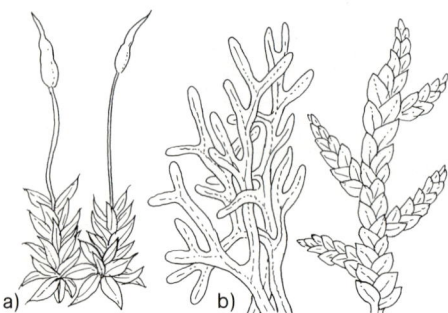

1 Laubmoos (a) und Lebermoose (b)

Lebermoose sind entweder lappig, mehr oder weniger gabelig verzweigt oder ebenfalls in Achse und Blättchen gegliedert. Diese Blättchen sind jedoch in der Regel vorne abgerundet oder mehrzipfelig. Daneben kommen kleinere „Unterblättchen" auf der Unterseite der niederliegenden Triebe vor.

Sparriges Kranzmoos

(Rhytidiadelphus squarrosus) Laubmoose
Die niederliegend-aufsteigenden, mehrfach verzweigten Triebe haben auffallend abstehende Blättchen, die sich auch beim Trocknen nicht an die Zweige anlegen. Sporenkapseln werden äußerst selten gebildet. Das Moos ist das häufigste Rasenmoos. Es kann sich an schattig feuchten Rasenstellen flächenartig entwickeln und die Gräser verdrängen. Moose dieser Gattung werden zum Teil in der Kranzbinderei und für Trockengestecke verwendet.

2 Sparriges Kranz-
moos

3 Gewelltblättriges
Sternmoos

Gewelltblättriges Sternmoos

(Mnium undulatum) Laubmoose
Auffallend großes Moos mit aufrechten und niederliegenden Trieben und langen, schmalen, deutlich gewellten Blättchen. Das Moos kommt in Rasen und an Wegrändern vor. Es bildet nur selten Sporenkapseln.

Krücken-Kurzbüchsenmoos

(Brachythecium rutabulum) Laubmoose
Das stark verzweigte Moos bildet Filze und Überzüge auf dem Boden, auf Steinen und am Fuß von Bäumen und Baumstümpfen. Nicht selten bildet es *Sporophyten* mit kurzen, etwas schräg gestellten oder überhängenden Kapseln.

4 Krücken-Kurzbüchsenmoos

Silber-Birnmoos
(Bryum argenteum) Laubmoose
Die kleinen kätzchenartigen aufrechten Triebe dieses Mooses stehen meistens in dichten Polstern. Sie haben einen silbrigen Glanz. Das Silber-Birnmoos ist das häufigste Moos in Steinfugen und Pflasterritzen — auch in Innenstädten.

5 Silber-Birnmoos

Zweizahn-Kammkelchmoos
(Lophocolea bidentata) Lebermoose
Die zweizeilig beblätterten lockeren Geflechte dieses Lebermooses findet man vor allem an feuchten Wegrändern, auch in vermoosten Rasen, oft mit Laubmoosen vergesellschaftet.

7 Zweizahn-Kammkelchmoos

Mauer-Drehzahnmoos
(Tortula muralis) Laubmoose
Das Moos bildet kleinere oder größere Kissen oder Teppiche auf Mauern, Dachziegeln und ähnlichen Unterlagen. Die Stiele der jungen Sporenkapseln leuchten — besonders im Gegenlicht — auffallend orangegelb. Mit der Lupe sieht man, dass die reifen Sporenkapseln an der Spitze lange, gedrehte Zähne tragen.

6 Mauer-Drehzahnmoos

Brunnen-Lebermoos
(Marchantia polymorpha) Lebermoose
Die gabelig geteilten Lappen oder Bänder bilden auf feuchten, sandigen Böden aber auch an Platten und Mauern an Bachläufen oft flächige Überzüge. Früher war das Moos besonders häufig in der Nachbarschaft von Brunnen. Auf der Oberfläche erkennt man oft Brutbecher mit kleinen Brutkörpern aber auch schirmförmige Ständer, die der geschlechtlichen Fortpflanzung dienen.

8 Brunnen-Lebermoos

Pilze

Die meisten Pilze bestehen aus einem nur unter dem Mikroskop sichtbaren Fadengeflecht *(Mycel)*. Sie leben im Boden, in Holz oder in anderen Substraten. Abhängig von Klima und Ernährungsbedingungen kann das Fadengeflecht große, Sporen bildende Fruchtkörper hervorbringen, die auch ohne optische Hilfsmittel gut zu sehen sind. Diese werden landläufig als „Pilze" bezeichnet.

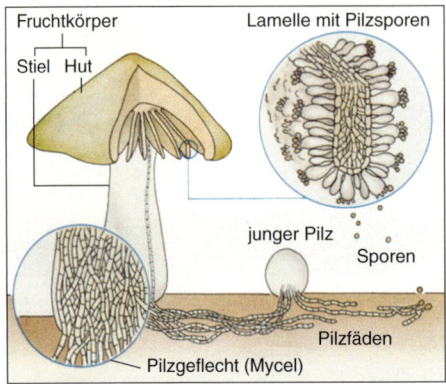

1 Schnitt durch den Fruchtkörper eines Blätterpilzes. An der Hutunterseite werden die Sporen gebildet.

Pilzen fehlt der grüne Farbstoff Chlorophyll. Anders als die grünen Pflanzen sind sie deshalb nicht in der Lage, mithilfe des Sonnenlichts aus Kohlenstoffdioxid organische Kohlenstoffverbindungen aufzubauen. Zu ihrer Ernährung benötigen sie organische Stoffe wie Zellulose, Holz oder Eiweiße. Überall wo diese reichlich vorkommen, z.B. in der Laubstreu des Waldes oder auf dungreichen Viehweiden, kann man zahlreiche Pilzarten finden.

Schopf-Tintling

(Coprinus comatus)   Blätterpilze
Hutpilz mit zunächst zylindrisch geformtem weißflockigem Hut, der sich gar nicht oder erst sehr spät ausbreitet und dann vom Rand her rosa und schließlich schwarz wird. Auch die Lamellen auf der Hutunterseite sind beim jungen Pilz weiß. Später werden sie — wie die Hutoberseite — rosa und dann schwarz, wobei sich der ganze Pilz vom Hut her auflöst und schwarz abtropft („Tintling"). Jung ist der Schopf-Tintling ein guter Speisepilz.

2 Schopf-Tintling

Heu-Düngerling

(Paneolus foenisecii)   Blätterpilze
2—4 cm breiter, halbkugeliger Hut, im Alter flach ausgebreitet; dunkelbraun, bei Trockenheit ocker ausbleichend. Lamellen auf der Hutunterseite blassbraun bis dunkel purpurbräunlich. Der bis zu 5 cm lange und etwa 3 mm dicke Stiel ist oben heller und unten rötlich braun. Typisch auf frisch gemähten Rasenflächen. Mehrere ähnliche Arten. Schwach giftig.

3 Heu-Düngerling

Echter Rotfußröhrling

(Xerocomus chrysenteron)   Röhrenpilze
Braune Huthaut häufig felderig aufplatzend; Unterseite mit eckigen erst gelben, später grünlichen Poren. Stiel im unteren Teil meist deutlich rötlich punktiert. Auch Schneckenfraßspuren oder Verletzungen auf der Hutoberseite verfärben sich rötlich. Wenn man den

Fruchtkörper aufbricht, verfärbt sich das zunächst gelbliche Fleisch blau bis grünlich. Der Pilz ist vor allem in Laub- und Nadelwäldern häufig, auch in Parks. Essbar.

4 Echter Rotfuß-
   röhrling

5 Goldgelber Zitter-
   ling

Goldgelber Zitterling

(Tremella mesenterica) Gallertpilze
Die unregelmäßig gelappten, gallertartigen, goldgelben Fruchtkörper brechen vor allem im Winterhalbjahr aus abgestorbenen Laubholzästen. Besonders häufig findet man den Pilz an feuchten Standorten, auch in Parkanlagen und Gärten. Andere Gallertpilze an ähnlichen Standorten können rotbraun, schwarz oder weißlich gefärbt sein.

Orangebecherling

(Aleuria aurantia) Schlauchpilze
Oft gehäuft aus dem Boden brechende Becher von 6 – 12 cm Durchmesser, mit aufgebogenen Rändern; zunächst schalenförmig, später unregelmäßig ausgebreitet; innen lebhaft orangerot, außen blasser und bereift. Wenn man die Becher mit ins warme Zimmer nimmt, kann man häufig beobachten, wie die Sporen aus der Becherinnenseite als weiße Wolke ausgeschleudert werden. Man findet den Orangebecherling vorwiegend an Wegrändern, an stark vertretenen Stellen, in Gärten und Parks. Essbar.

6 Orangebecherling

Zinnoberroter Pustelpilz

(Nectria cinnabarina) Schlauchpilze
Die stecknadelkopfgroßen, rosafarbenen Pusteln sind vor allem im Winterhalbjahr an toten Laubholzzweigen aller Art zu sehen. Selten kommen sie auch parasitisch vor. Ältere Pusteln werden nach und nach ziegelrot. Unter der Lupe erkennt man dann, dass sie wie eine kleine Himbeere aus Einzelkügelchen zusammengesetzt sind. Nicht essbar.

7 Zinnoberroter Pustelpilz

Geweihförmige Holzkeule

(Xylaria hypoxylon) Schlauchpilze
Stiftförmige oder gabelig verzweigte Fruchtkörper mit filzig schwarzer Basis und weißen Zweigspitzen. Beim Älterwerden trocknen die Spitzen ein, die Basis wird dicker und häufig sieht man um die Fruchtkörper herum den schwarzen Sporenstaub. Der Pilz ist besonders häufig auf abgesägten Baumstümpfen aber auch auf anderen erdnahen oder auf der Erde liegenden Holzresten zu finden. Nicht essbar.

8 Geweihförmige Holzkeule

Flechten

Flechten sind Lebensgemeinschaften zwischen einer Alge oder einem blaugrünen Bakterium und einem Pilz. Diese *Symbiose* ist so eng, dass dadurch nicht nur eine neue Gestalt zustande kommt. Eine Flechte kann darüber hinaus Leistungen erbringen, die den beiden Partnern allein nicht möglich wären.

Im Querschnitt kann man erkennen, dass die Flechte in der Regel eine obere und eine untere Rindenschicht bildet. Zwischen diesen dicht gelagerten Pilzfäden *(Hyphen)* befindet sich ein lockeres Geflecht, in das direkt unter der oberen Rinde grüne Algenzellen oder blaugrüne Bakterienzellen eingelagert sind. Diese betreiben Fotosynthese und versorgen auch den Pilz mit Kohlenhydraten. Der Pilz bietet seinem Partner Schutz und versorgt ihn mit Wasser und Mineralsalzen.

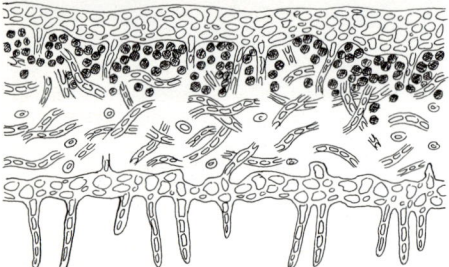

1 Schnitt durch eine Blattflechte

Es gibt eine große Anzahl verschiedener, oft nur schwer unterscheidbarer Flechtenarten. Man kann drei Wuchsformtypen unterscheiden, zwischen denen es allerdings Übergänge gibt:

Krustenflechten liegen der Unterlage fest an. Man kann sie nur schwer oder gar nicht von dieser ablösen, ohne sie zu beschädigen.

Blattflechten bestehen aus mehr oder weniger rundlichen blattartigen Lappen mit deutlicher Ober- und Unterseite. Sie sind mit Haftorganen an der Unterlage befestigt, lassen sich aber in der Regel relativ leicht ablösen oder abkratzen.

Strauchflechten sind aufrecht oder hängend, bandförmig oder drehrund und meistens reich verzweigt. Oft haben sie eine blattflechtenartige Grundfläche aus der verzweigte, unverzweigte oder becherförmige Äste aufsteigen.

Flechten können sich ungeschlechtlich durch blättchen- oder stiftförmige Auswüchse oder auch durch staubkornförmige Einheiten ausbreiten. Alle diese Gebilde enthalten beide Flechtenpartner und können, von Wind oder Wasser auf geeigneten Untergrund gebracht, zu neuen Flechten heranwachsen. Geschlechtliche Fortpflanzung mit Fruchtkörperbildung konnte bisher nur beim Pilzpartner nachgewiesen werden.

Flechten haben als Zeigerpflanzen (Bioindikatoren) für Luftverunreinigungen insbesondere durch Schwefelverbindungen (Schwefeldioxid) praktische Bedeutung gewonnen. Gebiete mit starker Luftverschmutzung sind oft „Flechtenwüsten".

Graue Staubflechte

(Lepraria incana) Krustenflechte
Krustenförmiger, blaugrauer bis graugrüner Überzug auf der Rinde von Baumstämmen. Die Flechte überzieht oft größere Flächen, die dann wie mit Puder bestäubt aussehen. Ähnliche Arten können auch auf Gestein oder Mauern vorkommen. Ähnlich aussehende aber rein grüne Beläge an Standorten wie Baumrinden, Mauern und Dachziegeln stammen von einzelligen „Luftalgen".

2 Graue Staubflechte

Mauer-Kuchenflechte

(Lecanora muralis) Krustenflechte
Blassgrüngraue Rosetten auf Mauern, Dachziegeln und Plattenwegen. In der Mitte der Rosetten sind meistens die rundlichen blassbräunlichen, mit einem weißen Rand umgebenen

Pilzfruchtkörper (Becherchen) zu erkennen. Die Kuchenflechten bilden eine sehr artenreiche Gattung. Nur Spezialisten gelingt die Bestimmung der einzelnen Arten.

3 Mauer-Kuchenflechte

Wand-Gelbflechte

(Xanthoria parietina) Blattflechte
Grünlich bis orangegelbe Lappen mit zahlreichen kreiselförmigen Pilzfruchtkörpern. Sie gedeiht auf stickstoffreicher Unterlage (Rinde, Holz, Felsen, Mauern, oft in der Nähe von Vogelnistplätzen). Luftverschmutzung verträgt sie sehr gut. Der gelbe Farbstoff der Flechte zeigt eine sehr auffallende, vom Säuregrad abhängige Umfärbung: Mit Lauge (z. B. Kalilauge) wird er tief blutrot.

4 Wand-Gelbflechte

Lippen-Schüsselflechte

(Hypogymnia physodes) Blattflechte
Die grauen, gabelig zerteilten Lappen sind am Rand häufig lippenartig aufgeworfen und auf der Unterseite mehlig bestäubt; sehr vielgestaltig. Die Lippen-Schüsselflechte ist eine der häufigsten Blattflechtenarten an Baumstämmen und Zweigen, seltener auf Gestein. Sie wird häufig als Bioindikator für Luftverschmutzung eingesetzt.

5 Lippen-Schüsselflechte

6 Pflaumenflechte

Pflaumenflechte

(Evernia prunastri) Strauchflechte
Die bandförmige, gelblich grüne oder graue Flechte wächst vorwiegend an Baumstämmen. Sie wird auch „Eichenmoos" genannt. Auf der Oberseite ist sie meist mit mehligen Pusteln besetzt, die Unterseite ist weißlich. Sie ist empfindlich gegen Luftverschmutzung. Seit dem Altertum dient sie als Duftstofflieferant.

7 Bepuderte Becherflechte

Bepuderte Becherflechte

(Cladonia coniocraea) Strauchflechte
Grundfläche aus grünlichen, wenige Millimeter breiten Läppchen mit weißlicher Unterseite. Daraus erheben sich bis zu 4 cm lange, weißgrünlich bestäubte Stiftchen, die teilweise oben becherförmig erweitert sind. Die Flechte ist sehr häufig an Baumstümpfen und am Fuß von Baumstämmen, auch auf morschem Holz. Es gibt mehrere sehr ähnliche Arten.

195

Ökologische Untersuchungen im Gelände

Es gibt verschiedene Möglichkeiten, etwas über die ökologischen Bedingungen an einem bestimmten Standort zu erfahren. Man kann z. B. Bodenuntersuchungen durchführen, Luftfeuchte, Temperatur und Lichtwert messen. Manchmal helfen auch einfache Beobachtungen weiter: Ist der Standort besonders feucht, schattig …? Ein umfassendes Bild von den Standortverhältnissen können Vegetationsaufnahmen liefern, wenn man die ökologischen Ansprüche der gefundenen Pflanzenarten mit in die Betrachtung einbezieht.

Mögliche Größen von Probeflächen:

Mauern, Pflasterfugen	1 — 3 m^2
Rasen (Scherrasen) und Trittrasen	1 — 5 m^2
Wiesen und Ruderalflächen	10 — 15 m^2
Krautschicht in Wäldern	25 — 200 m^2

Innerhalb der Probefläche sollte der Pflanzenbewuchs möglichst gleichmäßig sein. Das lässt auf einheitliche Standortverhältnisse schließen. Ist eine geeignete Fläche ausgewählt, kann es losgehen:

1. Probefläche abstecken. Man braucht dazu vier Stöcke oder Zeltheringe, eine Schnur und ein Maßband. Die Größe der Fläche sollte notiert werden.
2. Pflanzenarten, die innerhalb der abgesteckten Fläche vorkommen, nacheinander bestimmen. Die Namen der Pflanzen werden in eine Liste eingetragen. Dabei kann man — wenn es sich anbietet — gleich nach „Stockwerken" (Baumschicht, Strauchschicht, Krautschicht usw.) sortieren.
3. Für jede Pflanzenart den geschätzten Deckungsgrad bzw. die ungefähre Anzahl der Pflanzen mit einer Schlüsselzahl in der Pflanzenliste festhalten. Unter dem Deckungsgrad versteht man die Fläche, die von den Pflanzen einer Art bedeckt wird.

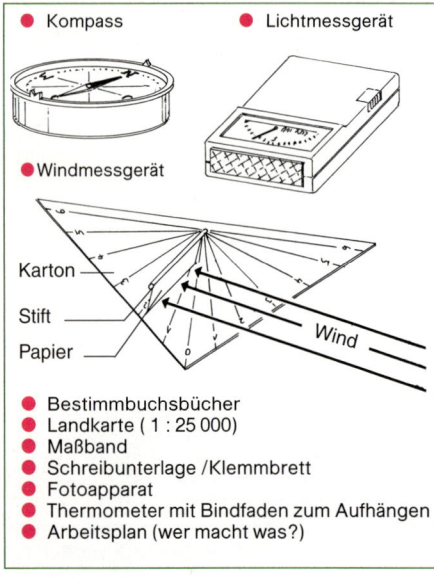

● Kompass   ● Lichtmessgerät

●Windmessgerät

Karton
Stift
Papier

Wind

● Bestimmbuchsbücher
● Landkarte (1 : 25 000)
● Maßband
● Schreibunterlage /Klemmbrett
● Fotoapparat
● Thermometer mit Bindfaden zum Aufhängen
● Arbeitsplan (wer macht was?)

1 Nützliches für die Arbeit im Gelände

Schlüsselzahlen:

5 bedeckt > 75 — 100 % der Fläche
4 bedeckt > 50 — 75 % der Fläche
3 bedeckt > 25 — 50 % der Fläche
2 bedeckt   5 — 25 % der Fläche
1 bedeckt weniger als 5 % der Fläche, kommt aber in großer Anzahl vor
+ bedeckt wenig Fläche und kommt in geringer Anzahl vor
r selten, rar

Vegetationsaufnahmen

Bei einer Vegetationsaufnahme werden möglichst alle Pflanzenarten einer ausgewählten Probefläche erfasst. Der Übersichtlichkeit halber ist es ratsam, sich zunächst artenärmere Standorte wie alte Mauern, Pflasterflächen oder Trittrasen vorzunehmen. Am besten beginnt man mit der Arbeit, wenn die Pflanzen sich entwickelt haben. Die Probefläche darf nicht zu klein sein, denn die Artenzusammensetzung ändert sich oft auf kleinem Raum und man kommt zu unzuverlässigen Ergebnissen. Bei Mauer-, Pflaster- und Trittgesellschaften können aber ein bis zwei Quadratmeter ausreichen.

Aus den ökologischen Ansprüchen der gefundenen Pflanzenarten und deren geschätzten Deckungsgraden bzw. Anzahlen lässt sich eine Aussage über die Standortverhältnisse der untersuchten Fläche ableiten. Angaben zu den ökologischen Ansprüchen der einzelnen Pflanzenarten finden sich unter **Öko** sowie in den Fußzeilen im Bestimmungsteil des Buches.

Eine weiter Möglichkeit, eine Vegetationsaufnahme auszuwerten, ist die Untersuchung nach Lebensformen. Zu einem Lebensformtyp werden alle Pflanzenarten zusammengefasst, die gleichartige äußerlich sichtbare Anpassungserscheinungen an bestimmte Umweltbedingungen aufweisen. Üblicherweise werden die Pflanzenarten nach der Art und Weise geordnet, wie sie die ungünstige Jahreszeit — bei uns also den Winter — überdauern. Die Zugehörigkeit zu einer bestimmten Pflanzengattung oder -familie spielt dabei keine Rolle. So genannte Bodenpflanzen *(Geophyten)* überwintern z. B. meist mithilfe unterirdischer Speicherorgane, einjährige Pflanzen *(Therophyten)* in Form von Samen (vgl. S. 7). Die Verteilung der Lebensformen kann an verschiedenen Standorten sehr unterschiedlich sein. Welche Gründe hat das? Die folgenden Angaben über die Verteilung der Lebensformen in verschiedenen Klimabereichen der Erde können helfen, diese Frage zu beantworten.

Auftreten der Lebensformen in verschiedenen Klimabereichen der Erde (in %):

Lebensformen (s. S. 7)	P	C	H	G	T
Feuchtwarmes Tropenklima	61	6	12	5	16
Wüstenklima	4	7	2	5	82
Gemäßigtes Klima	8	6	52	25	9
Arktisches Klima	1	22	60	15	2

Protokollbogen für eine Vegetationsaufnahme

Bearbeiter:	B. Müller, 7 c
Datum:	25. 4. 2000
Fundort:	Buchstadt / Friedhof; Mauer am Haupteingang
Größe der Probefläche:	1 x 2 m
Sonstige Angaben:	alte Mauer, Südseite, besonnt

3 Zimbelkraut
+ Scharfer Mauerpfeffer
+ Kanadisches Berufkraut
2 Mauerraute
r Gelber Lerchensporn
+ Braunstieliger Streifenfarn
.
.
.
.

Vergleich von Standorten

Besonders interessante Unterschiede kann ein Vergleich auf den ersten Blick recht ähnlicher Standorte zutage fördern.
Hier einige Beispiele:

— selten gemähte Wiese / ausgesprochener Scherrasen
— trockene Wiesenfläche / feuchte Senke
— alte Mauer / gepflasterter Gehweg davor
— schattige, halbschattige und besonnte Bereiche einer alten Mauer
— Fläche mit mehr oder weniger nacktem Boden (Rohboden) / ältere Ruderalfläche
— Stellen mit unterschiedlicher Strömungsgeschwindigkeit an einem Bach

Beobachtungen über einen längeren Zeitraum

Ändern sich die Umweltbedingungen eines Standortes — z. B. wenn eine Wiese trockengelegt oder nicht mehr gemäht wird, oder wenn durch Holzeinschlag oder Windwurf eine Lichtung im Stadtwald entstanden ist — so stellen sich nach und nach andere Pflanzenarten ein. Dies lässt sich dokumentieren, wenn man eine Vegetationsaufnahme über mehrere Jahre hinweg in regelmäßigen Abständen wiederholt. Eine einfache Lageskizze kann dabei helfen, den betreffenden Standort wiederzufinden.

Ergebnisse festhalten und ordnen

Viele Arbeiten im Gelände erhalten erst dann ihren besonderen Wert, wenn die Ergebnisse in geeigneter Form festgehalten werden. Im Fall der Pflanzenbestimmung oder -kartierung gibt es dazu verschiedene Möglichkeiten.

Anlegen einer Pflanzensammlung
Beim Sammeln von Pflanzen sollte man sich von vornherein auf ein überschaubares Teilgebiet beschränken. Das kann z. B. ein bestimmter Lebensraum mit den darin vorkommenden Pflanzenarten sein. Auch die Blätter aller gefundenen Baum- und Straucharten ergeben schnell eine umfangreiche Sammlung. Aber bitte stets beachten:

Niemals geschützte oder seltene Pflanzen sammeln!

Es ist also sinnvoll, die jeweilige Pflanzenart zunächst zu bestimmen. Name der Pflanze, Fundort und Datum sollten in ein Protokollbuch eingetragen werden. Pflanzen sammelt man am besten in geräumigen Plastikbeuteln.

Zu Hause werden die gesammelten Pflanzen auf dem Tisch ausgebreitet und wenn nötig gereinigt. Insbesondere sollte man die Wurzeln von Erde befreien. Bei manchen Pflanzen kann es sinnvoll sein, sie vor dem Einlegen zwischen Saugpapier etwas anwelken zu lassen. Sie lassen sich dann besser in die gewünschte Lage bringen. Man ordnet die Pflanzen zunächst z. B. auf Seidenpapier von DIN-A4-Größe so an, wie man sie später in der Pflanzensammlung (Herbar) gerne haben möchte. Dann legt man einen zweiten Seidenpapierbogen darüber und schiebt das Ganze in einen in der Mitte geknickten Doppelbogen einer Zeitung. Lange Stängel und Zweige können (mehrfach) geknickt werden. Auf das Seidenpapier sollte man eine Nummer schreiben, die sich dann im parallel angelegten Protokollbuch bei den Angaben zur entsprechenden Pflanzenart wiederfindet.

Den entstandenen Zeitungsstapel legt man in eine Pflanzenpresse, die man aus zwei Brettern und einem ausgedienten Ledergürtel leicht

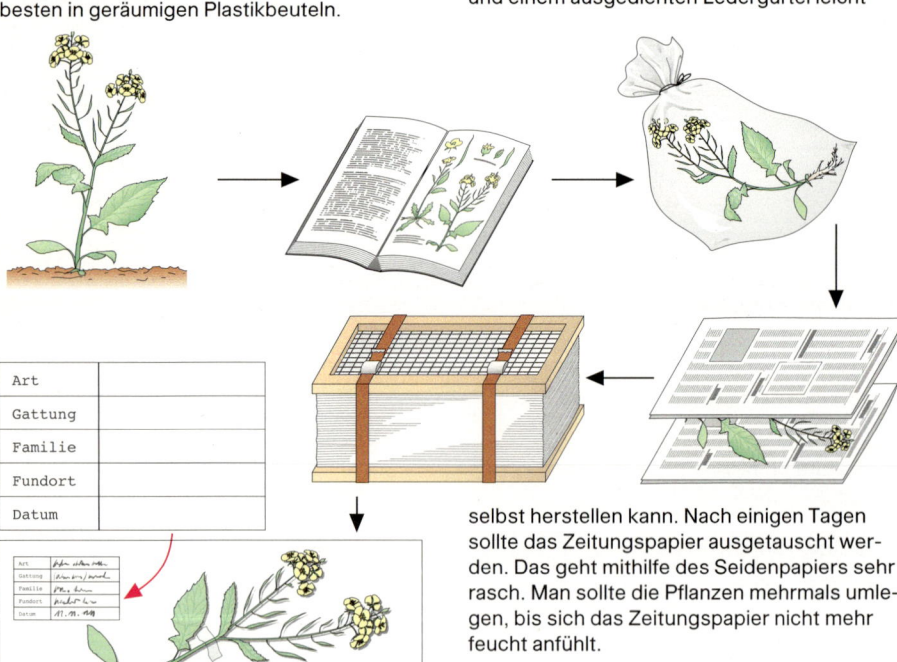

Art	
Gattung	
Familie	
Fundort	
Datum	

selbst herstellen kann. Nach einigen Tagen sollte das Zeitungspapier ausgetauscht werden. Das geht mithilfe des Seidenpapiers sehr rasch. Man sollte die Pflanzen mehrmals umlegen, bis sich das Zeitungspapier nicht mehr feucht anfühlt.

Die getrockneten Pflanzen können mit schmalem Klebstreifen oder am besten mit wasserlöslichem Klebstoff auf einen Karton geklebt werden. In der rechten unteren Ecke bringt man ein Etikett an. Darauf stehen der Name der Pflanze, der Fundort und das Funddatum. Soll die Pflanze häufig gezeigt werden, empfiehlt es sich, sie mit Klarsichtfolie zu überziehen.

Zeichnen

Großes Zeichentalent ist nicht gefordert, wenn man einige wesentliche Merkmale einer Pflanzenart festhalten möchte. Aber man muss genau hinschauen und unter Umständen mit ähnlichen Arten vergleichen. Das hilft Fehlbestimmungen zu vermeiden. Eine Detailzeichnung kann übrigens auch eine wirkungsvolle Ergänzung zum späteren Herbarblatt sein.

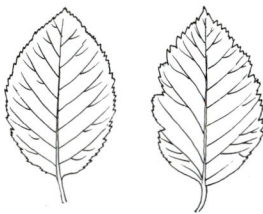

Detailzeichnungen: Blattrand der Echten Mehlbeere und der Schwedischen Mehlbeere

Fotografieren

Die eleganteste, dafür aber auch teuerste Art, zu einer „Pflanzensammlung" zu kommen, ist sicherlich das Fotografieren. Ganz wichtig ist zunächst, dass die Kamera die Möglichkeit bietet, das Objekt aus nächster Nähe aufzuneh-

1 Welche Baumart ist das?

2 Vogelbeere: Blattform und Früchte

men. Die besten Voraussetzungen bringen Spiegelreflexkameras mit, bei denen man im Sucher das spätere Bild genau sehen kann.

Sehr wichtig ist natürlich die Auswahl des geeigneten Motivs. Fruchtstand oder Blätter einer Vogelbeere beispielsweise sagen über die Pflanze mehr aus als der formatfüllend abgebildete Baum, den man auf einem kleinen Papierabzug leicht mit einem anderen verwechseln könnte.

Erstellen einer Datenbank

Eine umfangreiche Datensammlung, sei es in Form von Notizen, Herbarblättern, Zeichnungen oder Fotos, muss in geeigneter Form geordnet werden. Wie will man sonst Beobachtungen über einen längeren Zeitraum festhalten und bei Bedarf ohne langes Suchen abrufen können? Dazu sind regelmäßige Aufzeichnungen notwendig — beispielsweise auf Karteikarten. Wenn ein Computer zur Verfügung steht, kann man dessen Speicherfähigkeit nutzen. Inzwischen gibt es eine Reihe guter Datenbankprogramme. Das Zusammenstellen von Listen und Erstellen von Indexkarteien wird damit zum Kinderspiel. Auf diese Weise kommt Ordnung in jede Fotosammlung, deren Einzelbilder jetzt nur noch beim Einsortieren mit laufenden Nummern gekennzeichnet werden müssen. Das Sortieren nach Arten, Familien, Lebensräumen oder anderen Kriterien übernimmt dann der Rechner.

Die Geschichte unserer Pflanzenwelt

Einheimische Pflanzenarten

Gegen Ende der letzten Eiszeit vor etwa 13 000 Jahren war Mitteleuropa weitgehend waldfrei. Moos- und Flechtengesellschaften der Tundra

1 Tundra — in der weiten Ebene wachsen keine Bäume

bedeckten den Boden. Nach und nach entwickelten sich Wälder, zunächst mit Birken und Kiefern, später vor allem mit Eichen, Fichten und Hasel. Etwa um 2000 v. Chr. wanderte die Rot-Buche in Mitteleuropa ein und Nadelbäume wurden weitgehend verdrängt. Noch um 1300 n. Chr. war Deutschland, mit Ausnahme einiger Gebirgsregionen, ausschließlich von Laubwäldern bedeckt. Alle Pflanzenarten, die ohne Zutun des Menschen in Mitteleuropa zu Hause waren, gelten als einheimische (indigene) Arten.

Altbürger

Als der Mensch gegen Ende der Jungsteinzeit vor etwa 6500 Jahren sesshaft geworden war, begann er das Landschaftsbild in hohem Maße

2 Klatsch-Mohn am Ackerrand

zu verändern. Wälder wurden gerodet, Äcker, Brachflächen, Wiesen und Weiden entstanden. Mit dem Ackerbau, vor allem mit dem Getreide, wurden zahlreiche Wildkräuter, z. B. die Kornblume (S. 73), der Klatsch-Mohn oder die Wegwarte, aus Vorderasien und aus dem Mittelmeerraum eingeschleppt. Wo sie geeignete Bedingungen vorfanden, konnten sie sich ausbreiten. Solche in vor- und frühgeschichtlicher Zeit eingeschleppten Arten bezeichnet man als Altbürger (Archaeophyten).

3 Die Wegwarte ist schon seit langem bei uns zu Hause

Neubürger

Pflanzenarten, die nach der Entdeckung Amerikas im Jahre 1492 bei uns eingewandert und heimisch geworden sind, nennt man Neubürger (Neophyten). Zu dieser Gruppe gehören z. B. die Kanadische Goldrute, der Riesen-Bären-

4 Kanadische Goldrute

klau (S.91), das Drüsige Springkraut (S. 89) oder die Vielblättrige Lupine. Bei vielen dieser Arten kennt man sogar ziemlich genau das Jahr, in dem sie erstmals bei uns vorgefunden wurden und konnte ihre Ausbreitung mit verfolgen.

5 Vielblättrige Lupine am Straßenrand

Durch Handel und Verkehr mit anderen Ländern werden auch heute noch Pflanzenarten eingeschleppt. Die meisten von ihnen erscheinen nur kurz in der Umgebung von Häfen und Bahnhöfen, oft überstehen sie nicht einmal den ersten Winter. Nur manchen gelingt es, sich entlang der Verkehrswege auszubreiten.

Ein augenfälliges Beispiel für einen sehr erfolgreichen Neubürger ist das Afrikanische Greiskraut. Die aus Südafrika stammende Pflanze tauchte Ende des vorigen Jahrhunderts erstmals in Deutschland auf und wurde immer wieder vereinzelt gefunden. Noch 1977 waren nicht einmal 25 Standorte in Deutschland bekannt.

Inzwischen hat sich die Pflanze so stark ausgebreitet, dass sie an Autobahnen und entlang von Bahnstrecken eine der häufigsten Arten ist. Im Herbst leuchten manche Bereiche einheitlich gelb von den Blüten dieses durchsetzungskräftigen Neubürgers.

6 Das Afrikanische Greiskraut — ein sehr erfolgreicher Neubürger

An Ruderalstandorten vor allem in Großstädten hat die Anzahl der Pflanzenarten in den letzten Jahrzehnten stark zugenommen. Für ein Messtischblatt der Stadt Hamburg, das eine Fläche von etwa 125 km^2 umfasst, wurden z. B. 1481 Arten festgestellt. Entsprechende Flächen des Umlandes bringen es zum Teil nur auf knapp 300 Arten.

Rückgang der Artenzahl

Intensive Landwirtschaft, aber auch Industrie und Verkehr wirken sich außerordentlich negativ auf die Artenvielfalt aus. Durch die Entwässerung von Feuchtgebieten, die Eutrophierung von Gewässern und Böden, durch Herbizideinsatz und Schadstoffausstoß sowie durch Veränderung der Bodennutzung und Ausweitung der bebauten Flächen verarmt unsere Pflanzenwelt immer mehr.

7 Das Blau der Kornblume ist inzwischen ein seltener Anblick

Stichwortverzeichnis

Stichwortverzeichnis

Stichwortverzeichnis

Bildnachweis

9.1,2 Horst Müller, Dortmund; 16.1,2 Müller; 17.3-6 Müller; 19.1a, 4 Müller; 19.1b Wilfried Probst, Flensburg/ Müller; 19.2a Okapia (K. G. Vock), Frankfurt/M.; 19.2b Okapia (A. u. H.-F. Michler); 19.3 Okapia, Naturbild (E. Schacke); 21.1 Burkhard Schäfer, Friedeburg; 2-6 Müller; 23.1 Schäfer; 23.2-5 Müller; 25.1, 3-5 Müller; 25.2 Heinz Schrempp, Breisach; 25.6 Schäfer; 27.1-6 Müller; 30.1 Silvestris (Kohlrusch), Kastl; 30.2 Okapia (Reinhard); 30.3 Okapia (H. Farkaschovsky); 31.4 Müller; 31.5 Okapia (W. Wisniewsky); 31.6 Silvestris (Kottal); 33.1, 2 Schäfer; 33.3, 5, 6 Müller; 33.4 Eckard Garve, Sarstedt; 35.1-4 Müller; 35.5 Garve; 37.1 Okapia, OSF (G. Kidd); 37.2, 4b Müller; 37.3, 4a Schäfer; 39.1, 4, 5 Müller; 39.2 Garve; 39.3 Okapia (E. Pott); 41.1a Greiner + Meyer (Schrempp), Braunschweig; 41.1b, 2, 3a Müller; 41.3b Okapia (R. Groß); 41.4 Okapia, Naturbild (E. Geduldig); 43.1, 3b, 4 Müller; 43.2 Silvestris (Bogon); 43.3a, 5, 6 Schäfer; 45.1, 4, 5 Müller; 45.2 Garve; 45.3a H. Reinhard; 45.3b Silvestris (Wendler); 47.1, 4 Schäfer, 47.2 Silvestris (Schweinsberg); 47.3, 5, 6 Müller; 49.1, 2b, 3 Müller; 49.2a Harald Lange Naturbild, Lausick; 49.4a Garve/ Okapia (L. Lenz); 49.4b H. Reinhard; 49.4c Schäfer; 51.1a, 4 Schäfer; 51.1b, 2, 3 Müller; 53.1a, 3, 5, 6 Müller; 53.1b Okapia (F. Hanneforth); 53.2 Probst; 53.4 Schäfer; 55.1, 2 Müller; 55.3 Nature + Science AG (A. Jung), Vaduz, FL; 55.4 Silvestris (Heppner); 58.1, 3 Müller; 58.2 Okapia (Reinhard); 59.4-6 Müller; 61.1, 5, 6 Müller; 61.2 H. Reinhard; 61.3 Greiner + Meyer (Meyer); 61.4a H. Schrempp; 61.4b Garve; 63.1- 5 Müller; 65.1, 6 Garve; 65.2, 4 Müller; 65.3 Müller/Reinhard; 65.5 H. Schrempp; 67.1, 4b Müller; 67.2 Reinhard, 67.3 Nature + Science AG (A. Jung); 67.4a H. Schrempp; 69.1, 2a, b, 4, 5 Müller; 69.3 Schäfer; 71.1-4 Müller; 73.1 Garve; 73.2a Nature + Science (Smit); 73.2b Okapia (M. Partsch); 73.3, 4 Müller; 73.5 Okapia (E. Pott); 75.1a, 2, 6 Müller; 75.1b, 3 Garve; 75.4 Okapia (H. Reinhard); 75.5 Müller/H. Schrempp; 76.1, 2, 5 Müller; 76.3 Okapia (K. G. Vock); 76.4 Reinhard; 77.6-9, 11 Müller, 77.10 Okapia (H. Reinhard); 80.1-3 Müller; 81.4-7 Müller; 83.1-3a, 4, 5 Müller, 83.3b Garve; 85.1, 2, 3b-5 Müller, 85.3a H. Schrempp; 87.1-4 Müller; 89.1-6 Müller; 91.1-6 Müller; 93.1a, b, 2, 5, 6 Müller; 93.3, 4 Reinhard; 95.1-3, 5 Müller; 95.4 Reinhard; 97.1-5 Müller; 99.1a Müller/Okapia (H. Reinhard); 99.1b Silvestris (E. Kuch); 99.2a, b, 4 Müller; 99.3a H. Schrempp; 99.3b Okapia, Natur im Bild (A. Wellmann); 101.1a, 3a, b, 4 Müller; 101.1b Garve; 101.2 Wildlife (D. Harms), Hamburg; 101.3c Save-Bild (Lochstampfer), Augsburg; 103.1-6 Müller; 105.1, 4, 5 Müller; 105.2 Greiner + Meyer (Blaich); 105.3 Okapia (H. Reinhard); 107.1 Okapia (E. Pott); 107.2, 4, 5 Müller; 107.3 Wildlife (D. Harms); 109.1-5 Müller; 109.6 Manfred Bergau, Bohmte; 112.1 Müller; 112.2 Okapia (Stevan Stefanovic); 113.3-5 Müller; 115.1 Greiner + Meyer (Schrempp)/Okapia (G. Penner); 115.2 Reinhard; 115.3 Silvestris (Dr. Voß)/ Probst; 115.4a, c, 5 Müller; 115.4b Silvestris (F. Hecker); 117.1, 2, 4 Müller; 117.3 Müller/Okapia, Naturbild (Laßwitz); 119.1 Reinhard; 119.2a Silvestris (F. Hecker)/ Okapia (J.-L. Klein + M.-L. Hubert); 119.2b, c Müller; 119.3 Müller/Garve; 119.4 Okapia (H. Reinhard)/H. E. Laux, Biberach; 121.1a Silvestris (De Cuveland); 121.1b, 2a, b, d Müller; 121.2c Schäfer; 121.3 Reinhard/Probst; 123.1, 4a, b Müller; 123.2 Wildlife (G. Synatzschke); 123.3a Schäfer; 124.4a Okapia (K. G. Vock); 125.1, Müller/Silvestris (Postl); 125.2 Garve/Müller; 125.3a Silvestris (F. Hecker); 125.3b Reinhard; 125.3c Müller; 125.4 Garve; 126.1 Okapia (H. Kehrer)/Probst; 126.2 Okapia

(Hapo H. P. Oetelshofen)/Müller; 126.3 Okapia (W. Wisniewski)/ Reinhard; 126.4 Okapia (M. Martin) /Okapia (F. Hanneforth); 127.5 Müller/ Okapia (H. Reinhard); 127.6 Silvestris (Hecker)/ Müller; 127.7 Silvestris (Lochstampfer)/Reinhard; 127.8 Okapia (H. Reinhard)/Okapia (N. Reinhard); 127.9 Okapia (H. Reinhard); 129.1 Reinhard/ Müller; 129.2 Okapia (H. Reinhard)/ Müller; 129.3a Müller; 129.3b Okapia (H. Lutz); 129.3c Okapia (M. Ruckszio)/ Müller: 129.4 Okapia (H. Reinhard)/Okapia (F. Hanneforth); 131.1a, 2a, b Müller; 131.1b Okapia (H. Reinhard); 131.3 Müller/Garve; 131.4 Okapia (W. Layer); 133.1a Müller; 133.1b Reinhard; 133.1c Okapia (G. Synatzschke); 133.2a Probst /Okapia (H. Reinhard); 133.2b Probst/ Müller; 133.3a, b Müller; 135.1-3 Müller; 135.4 Schäfer; 137.1, 2b, 3a, b Müller; 137.2a Okapia (B. Svensson)/ Okapia (E. Schacke); 137.4 Probst; 138.1 Okapia (B. + H. Kunz)/Müller; 138.2-5 Müller; 139.6a, b, 7 Müller; 139.8 Okapia (H. Reinhard); 139.9 Schäfer; 139.10 Okapia (H. G. Heyer); 140.1, 3, 6 Müller; 140.2 Reinhard; 140.4 Reinhard/Müller; 140.5 Okapia (F. Hecker); 141.7, 8, 10 Müller; 141.9 Müller/Silvestris (D. Bohler); 141.11 Okapia (H. Reinhard)/ Müller; 143.1 Müller/Probst; 143.2a, 5 Müller; 143.2b Okapia (M. Wendler)/Okapia (E. Pott); 143.3 Okapia, Natur im Bild (R. Förster); 143.4 Okapia (H. Reinhard); 145.1a, 2, 3 Müller; 145.1b Okapia (M. Ruckszio); 145.4 Okapia (W. Wisniewski); 147.1 Okapia (E. Pott); 147.2-4 Müller; 149.1 Müller; 149.2 Schäfer; 149.3 Okapia (E. Pott); 149.4 Garve/Müller; 149.5 Okapia (F. Hecker); 149.6 H. Schrempp; 151. 1 Nature + Science AG (A. Jung); 151.2-4 Müller; 153.1-3, 5, 6 Müller; 153.4 Okapia (F. Hecker); 155.1, 2 Müller; 155.3 Toni Angermayer (R. Haslberger), Holzkirchen; 155.4 Nature + Science (A. Jung); 157.1 Müller; 157.2 Reinhard/ Okapia (H. Reinhard); 157.3 Garve; 157.4 Müller; 159.1, 3a, 4, 5 Müller; 159.2 Wildlife (D. Harms); 159.3b Reinhard/Nature + Science AG (A. Jung); 160.1, 3 Müller; 160.2 Garve; 160.4 Okapia, Naturbild (E. Geduldig); 160.5 Reinhard; 161.6, 8 Müller; 161.7 Silvestris (Usher); 161.9 Okapia (E. Pott); 161.10 Angermayer; 164.1, 2 Müller; 165.3-5 Müller; 167.1 Eckart Pott, Stuttgart; 167.2a Save-Bild (A. Thielmann); 167.2b Okapia (H. Reinhard); 167.3 Okapia, Natur im Bild (A. Wellmann); 167.4 Nature + Science AG (Seibold); 167.5a, b Müller; 169.1-5 Müller; 171.1 Schäfer; 171.2a, 4a, b Müller; 171.2b Manfred Pforr, Langenpreising; 171.3 Okapia (H. Reinhard)/Okapia (W. Layer); 173.1, 4 Müller; 173.2 Nature + Science AG (Kooiman); 173.3 Reinhard; 175.1-4 Müller; 177.1, 2, 4 Müller; 177.3 Garve; 179.1a Okapia (K. H. Jacobi); 179.1b Nature + Science AG (Willner); 179.2 Reinhard; 179.3, 4 Müller; 181.1 Silvestris (R. Gross); 181. 2 H. Schrempp; 181.3a, b, 4a Müller; 181.4b Reinhard; 183.1 Schäfer; 183.2, 3 Müller; 183.4 Silvestris (U. Gross)/Müller; 185.1 Save-Bild (Weber); 185.2, 3 Müller; 185.4 Reinhard; 187.1 Müller/Greiner + Meyer (Meyer); 187.2 Reinhard; 187.3, 4 Müller; 187.5 Okapia (O. Willner); 189.1 Raimund Cramm, Langenhagen/Okapia, Reinhard (E. Willow); 189.2a Greiner + Meyer (H. Schrempp); 189.2b Müller; 189.3 Reinhard/ Müller; 189.4 Müller/ Okapia (H. Reinhard); 190.2-4 Probst; 191.5, 6, 8 Probst; 191.7 H. Schrempp; 192.2 Probst; 192.3 Bildarchiv Laux (H. E. Laux); 193.4 Silvestris (H. R. Heppner); 193.5, 6 Probst; 193.7 Silvestris (F. Skibbe); 193.8 Okapia (K. G. Vock); 194.2 Volkmar Wirth, Stuttgart; 194.3 Müller; 195.4 Probst; 195.5 Silvestris (De Cuveland); 195.6 H. E. Laux; 195.7 Probst; 199.2, 3 Müller; 200.1 Silvestris; 200.2-4 Müller; 201. 5, 6 Müller; 201.7 Okapia (E. Pott)

Gewöhnliche
Braunelle

Gamander-
Ehrenpreis

Gundermann

Gewöhnlicher
Beifuß

Großer
Sauerampfer

Strahlenlose
Kamille

Gewöhnlicher
Löwenzahn

Scharbocks-
kraut

Scharfer
Hahnenfuß